歩いてわかる
京の食文化

【京の水】

京都の食文化を考える上で鍵を握るのは、地下水の存在。この豊かな地下水が京の食を育んだ。

・上右：染井 上京区 梨木神社
・上左：御霊水 中京区 下御霊神社
・下：染井の水 上京区 梨木神社

【四季の食】

四季の変化に富み、毎日どこかで祭りがあるとも言われる京都では、季節そして行事ごとに決まって食べる献立や菓子が多くみられる。

・上右：京都の食材による白味噌の雑煮（筆者作）
・中右：御菱葩 左京区 川端道喜
・上左：鱧とじゅんさいの吸い物 左京区 下鴨茶寮
・中左：柏餅 下京区 仙太郎
・下：おせち料理 中京区 畑善

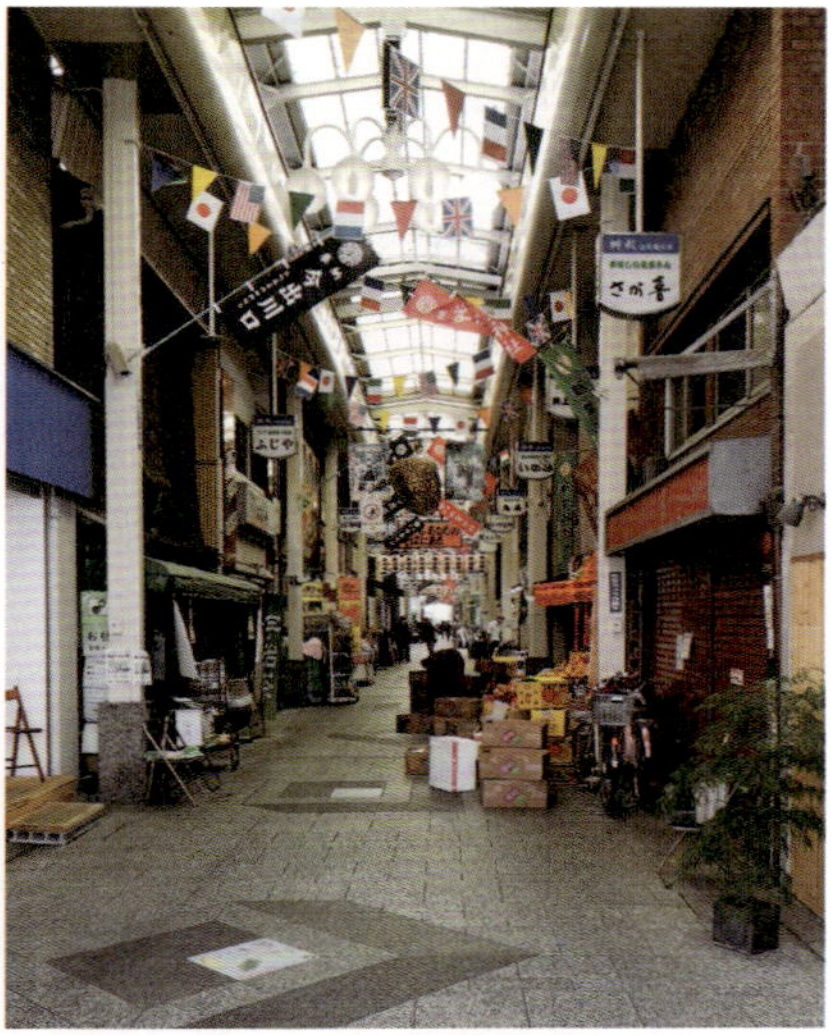

【市場と商い】

伝統的かつ多様な食文化をハード・ソフトの両面で支えてきたのが市場や商店街。時代と客の変化にともない、これら「商いの場」も変化の時期を迎えている。

・上右：出町桝形商店街 左京区
・上左：錦市場 中京区
・下：オーガニック・ベジ・アネックス 北区

【京の菓子】

菓子も京都の食文化の重要の位置を占めるもの。幾世紀にもわたり宮廷・寺社との関わりを持つ老舗から庶民の茶菓子まで、その領域は広くて、深い。

・上右：三色ねじり粽 左京区 川端道喜
・下右：五色豆 中京区 船はしや総本店
・上左：水無月 上京区 老松
・中左：式部（大徳寺納豆入りの落雁）
北区 大徳寺納豆本家磯田
・下左：眞盛豆 上京区 金谷正廣

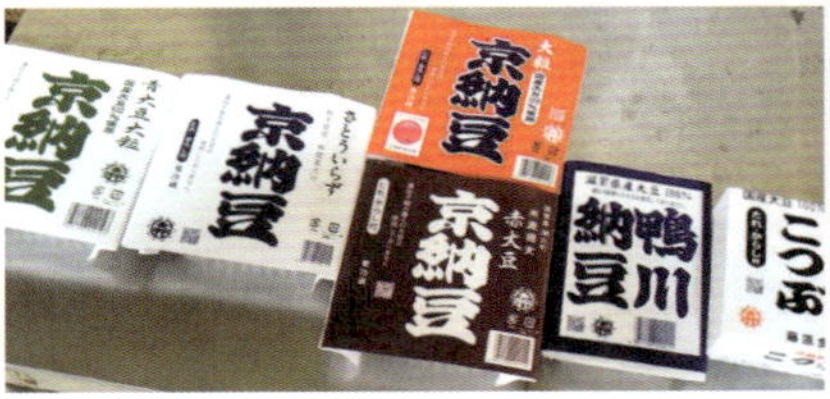

【穀物と発酵食品】

酒や酢、味噌・醤油または納豆と京都の発酵食品は奥が深い。現在も京都市内で醸造したり、または麹を商いとする老舗会社が頑張っている。そして京都が生んだ米や豆も見逃せない。

・上：イネの試植 左から一番目が『祝』、二番目が『都』
・下右：「大徳寺納豆本家磯田」の暖簾
・中左：各種の麹菌 東山区 菱六
・下左：納豆の製品いろいろ 北区 藤原食品

【京の魚】

内陸部である京都市では、川魚の利用や生の海産物への独特な調理文化が発達した。また海に近い丹後には土地ならではの魚介文化がある。

・上右：金目鯛の炊き合わせ 北区 鮨長
・中右：地魚の刺身 宮津市 なみじ
・下右：ハモ 中京区 錦市場
・上左：鯖姿寿司 東山区 いづう
・中左：京寿司 中京区 末廣
・下左：川魚の並ぶ店頭 中京区 のと与

【京の野菜】

中世以降、京都では各地から集まる野菜の影響を受けて独自の野菜が誕生した。これが「京野菜」である。

・上：ずいきみこし 中京区 北野天満宮御旅所
・中右：鹿ケ谷かぼちゃ 左京区 安楽寺
・下右：京野菜のとうがらし（右から伏見とうがらし、田中とうがらし、万願寺とうがらし）
・下左：たけのこ 中京区 八尾廣

【洋食・中華・珈琲】

伝統の都・京都は近代以降、一方で洋食や中華、コーヒーなど外来の食文化もたくみに取り入れて洗練し、「京都の食文化」として定着させた。

・上右：コーヒーの焙煎器　左京区 le café 338
・中右：ビフカツサンド　中京区 はふう
・下右：年末に牛肉を求めて並ぶ人びと　中京区 三嶋亭
・上左：東坡　中京区 マダム紅蘭
・下左：ミックス定食　北区 グリルはせがわ

歩いてわかる 京の食文化

はじめに

本書は、私が京都府立大学の教員であった二〇二〇年秋から退職後の二〇二四年秋までの四年間に、主に若い世代に伝えるために書き下ろした京都の食の文化にかかわるウェブ上の記事を一冊にまとめたものです。京都府立大学は二〇一九年四月に、文学部に「和食文化学科」という学科を開設しました。幸い高校生たちの評判は上々で、初年次から全国各地の高校の卒業生が集まり始めていました。

京都は、考えてみれば、食を学ぶ上でじつに条件のよい街の一つです。東西南北わずか十キロばかりの狭い空間に野菜農家から発酵食品の会社、社寺、料理屋など食に関するあらゆる業種の事業所が所狭しと軒を並べているのです。しかも京都は、以前ほどではなくなったとはいえ、学生を大事にする街です。

せっかくこの町で食文化を学ぶのだから、机の上での学びだけではなく、食の現場で今起きていることを学んで欲しい――そのように考えて、一～二週間ごとに京の食を紹介する記事を発信することにしたのです。

二〇二〇年～二一年はコロナ禍に明け暮れた年でした。授業さえもまともには開けず、多くがオンラインでの授業となったのです。自宅から通学するつもりだった学生はまだしも、遠くの街の高校を出て京都で一人暮らししようとしていた学生たちにとって、事態は深刻でした。オンラインの授業はいわばテレビをみているようなもので、授業内容は教員から一方的に流されます。教員側からすると学生の反応をみることもできません。学生にとっては入学当初から先生やクラスメートと交わることもなく、アルバイトもろくにできず、課外活動も厳しく制限される中で下宿に引き込もるしかなく、不安だけが広がってゆきました。そんな彼らの心に、かすかな光明を届けたいという思いから、記事の発信を続けたのです。

やがてこの通信は周囲の大人たちの目にもとまるようになり、送信先は学生たちから、さまざまな業種の人びとへと広がってゆきました。京都府立大学の第一期生が無事卒業したのを機に、私も大学を「卒業」することになり、当時静岡県知事だった川勝平太さんのお誘いもあって静岡に拠点を移してからは、静岡でのガストロノミーツーリズム関連の仕事も増えました。さらに二〇二二年ころから、兵庫県の淡路島に拠点を移し始めたパソナグループの関連会社「パソナ農援隊」や「シェフのための学校」での活動、京都芸術大学の通信制の講座での開講準備なども加わって、記事の対象となった地域は少しずつ広がってきています。これにより、より多くの読者の皆様に記事をお届けできることになり、発信者としては望外の幸せです。

二〇二四年末、記事が二〇〇号に達するのを機に、これまでの記事の中から京都の食にかかわりのある記事を中心に一四〇本ほどを選んで大幅な加筆・修正を加えて出版することにしました。そして本書では、これらの記事を発表の時期によらず、テーマごとに十一の章に分けて紹介することにしました。

記事の内容については書籍化するにあたり、改めて当事者の方々に原稿を見て頂き正確を期すよう努めましたが、なお誤記があるかも知れません。誤りについてすべて著者の責任であることをお断りしておきたいと思います。

二〇二五年三月吉日

佐藤洋一郎

目次

第三章　市場・商店街とお店……53

第四章　京の菓子……83

第五章　京の発酵食品……99

関連地図［1］

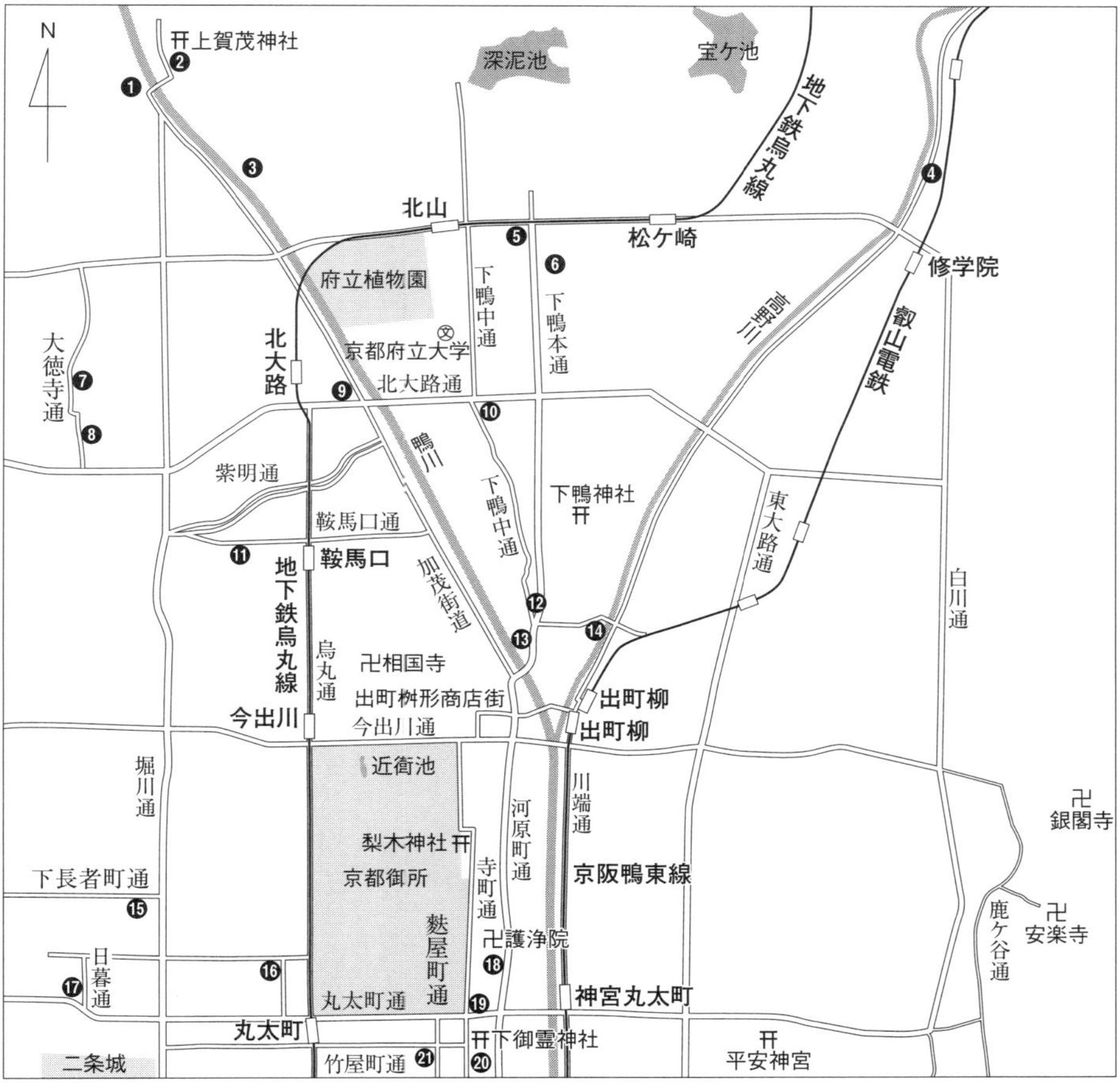
N
上賀茂神社
深泥池
宝ケ池
地下鉄烏丸線
北山
松ケ崎
修学院
府立植物園
下鴨中通
下鴨本通
高野川
叡山電鉄
京都府立大学
北大路
北大路通
大徳寺通
鴨川
紫明通
下鴨中通
下鴨神社
鞍馬口通
鞍馬口
東大路通
加茂街道
地下鉄烏丸線
白川通
烏丸通
相国寺
出町桝形商店街
出町柳
今出川
今出川通
出町柳
近衛池
堀川通
川端通
銀閣寺
梨木神社
河原町通
京都御所
京阪鴨東線
下長者町通
寺町通
鹿ケ谷通
安楽寺
麩屋町通
護浄院
日暮通
神宮丸太町
丸太町通
丸太町
下御霊神社
平安神宮
二条城
竹屋町通

関連地図［2］

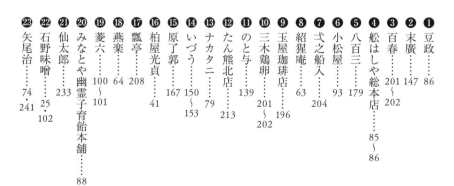

京都御所
丸太町
竹屋町通
夷川通
下御霊神社
鴨川
川端通
丸太町通
平安神宮
二条城
烏丸通
二条通
寺町通
東大路通
南禅寺
二条城前
御池通
京都市役所前
烏丸御池
三条京阪
東山
地下鉄烏丸線
富小路通
三条
京阪本線
地下鉄東西線
蹴上
堀川通
堺町通
河原町通
知恩院
阪急京都線
四条通
河原町
花見小路通
八坂神社
円山公園
四条
烏丸
祇園四条
大宮通
建仁寺
高台寺
大和大路通
油小路通
霊源院
高辻通
八坂通
六道珍皇寺
産寧坂
清水五条
松原通
清水坂
五条通
清水寺
五条
五条坂
N
西本願寺
東本願寺
七条通
七条
東海道本線（琵琶湖線）
京都
東海道新幹線
近鉄京都

関連地図［3］

❶和久傳……65
❷老松……32・40
❸グリル彌兵衛……200
❹中村製餡所……79

【写真撮影】
上掛周平……口絵ii頁中右、31頁左、32頁右
jazzman / PIXTA（ピクスタ）……78頁右

【写真・図版協力】　※五十音順
石野味噌
いづう
オーガニック・ベジ・アネックス
カクキュー八丁味噌
末廣
梨木神社
のと与
兵庫県立人と自然の博物館
百春
山田松香木店
利尻町立博物館

第一章

京の水

京の水

京は水の街といわれます。大阪や東京など海に面した街ならともかく、内陸の街としては少しめずらしい。豊富な水がさまざまな野菜を育て、淡水魚を活かし、食材の生産を支えてきました。水は市街地にあっても豊かです。あちこちに井戸があり、市民生活を支えてきました。ここが京の水の特色です。錦市場も、豊かな井戸水があったからこそ、水をたくさん使う麩、鮮魚、青物（野菜類）を扱う店が成立してきたのです。

京都市内の豆腐屋さんの分布が一様ではないことは127頁に書きますが、豆腐屋さんが多い地域には、酒蔵、味噌、麩、醤油、酢などの製造者が多いように思います。その理由は、たぶん水。地下の水脈のあるところにこうした店ができたからではないかと思います。市内の料理屋さんも、井戸があるところ、つまり地下水のあるところに立地したところが多いようです。水文学、歴史学、地理学、経営学、安定同位体学など、それこそ文理融合の研究テーマの一つです。

そして御所（京都御苑）もまた、地下に豊富な水のあるところです（とはいえ、御所には北のほうから賀茂川の水を引き込む仕掛けもありました）。そのためでしょうか。御所周辺にも井戸がたくさんあります。そして誰もがこの井戸水を使うことができます。「水はみんなのもの」。茶事に、日々の暮らしに、小さな店のお商売に、誰もがこの水を使うことができます。

御所の東、梨木神社内にある「染井」。御所周辺の井戸の中で今も枯れずに水が湧く井戸の一つ。そもそも百万都市で内陸にあるのは京都くらいのものです。

「コモンズ」の思想が息づいているのです。なお、コモンズはノーベル経済学賞の受賞者・故オストロム教授の発案になるものですが、日本にはオストロムが気づくはるか以前からこうした概念、それによる生活が成り立っていたのです。

御所周りの井戸のひとつ、「染井《そめい》」に行ってみました。京都三名水の一つです。御所の東にある「梨木神社《なしのきじんじゃ》」の境内にあります。井戸はきれいに整備されていましたが、周りには誰もいません。市民が、みんなのものを大事にしているからなのでしょう。ただし汲んでよい水量にはおのずと制限があります。みんながこれを守らないと、井戸は枯れてしまいます。

京の井戸水（1）

京都盆地の地下には、琵琶湖の水量に匹敵するくらいの地下水が蓄えられていると言ったのは関西大学の楠見晴重さんですが、この地下水が京の食に深くかかわっていることは多くの料理人など関係者が語るところです。ところがこの地下水がピンチであることはあまり知られていません。地下鉄など大工事のたび地下水脈が切られてきたらしいのです。錦市場のある魚屋さんでは、一九六三年に阪急電車が大宮駅から河原町駅まで伸びた時、市場の井戸が枯れたといいます。地下鉄烏丸線（一九八一年開業）、東西線（一九九七年開業）

染井の水（梨木神社）

の工事後にもいくつもの井戸が枯れました。むろん工事関係者も注意を払っているでしょうが、地下水を使う業者にとってはいったん枯れてしまえば、仮に何年か後に戻ったとしても死活問題です。

水を守る京都市民の熱意は戦前からのもの。奈良電鉄（今の近鉄奈良線）が宇治川を越える際、当時の陸軍や府庁が主張した地下鉄化に反対し高架を主張したのは、地下水脈が切られることを恐れた伏見の酒造業者たちでした。そして今心配されているのが北陸新幹線の工事です。これが京都市内を南北に貫通すれば、さて、地下水にどのような影響が及ぶでしょうか。大掛かりな工場用水も問題。事前のセンサスが必要です。

幸い、多くの井戸が市内でも健在です。とくに砂礫層のある御所周辺（京都御苑の中を含め）は多くの井戸が現役です。そして重要なことは水質の良さ。軟水で和食の調理にもぴったりです。そしてそれらの水は市民みんなのもの、コモンズなのです。誰か特定の人のものではないが、かといって無主物ではない。「みんなのもの」。「みんな」というところが大事！　コモンズが注目されるきっかけになったのが、アメリカの経済学者・オストロム教授がこの研究で二〇〇四年にノーベル経済学賞を受賞したこと。コモンズ研究は今や資源をめぐる研究の中でも注目を集めるテーマなのです。

わたしはよく梨木《なしのき》神社の染井や下御霊《しもごりょう》神社の御霊水の水を頂きますが、朝、訪ねてみると、ペットボトルやポリタンクを持った地域の人びとが水を汲みに来ています。家でお茶を淹《い》れるために、喫茶店の人がコーヒーを淹れるために、お茶の教室で使うためにと、目

下御霊神社の御霊水。背景の植物は秋の七草のフジバカマ。

的はいろいろですが、みんなが地下水の恩恵に浴しています。

しかし、コモンズである以上、利用者には持続的な利用に向けて応分の負担と配慮が求められます。「タダだから」とみんなが考えれば、やがて水は枯れ、水質にも影響が及ぶでしょう。今は多くの井戸が神社仏閣の境内にあることで、最低限のルールは守られているようです。社寺側も水を使うみんなが払うお賽銭で井戸周りを管理し、水質を点検しています。かと言って井戸は不思議なもので、使わなくなれば水は枯れてゆきます。取りすぎても取らなくてもダメ。「みんなのもの」という言葉の意味を、あらためて考えないといけません。

京の井戸水（2）

前節に続いて井戸の話。市の中心部にある、地下水を汲み上げている井戸（枯れ井戸を含む）を次頁下の地図に示しました。個人のお宅にある井戸などは含みません。図を見ると、場所により井戸の多いところ、少ないところがあるように見えます。まず、北野天満宮より西には井戸が少ないのです。土地が粘土層でできていてよい地下水を得難いからでしょう。

北野天満宮より東の土地は砂礫《されき》層からなり、井戸を掘れば水を得やすかったのです。南北朝時代以降、御所が千本通付近から現在の地に動いてきたことには、このことが関係していたのではないでしょうか。地下水は、北東から南西に流れているようです。関西大学の楠見晴重さんによると、一番の水脈は、出町のあたりから御所の下を通り、二条城の南にある神泉苑付近に達しているといわれます。そして、そしてこの帯上には豆腐屋さん、澤井醤油本店、本田味噌本店、麩嘉《ふうか》（生麩《なまふ》）などの製造所があります。いずれも水をたくさん使う業種ですね。この帯の西にも、もう一本の水脈があるようです。表・裏の両千家、何軒かの豆腐屋さん、佐々木酒造などがあります。御苑の東側にも、もう一本南北に走る水脈があるかに見えます。この地図には含まれていませんが、錦《にしき》天満宮、斎《いつき》造酢店、石野味噌などがこの上に乗ります。

むろん地下の水脈は水道管や地上の水路のように明瞭なものではありませんが、おおまかには上のように考えてよいのではないでしょうか。京の食文化は水、地下水に支えられているといって過言ではありません。

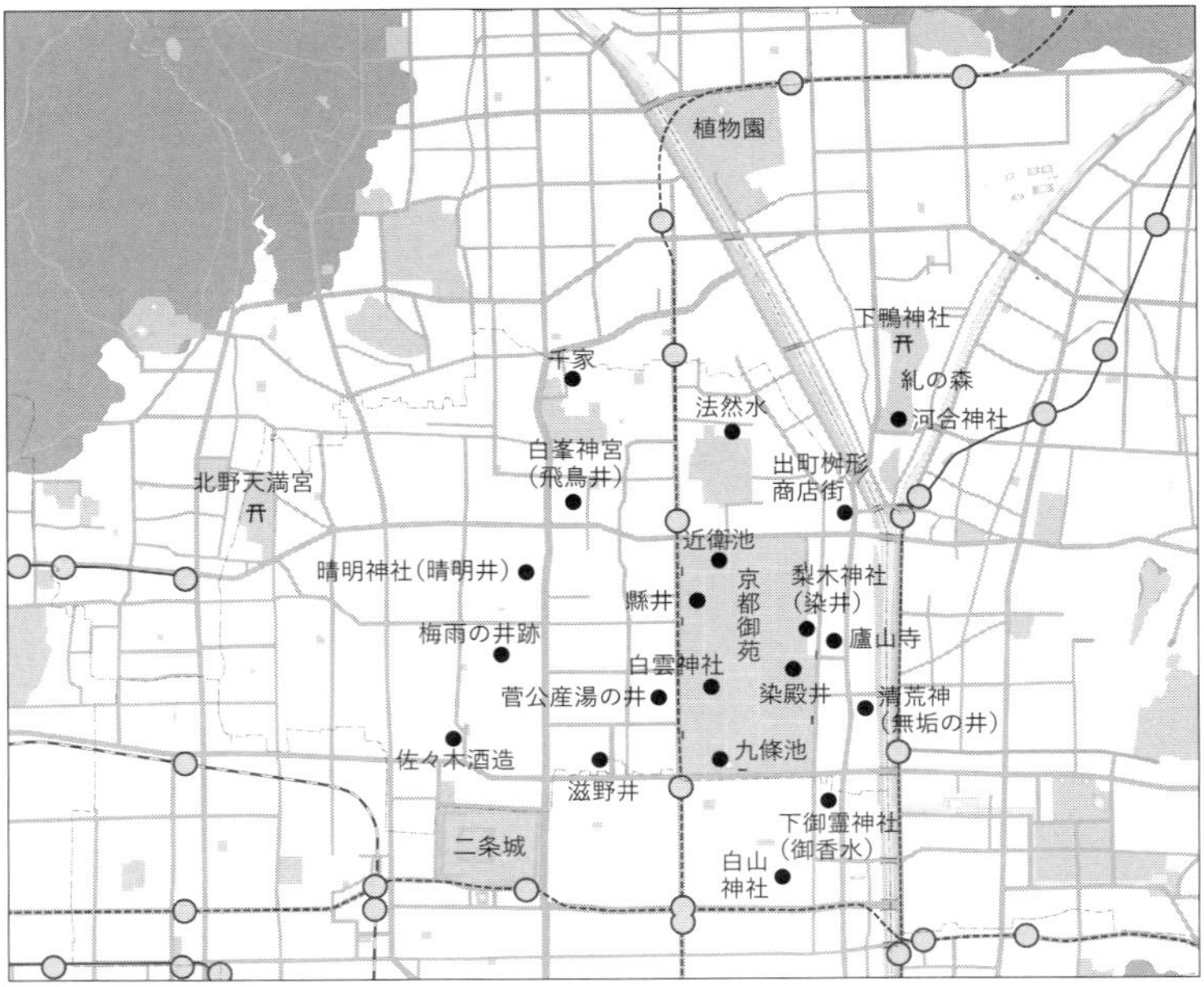

市中心部（京都御苑の周辺）の井戸（枯れ井戸を含む）。「千家」と書いたのは表千家・裏千家の両千家の位置を示す。河合神社の井戸は遺跡。

御所東の井戸列

二月四日頃は立春。暦学上、その前日が節分でした。この日、御所の東隣りにある廬山寺《ろざんじ》に行ってきました。紫式部の邸があったところともいわれる由緒ある寺ですが、ただし寺がここに移転したのは秀吉の頃。それ以前は紫野あたりにあったようです。廬山寺の節分会《せつぶんえ》で売られているのが「蓬莱豆《ほうらいまめ》」。煎り大豆を核として糖蜜でコーティングした菓子で、金平糖や85頁で紹介する五色豆と同じく「とげとげ」の格好をしていました。

じつはこの付近、前から気になっていたところの一つです。というのはあたりに地下水脈があるのではないか、という「仮説」をもっているからです。廬山寺の真西にある梨木神社には「染井《そめい》」と呼ばれる井戸があります（15頁）。なお廬山寺の東側には「雲水の井」という井戸があるそうですが私は確認していません。そしてここから南に約五〇〇メートルのところにある護浄院、通称「清荒神《きよしこうじん》」は天台宗の寺ですが、ここには「無垢の井」という井戸があります。そしてここからさらに四五〇メートル南にある下御霊《しもごりょう》神社にも地下水を汲み上げている井戸があるのです（「御霊水」といわれます）。元の井戸は一七七〇年に掘られたものだそうです。そして下御霊神社からさらに一二八〇メートルほど南には錦《にしき》天満宮の井戸があります。護浄院の南側には「出水町」という地名が残されています。

京都の地理に詳しい方なら、あるいは勘の鋭い方ならピンときたかもしれません。じつ

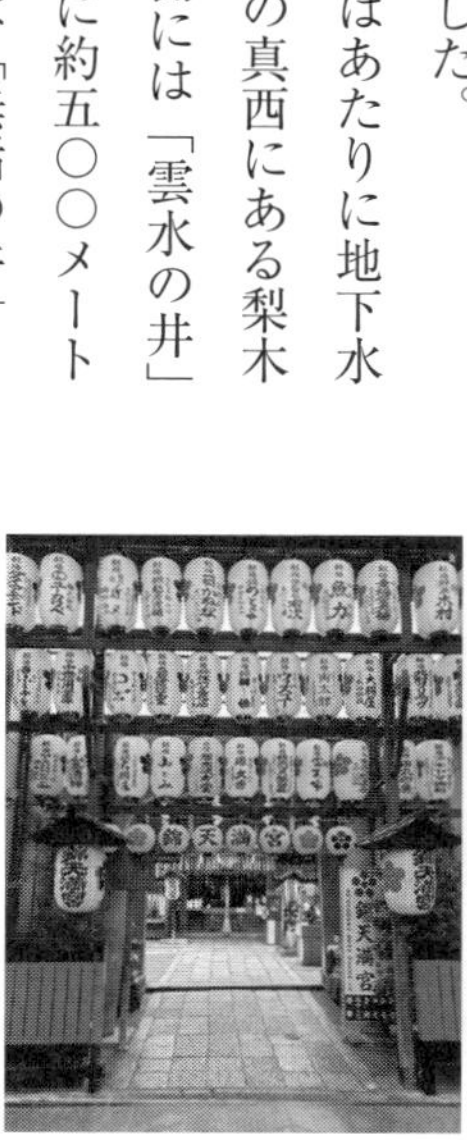

寺町通り沿いの地下水の井戸。右：下御霊神社の御霊水。左：錦天満宮（井戸は奥右側にある）。

は、これらの井戸はみな、寺町通沿いにあるのです。寺町通の下には、北から南へ、地下の水脈が流れているのかもしれません。古えの人たちは、ここに地下水脈があることを知っていて、それでここに通りをおいたのかもしれません。

これらの井戸の中には原則市民に公開されていて、利用できる所もあります。これはとても大切なことと思われます。無駄に使わないよう、一度に大量に汲まないよう、周囲の環境を守るよう、みんなで、この共有財産を守り将来に受け継いでゆかなければなりません。

御所に水を引く

かつて天皇がいた御所では、近くにいくつもの井戸を掘って水を得ていたようですが、それだけでは足りませんでした。上賀茂地区で賀茂川からとられた水は、上御霊《かみごりょう》神社から相国寺《しょうこくじ》の境内を通り、同寺南端の総門から京都御苑の今出川御門を通り、御所に流れ込んでいたようです（御用水といいました）。水路を使えば、地下水を井戸で汲み上げるよりかなり大量の水が入手できます。御所の人口がいかほどであったかはわかりませんが、井戸だけでは到底賄いきれなかったのではないかと思われます。

相国寺では、法堂《はっとう》の東側にある開山堂のお庭に一・五メートル幅くらいの小溝が切って

相国寺開山堂の庭にある溝（左方）。もみじの落ち葉が溜まっている。

あります。この水は御用水からとっていましたが、一九三五年ごろに枯れてしまったそうです。この庭は白砂敷きの平庭式枯山水、奥部が軽くなだらかな築山《つきやま》となっていますが、その東側に溝があります。また、御苑北側にある近衛《このえ》邸跡にある近衛池の水も、もともとは御用水を使っていたものと思われます。古い水路跡を今も見ることが出来ます。

開山堂の溝も、近衛邸跡の近衛池も、御所で使う水の一部を使っているわけで、なぜそのようなことが許されたのかと疑問に思っていたのですが、それは、安全上の仕掛けなのではなかったかとふと思いあたりました。相国寺から御所までの水路はおそらく一キロメートル近くはあったものと思われます。その区間で誰かが水に毒を混入しないとも限りません。むかしは食べ物に毒を仕掛ける暗殺が頻発していましたから、その対策が必要でした。そこで、同じ水脈の水を引き込み、そこで飼われている魚を「リトマス試験紙」にしていたのではないか、というわけです。事実、浄水場では、金魚やコイは今もこの目的で飼われているのだそうです。

京都、お茶の歴史

お茶を飲む文化も、そのもとになっているチャ（茶）という植物も、どちらも中国原産で、日本には喫茶が平安時代に伝わった記録があります。ただしその後はいったん廃れ、

相国寺の総門から同志社大学・今出川御門をのぞむ。御門の右側に近衛池がある。

次に渡来したのが鎌倉時代の初めごろ。臨済宗の開祖である栄西禅師（一一四一〜一二一五）により持ち込まれました。臨済宗の建仁寺派大本山である建仁寺には、栄西の功績を称える「茶碑」があります。この後ろには小さな茶園（平成の茶苑）がありますが、これは「栄西禅師茶碑顕彰会」によると、茶が伝わって八〇〇年になるのを記念して顕彰会が一九九一年に作ったもの。また、栂尾《とがのお》の高山寺《こうざんじ》にも茶園がありますが、これは栄西からチャの種子の分譲をうけた明恵《みょうえ》が高山寺にいたことにちなむもので、その明恵は宇治でのチャ栽培の道を開きます。なお、高山寺の茶園は「日本最古」を謳っています。

お茶は喫茶の到来以降、はじめのうちは身分の高い人の薬として扱われていました。そのころの茶は茶葉を粉砕した今の抹茶のようなものだったようです。それが次第に禅宗寺院や武家へ、また室町時代以降は有力商人の間で広まり、「茶の湯」へと進化しました。江戸時代には、庶民の間で揉んだ茶葉を煎じる煎茶が広まります。明治になると茶葉は輸出品にもなりました。また、生産の規模も大きくなり、各地に産地（茶園）が形成されます。この時には、例えば静岡県の牧之原では旧士族の授産事業による開発が行われました。

お茶は、茶葉を粉砕して作られる抹茶と、乾燥させた茶葉を煎じる煎茶の二つに大きく分かれます。これまで世界的に広まっていたのは紅茶やウーロン茶を含む煎じて飲む茶でしたが、最近抹茶の消費が急拡大しつつあります。しかもこれを飲むのではなくて菓子の原料に使う用法が大きく伸びています。チャの苦みがカカオやコーヒーの苦みに通じるところがあるのでしょうか。日本国内でも抹茶の消費は大きく伸びています。そして、その

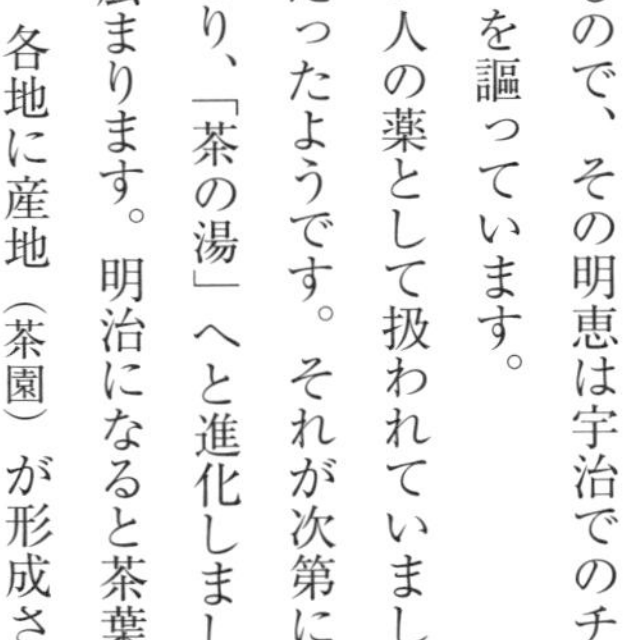

建仁寺北門。建仁寺は一二〇二年、栄西によって創建された日本最古の禅寺といわれる。境内には複数の塔頭や、栄西が茶をもたらして八〇〇年になるのを記念して作られた「平成の茶苑」などがある。境内には、石畳のそばなどに茶樹が植えられている。

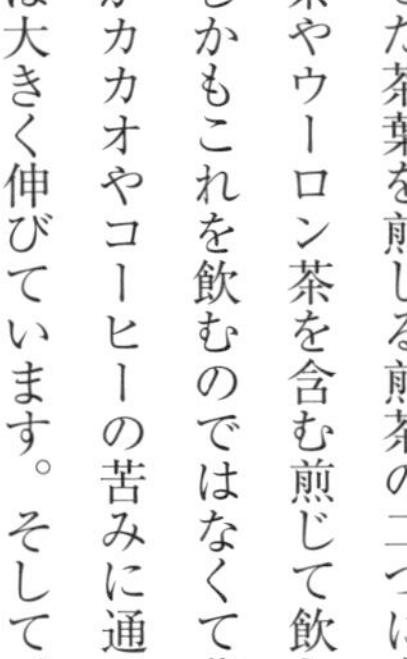

平成の茶苑のそばには栄西の功績をたたえる「茶碑」もある。

主たる要因もやはり菓子原料だそうです。カカオにしても抹茶にしても相性のよいのがミルクです。ミルクのおこりは西アジアから欧州にかけて。いっぽうカカオやチャの原産地はメソアメリカの熱帯や東アジア。抹茶のお菓子の原料は、ミルクと茶。人類は、全地球レベルでの「であいもん」を考案したのです。

お茶と出汁

茶どころでは、「お茶の体験」が盛んです。京都では抹茶の体験はいろいろなところでされていますが、煎茶の体験ができるところもあります。十一月。秋深まる京都府南山城村で煎茶の体験をしました。煎茶の体験などどこでやっても同じ、と考えている人も多いかもしれませんが、茶畑に囲まれた環境での体験は、他の場所では味わえない貴重な体験になります。十一月ともなると、山では紅葉が始まる時期です。しかしチャは照葉樹、つまり常緑広葉樹です。一年中緑色の葉をつけています（ただし、落葉しないわけではなく、新葉が出てから古い葉が落葉します）。お茶の文化が暖地のものだということがよくわかります。

煎茶は、入れる水の温度によって味が大きく変わります。温度が高いとタンニンの渋みが強まり、渋く苦いお茶になります。色も濃く出ます。そこで、一煎目は温度を摂氏六〇度ほどに下げた湯を使います。茶葉を入れた急須《きゅうす》に適量の湯をゆっくり注ぎ、一分から一

訪ねた「お茶体験」で提供された五種の茶葉。手前から、ほうじ茶、玄米茶、煎茶、玉露、碾茶（抹茶）。風合いはもちろん、適当な湯の温度、浸漬時間はみな異なる。碾茶はふつう急須に入れて浸漬するようなことはしないが、試しに飲んでみるのもよい。

分半ほど待ってそっと茶碗に注ぎます。この時、急須をゆらすのはご法度。渋みが出てしまうのだそうです。適当な温度と茶葉の量、浸漬時間―― この三つが揃うと、できたお茶は驚くほどうまみに富んだ、それでいてすっきりしたものになります。どこか出汁《だし》を思わせる味わいでした。お茶のイメージががらりと変わった瞬間でした。二煎目は湯の温度をやや上げます。うまみが消え、苦みが少したってすっきりした味わいになりました。

急須には「茶殻《ちゃがら》」が残ります。茶殻はふつう捨ててしまいますが、中には消臭に使う人もいるようです。体験では、入れたあとの茶殻は色も緑色を留めていました。あの独特な臭いもありません。茶殻はそのままてんぷらにしてもよいとのことでした。

さて、先ほど出汁のような味と書きましたが、それは茶葉に含まれるグルタミン酸によるものと思われます。年配者の中には「おいしいお茶を飲むと味の素の味がする」という人がいましたが、グルタミン酸のためでしょう。もっとも、グルタミン酸のうまみは、湯の温度が高すぎたり浸漬の時間が長すぎたりすると出てくる苦味にかき消されてしまいます。茶を淹《い》れる作業は、なかなかにデリケートです。

茶葉に含まれるグルタミン酸を昆布の代わりにできないか、と考えた料理人がいます。静岡市清水区の料理人、内海亮さんと、浜松市中央区の「いっ木」の一木俊哉さんです。温暖化などにより北海道のコンブが採れなくなっており、二人は危機感を覚えたといいます。コンブの代わりに茶葉を使うなど、やはり茶どころの料理人です。茶葉で作った出汁は、言われるまでそれとはわからないほど完成度の高いものでした。もう少し改良を加えれば

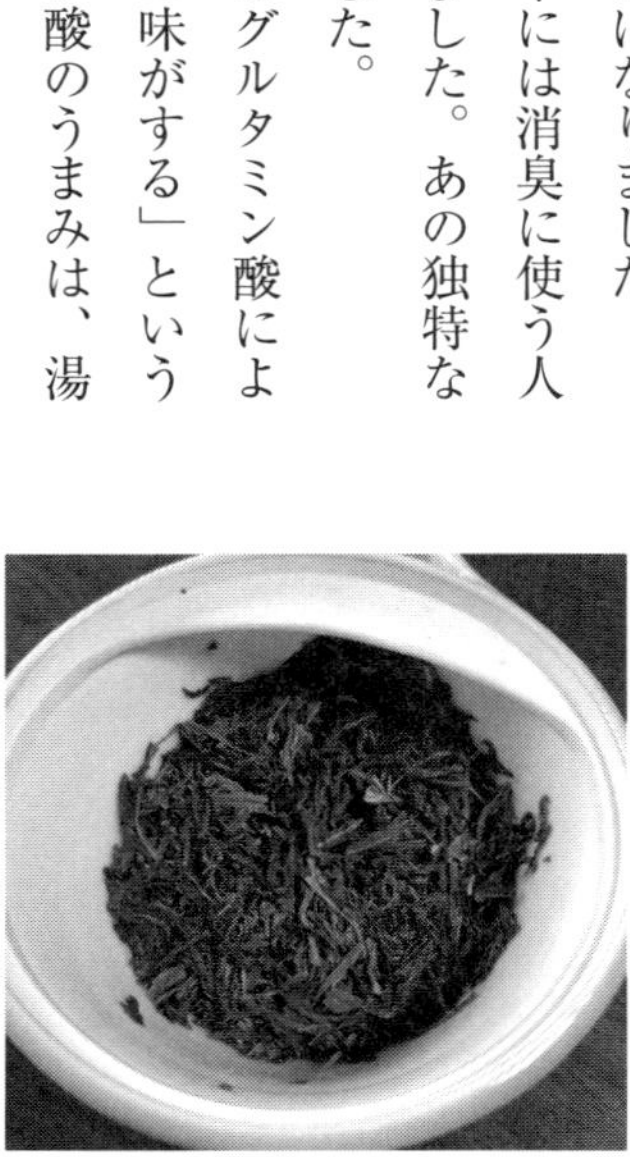

茶殻。丁寧に作られた煎茶（せんちゃ）の葉適量を、適温の水に1分半ほど浸漬すると旨みの強い茶が得られる。これを搾り切った後に残るのが茶殻で、鮮やかな緑色をしている。通の中には、茶殻をてんぷらなどにして食べる人もいる。

チャはコンブに代わる新たな出汁の素材になるかもしれません。

麩の焼き

水の街京都が生んだ文化のひとつが茶の湯です。そして茶の湯に欠かせないものが菓子です。茶の湯菓子の「ふのやき」は千利休がこよなく愛したといいます。

以前、式亭（上京区）の「ふのやき」（麩の焼き）を頂きました（製造は京菓子舗・末富《すえとみ》）。ふのやきといわれる菓子は京都にはたくさんありますが、式亭の「ふのやき」は煎餅《せんべい》型で、もち米の粉に味噌を混ぜたものを水で溶き薄く焼いたもの。表面には「宗旦銀杏《そうたんいちょう》」の焼き印が押してあります。折るとぱりっと音がし、口に入れるとはらりと溶け、ほのかな甘みとともに味噌の香りが口中に広がります。主菓子には限りない魅力を感じますが、この「ふのやき」のような干菓子もまたよいものです。ちょうど数日前に南山城の茶農家を訪れた際にもらった煎茶があったので、この茶うけにしてみました。

先にも書いたように麩の焼きは千利休好みと伝えられます。小麦粉を水に溶いたものを薄く焼き、味噌を塗って筒状に丸めたものだったようです。利休の茶会記にはこれが頻回に登場するそうです。コムギの渡来は弥生時代のことですが、栽培が広がったのは二毛作ができるようになった鎌倉時代以降のこと。味噌は多分、白味噌。米の集積地であった京

式亭の「ふのやき」。お茶うけとしても最高だが、日本酒やビールのおともにもよさそう。

白味噌（石野味噌）

ならではの、米主体の甘い味噌です。なお、川端道喜《かわばたどうき》で作られる「花びら餅」（御菱葩）にも、白味噌が使われています。麩の焼きはおそらく甘かったのです。この時代の京では発酵食品の製造が産業化し、酒を含む発酵産業を支えていました。京は当時、発酵産業の先進地であったわけです。

味噌のもう一つの主役は言うまでもなくダイズ（大豆）です。数少ない日本原産の穀類のひとつです。高タンパクのゆえ、精進料理の素材としても重宝されました。そしてダイズ製品、ことに発酵大豆は、戦時の兵糧《ひょうろう》として、また保存食としても重宝されました。つまりは武家の食材。発酵大豆は三河の豆味噌や、京都・大徳寺の大徳寺納豆、一休寺（京田辺市）の一休寺納豆などのほか、納豆をも含めて、海のない京のタンパク源にもなっていました。精進料理と武家文化と茶の湯の文化、三者をつないでいたのはダイズだったのです。

お茶と水

お茶の味を決めるのは、むろん茶葉もありますが、なんといっても水なのだそうです。京都は、茶の湯の創始者でもある千利休が活動の拠点とした街で、だからこそ京都はお茶の文化のメッカになったのです。けれど、京都がその不動の地位を固めたのは、それだけが理由ではなかったのです。

京都は日本でも有数の、よい水が得られる土地のひとつです。まず水量が豊かで、井戸などを介して容易にアクセスできること。そしてその水が汚染されていないこと。さらに、水質がお茶に適していること、です。茶道の各流派の家元がある上京区や下京区の一帯にも今も豊かな水の湧く井戸が複数あって、市民の生活を支えています。むろんどの流派も、邸内に井戸をお持ちです。けれど地下水の水脈は目には見えないので、どの井戸とどの井戸の水が同じ水脈のものかを言い当てるのはなかなか困難です。

水質を示すものさしはいくつもあります。中でも大きく作用するのが「硬度」でしょうか。溶け込むミネラルの量で決まります。ミネラルの中でもカルシウム（Ca）とマグネシウム（Mg）が大きく作用します。数値（硬度）は、水一リットル中のこれらミネラルの量（mg/l）で表します。京都の地下水はこの値が三〇〜四〇ほどの軟水《なんすい》で、かつ年を通じてそれほど変動しません。硬度が低いと、出汁《だし》や茶のような抽出がうまくゆきます。反対に高いと抽出が進みません。だから、出汁をひくには軟水のほうがよいとされるのです。ただし硬度が低すぎても、雑味の元となる物質までが引き出されて台無しになってしまう、と説明されています。

理屈上はおおむねそうだと思いますが、お茶はどうでしょうか。一般には軟水が好まれるようですが、紅茶の国・英国など欧州の水は硬度が高いのです。もっとも地域によっては軟水の地域もありますが、おおざっぱに言って欧州の水に比べると、日本の水ははるか

左女牛井の跡（下京区堀川五条下ル西側）
左女牛井（さめがい）は、三名水の一つとして知られ、珠光や武野紹鷗・千利休ら歴代の茶人がこの井水を用いたという。元和二年（一六一六）織田有楽の改修により石の井戸枠が作られたが、太平洋戦争中の昭和二十年、道路拡幅のため消滅した。

に軟水で、「硬水」と呼ばれているものでも硬度はそれほど高くはありません。ロンドンは硬水地域のようですが、ロンドンで飲むお茶がおいしくないという話は聞きません。硬水、軟水の違いは、お茶の味のよしあしを決める要因の一つに過ぎないのかもしれません。

紅茶は英語ではblack teaといわれます。紅をあらわすredの語は使いません。ミネラル分の多い水で淹れたお茶は、タンニンなどが反応して黒く変色するともいいます。だからblack tea? そう考えると、紅茶は欧州では硬水で淹れられていたとも考えられます。結局のところ、五〇〇年もの歴史を持つ各流派の家元が京都におかれたその謎がまだ解明されずに残されているとすれば、歴史のロマンを感じずにはおられません。

第二章

季節の食

お屠蘇

お正月の食べ物で意外と重要なのが「屠蘇酒《とそ》」でしょうか。決して京都固有の食というわけではありませんが、薬酒という性格上、どうしても京都が鍵を握るようです。まず、屠蘇酒とは？　清酒や味醂《みりん》に「屠蘇散《さん》」と呼ばれる数種の薬種を調合したものを漬けたものです。植物が持つ薬用成分は多岐に及びますが、そのうち水だけに溶けるものは限られます。いっぽうアルコールに溶けるものは多数あります。つまり、酒に溶かすとは、アルコール抽出しているのです。

味と香りは、“beyond expression”。言葉ではなかなか言い表せません。味醂特有の甘さと、薬酒特有の香りが癖になります。好みの屠蘇散を見つけて、毎新年を祝うことが出来たら素敵ではないでしょうか。

どんな薬種を溶かすのか。京都の香道をけん引してきたお店の一つ「山田松香木店《やまだまつ》」（上京区）の屠蘇散には丁子《ちょうじ》・桂皮《けいひ》・山椒《さんしょう》・桔梗《ききょう》・白朮《びゃくきゅう》・浜防風《はまぼうふう》・陳皮《ちんぴ》の七種が含まれます（下表参照）。丁子は英語名がクローブ（clove）。肉の臭みを抑えるのに使われますが、変わったところではニンジンのグラッセに入れることで臭い消しになります（これはいける！　ただしくれぐれも量を間違えないように）。桂皮はご存知、シナモンのこと。山椒も説明は要らないでしょう。桔梗も、花はよく知られていますが、その根が生薬《しょうやく》になります。また、陳皮

屠蘇散のレシピ（山田松香木店）。何件かの屠蘇散を試してみたが、やはりそれぞれに個性がある。自分の好みの屠蘇散が作れると素敵です。

名　称	屠蘇散
原材料名	丁字、桂皮、山椒、桔梗、白朮、浜防風、陳皮
内容量	3g
賞味期限	令和７年３月
保存方法	高温・多湿の場所を避けて保存してください
販売者：株式会社山田松香木店　京都市上京区勘解由小路町164 製造者　075-441-4694	

和名・漢名	英名	学名
チョウジ	clove	*Syzygium aromaticum*
ケイヒ	cinnamon	*Cinnamomum cassia*
サンショウ	japanese papper	*Zanthoxylum piperitum*
キキョウ		*Platycodon grandiflorus*
白朮		*Atractylodes spp.*
浜防風	silver top	*Glehnia littralis*
陳皮	dried peel	*tangerine peel*

はミカンの皮。健胃腸薬です。白朮は今ではほぼ屠蘇散以外の用法はないようです。浜防風は、幼苗を刺身のつまにしたりします。ぴりっと来る刺激と辛味。それに清涼感があります。一般的な言いかたをすると、一種の「漢方薬」ということになるでしょうか。これらの名前をみて、何かを思い出しませんか？ そう、いくつかが七味《しちみ》と重なるのです。山椒、陳皮など。漢方は中国の体系ですが、日本に伝わり長く使われるうち、残ってきたものなのでしょう。その意味では、これらは漢方というよりは「和方」ともいうべきものと思います。

酒の種類ですが、清酒、味醂が主。わたしは佐々木酒造の「聚楽第」に、愛知県・九重味淋の味醂を一対一の割合で混ぜたものを使っていましたが、二〇二三年は同社製の「美《み》淋酎《りんちゅう》」を使ってみました。製法は味醂とほぼ同じですが、飲用に作られたものだそうです。なお、江戸時代前から「味醂酎」なる酒があったようですが、この「美淋酎」は江戸時代の『和漢三才図会《ずえ》』の記述をもとに再現しているとのことです。

花びら餅

お正月のお菓子といえば「花びら餅」ですが、川端道喜《かわばたどうき》さんでその由来を聞くことが出来ました。宮中の正月の儀にかかわるものに由来することはよく知られています。花びら

「美淋酎」。味醂を造るには米焼酎が使われる。

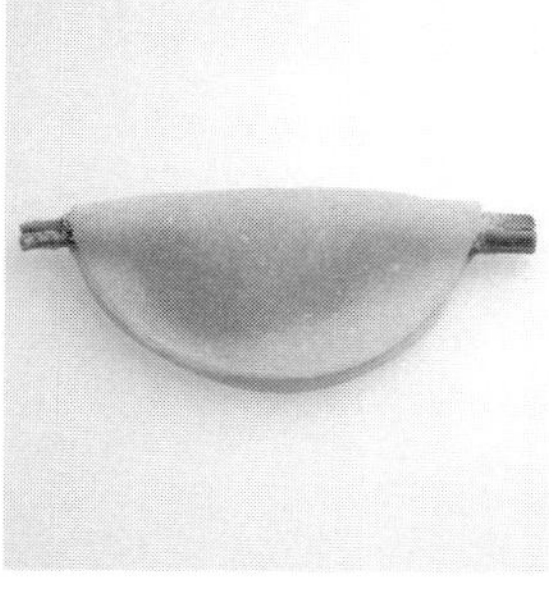
御菱葩（川端道喜製）

餅はもとは宮中の正月行事の食でしたが、直接の祖先となったものは、裏千家の十一代の家元であった玄々斎が、長年の望みであった宮中での献茶実現の成功を記念し、第十二代川端道喜に創作を依頼したものでした。それが「御菱葩《おんひしはなびら》」で、一八七〇年のことでした。そして世間に広まったものが「花びら餅」なのだそうです。現在は京都をはじめ各地の菓子店でつくられるようになり、新年のお茶会に使われるようになったとのことでした。

ところで道喜さんでは献上の菓子を制作する際、年によって原材料の性質や天候がかわるので事前に試作をしていたといいます。御菱葩の試作品が「試餅《こころみのもち》」なのだそうです。

餅は、羽二重《はぶたえ》餅（「はぶたい」とも）のように柔らかい。直径一一～一二センチほどの丸い餅の上に、うす桃色の菱形の餅をのせ、白味噌を塗り、中心に細く切った牛蒡《ごぼう》をおき、それを二つ折りにしたもの。塗られた白味噌はさらさらに調整されていて、うっかり噛むと中からこぼれ出てしまいます。裏千家初釜式で使われる御菱葩は、餅の左右から牛蒡が一センチほど出た形なので、中の味噌がこぼれ出ないように工夫するということです。東京の初釜式で使われる御菱葩や試餅ではもち運びのリスクもあって、牛蒡を包み込んで餅をきっちり閉じる形になっています。他店では各々味噌や牛蒡の状態も違うので牛蒡が左右に少し出ているのをよく見ます。

それにしても、十一代のお家元が十二代のご当主に依頼するなど、さすが京都！　一世代は二十五年と勘定されますから、どちらも三〇〇年ほどの時間になります。しかもそれが今から約一五〇年前のことなのです。通算すると四〇〇〇年を超える人と人の関係性が京

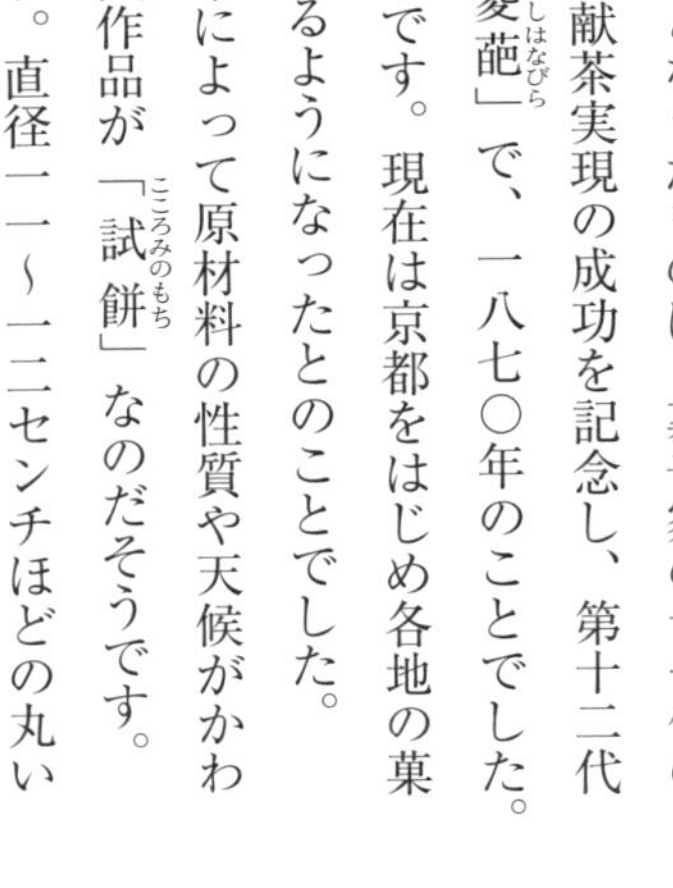

試餅（川端道喜製）

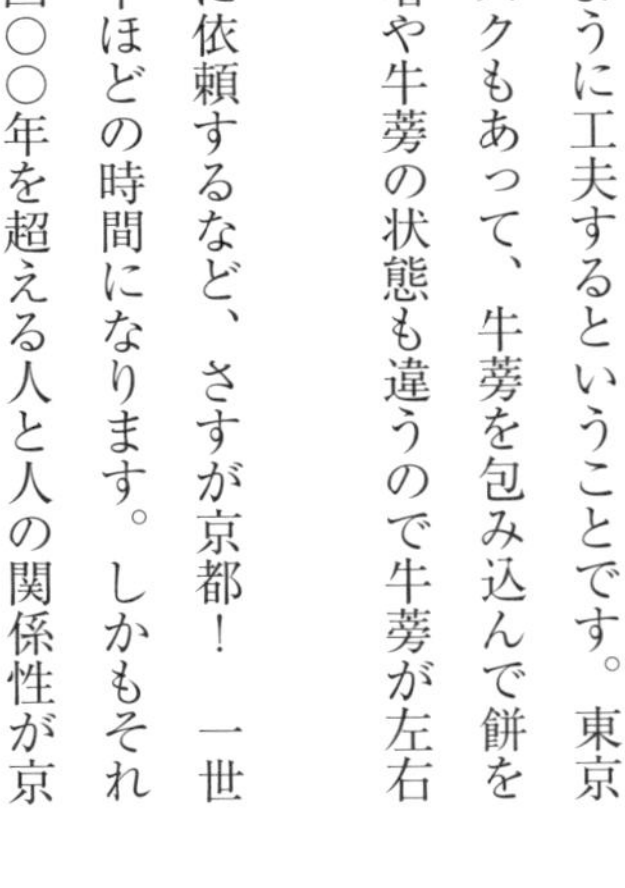

「老松」の花びら餅（２０２１年）。味噌餡は固め。同じ花びら餅でも、形、大きさ、柔らかさや歯ごたえなど店舗によりいろいろに異なることがわかる。

における食文化の形成に強く影響しているとも考えられましょう。

白味噌の雑煮

この節では、京都でお正月につくられる雑煮の具材の説明をします。このお雑煮をつくるにあたり、水は染井の井戸（梨木《なしのき》神社）から汲んできたもの。出汁は錦市場の「島本」さんで購入した昆布とかつおの合わせだしを使いました。なお、ご家庭によっては「精進」ということで、出汁は昆布出汁とし、鰹節を椀に添えることもあるようです。味噌は毎年、石野味噌さんのものを使っていましたが、この年はより甘い中京区御幸町《ごこまち》通丸太町下ルの関東屋さんのものを使ってみました。餅は、錦市場の幸福堂で。河原町松原に本店があります。わたしは丸餅を使いましたが、最近は角餅も売っています。

ここまでは京都のご家庭では同じようだと思いますが、いっぽう具材はいろいろでしょう。だいこんは、桂むきした青首だいこんの芯の部分と祝だいこんを使いました。にんじんは金時にんじん。ごぼうも水にさらしてから入れてみました。全部輪切りにしてあります。いずれも市内の八百屋さんで購入。さといもは海老芋を入れました。これは静岡県の磐田《いわた》産で錦市場の川政さんで購入。静岡野菜は京野菜とかかわりが深いのです。夏野菜の「賀茂なす」も、静岡市清水区三保の折戸《おりど》地区にある「折戸なす」と関係があると言われて

わが家の元旦の雑煮

いました（異説あり）。なお、京都や奈良の旧家ではご当主（家長）は、かしらいも（頭芋＝親芋のこと）をまるごと入れた雑煮を食べるのだそうです。毬麩《まりふ》と梅麩は麩嘉《ふうか》さんのもの。ユズは水尾の柚子。皮がきれいで、気に入っています。最後に、彩りに青のりをふってみました。これは和歌山県串本町産。

　このようにしてみると、食材は、さといも以外の野菜はわかりませんが、全国各地から集められたもの。大げさな言い方ですが、人類の食はこのようにして組み立てられてきました。「共食」という言葉がありますが、それはたんに共にテーブルを囲むということだけではなく、万人が、自分の食べ物を、顔も知らない他人に支えられていることをも意味しているのです。

ユズリハ

　ユズリハという植物を知っていますか？　学名は*Daphniphyllum macropodum*といいます。科はトウダイグサ科ともユズリハ科とも。常緑の広葉樹で、「春に新葉が出てから古い葉が落ちる」のでスムーズな世代交代をするから「譲り」の意味が込められたと説明されることが多いようですが、この性質は多くの常緑樹に共通です。この説明はやや説得力に欠けるように思われます。ともかく、この葉が鏡餅の下に敷かれることも多いことから、

枝についた折戸なす（静岡市・久能山東照宮で）

「縁起のよい植物」とみなされてきたことは間違いないでしょう。京都でも、ちょっと古い家の庭にはユズリハが植えられているのをみかけることがあります。

葉などにはアルカロイド系の毒があり、家畜が中毒を起こすことがある、とされます。案外、このアルカロイド系の毒物が少量含まれることで殺菌作用をもたらし食中毒を防いでくれるのかなと思ったりもしていますが根拠はありません。日本の食文化は、葉で巻く、葉で飾る文化といってよいと思いますが、その理由の一部には、こうした毒消しの意味が込められているのではないかと思っています。

ユズリハの語源に戻りましょう。冒頭に書いた「譲る葉」説は、円滑な世代交代を意味するところから来るという解釈ですが、私は、この解釈が言葉遊びに過ぎるようで好きではありません。むしろ木の葉の形が弓の「弓弦《ゆづる》」を連想させるから、という寺井泰明さんの解釈に共感を覚えます。ユズリハを「弓弦葉」と書くこともあるので荒唐無稽な説ではないと思われます。

また、弓矢の矢は三枚の羽（矢羽根）を持ちますが、その一枚を弓摺羽《ゆずりは》と呼ぶそうです。ユズリハを重用したのは武家だったのでしょうか。とすると先の「譲る」説との関連も出てきそうです。「家」を重視した武家には家系を守ることが何よりも重要だったからです。

ユズリハは、しめ飾りにも使われます。もともと神さまの依り代ですが、寺の中にもこれを飾るところがあります。写真左は足利将軍家にゆかりの相国寺塔頭「光源院」のもの。ユズリハの葉が見えています。このあたり、神仏習合と言えなくもない。

ユズリハ。葉柄が赤いタイプ。

ユズリハを使ったしめ飾り

さて一月七日、人日《じんじつ》の節句の日、京都府立大学の集中講義（和食民俗学）に来てくださった川野和昭さんを誘って夕食に出かけました。先付のお皿は富士山を表すのだそうです。「福」の字をあしらった角小鉢の中身は黒豆。そして数の子・からすみ・かぶら巻きの下に敷かれたのがユズリハの葉でした（写真下右）。

節分の豆

二〇二一年の節分は二月二日。二月三日のことが多いのですが、二日になるのは一二四年ぶりのことだそうです。節分は、年に四回ある立《りゅう》の前の日。例えば、立春《りっしゅん》の前の日が春の節分です。立春とは、天空上の太陽の通り道である黄道《こうどう》上の太陽の位置が黄経三一五度（立春点）に達した瞬間をいいます。暦との不整合により、その瞬間が二月三日になったり四日になったりしります。次に三日になるのは二〇二五年です。このあたり、暦学という学問の範囲ですが、知れば知るほど面白い！

さて、節分の食というと、豆まき？　いわしの頭？　それとも恵方巻《えほうまき》？　若い人びとはきっと「恵方巻」というでしょうが、恵方巻は大阪の郷土食がコンビニなどの戦略で全国に広まったもの。しかもたかだか二〇年ほど前から。それでも、最近は東京の料理屋さんにも恵方巻をアレンジした料理を出すところも増えてきました。なお、昔からの大阪の恵

ユズリハを受け皿に使った先付

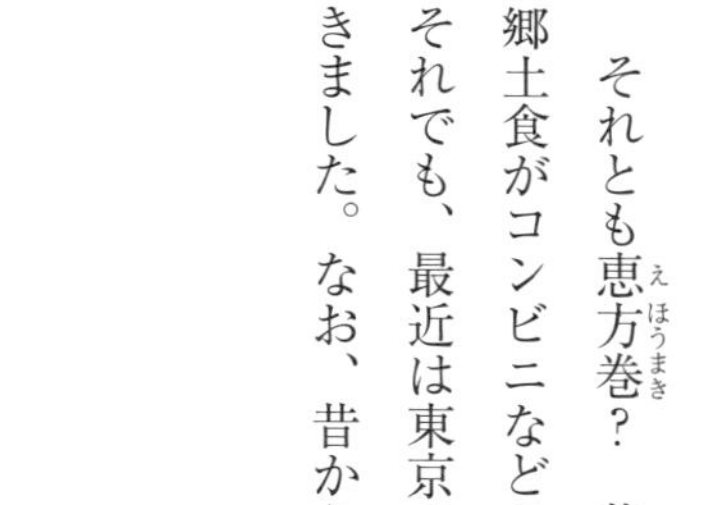

東京・竹葉亭の節分の料理（2019年2月）。この年の「恵方」が東北東であったことがわかる。右手に柊の葉がある。この棘（とげ）を鬼がきらうのだとか。

方巻は、食べるときに丸かじりします。切ってはいけません。しかもそれを口もきかずに一気に食べないとご利益《りやく》がないのだそうです。

いっぽう「いわしの頭」とは、柊《ひいらぎ》という常緑樹の葉つきの枝にいわしの頭をさして門口において邪気払いするもの。むろんいわしは塩焼きなどにして食べます。京都大学本部キャンパスの東側、吉田山のふもとにある吉田神社では毎年の節分祭にいわしの塩焼きを売る屋台が必ず出ていました。

もうひとつが豆まき。古くからある宮中行事から転じたものらしい。邪気を鬼とみたて、霊力のある豆をまいて追い払う行事。豆はダイズ。芽が出ないように、炒ってから使います。もし炒った豆が残ったら……。ミルなどで砕いて黄粉《きなこ》にしてみてください。売られている黄粉よりずっと香りが高い黄粉ができるはず。砂糖と少量の塩を加えたところに、焼いて湯通しした餅を入れれば黄粉餅（安倍川餅とも）。ご飯とみそ汁同様、「米と大豆」のパッケージです。

上賀茂神社の神饌

神饌とは、神社などで神様に捧げる食物のこと。古い時代から、様々な食物が神饌に使われてきました。供えられる食品に厳密な決まりはとくにないようですが、米・酒・餅・

大豆の種子。植物性の食材としては例外的に高タンパク、高脂質。原産地は東アジアということ以外よくわかっていませんが、日本列島もその範囲に含まれます。原種はツルマメ。

塩・水などを基本として、これに、その土地でとれる魚、野菜などを加えます。当然、季節により準備できるものとできないものがあるので、内容を厳密に決められないのでしょう。また、これら生もののほかに調理したもの（熟饌）を供えることもあります。

供えるものに厳密には規定はないと書きましたが、多くの神社が避けてきたものがあります。例えば、四つ足の動物の肉や、「五葷《ごくん》」と呼ばれるにおいのきつい野菜たちがそれです。ニンニク、ニラ、ネギなどがそれ。

ところが、面白いことに、葵祭の際に上賀茂神社に供えられる神饌の中に「ニンニク」が入っているのです。漢字では「大蒜《おおびる》」。今も昔も、近くの農家に頼んで栽培してもらっているとのこと。「ニンニクを供えるのはなぜか。それはいつからのことなのか」――もう二〇年近くも前、当時権禰宜《ごんねぎ》をしておられた方に伺ったことがあります。当時私が立てた仮説は、「（上賀茂神社を創建した）賀茂氏は遊牧民の末裔で、家畜を飼いニンニクやネギを食べていた」というもの。しかし権禰宜さんのお答えは「ニンニクを神饌に使う理由はよくわからないし、いつからかと問われても、ずっと昔からのこと、としか答えようがない」と言われ、仮説の補強には至りませんでした。それ以来この問題はほったらかしのままにしていました。

神饌は、和食文化の伝統を今に忠実に伝えていると考えられます。供えられたものは時代により変遷を遂げてきたことでしょう。古い記録や関係者の記憶、証言などを丁寧にたどることで、食の変遷をたどることもできるでしょう。

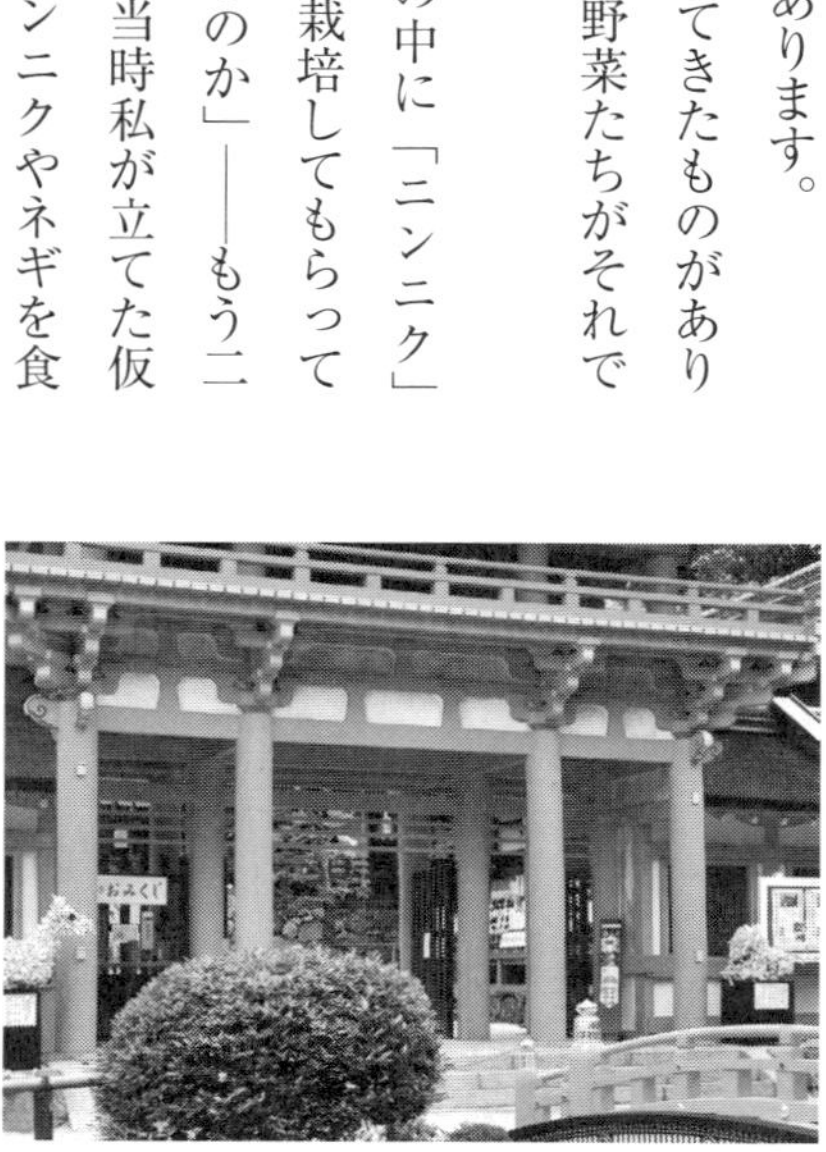
上賀茂神社の楼門。なお、神社の正式な名前は「賀茂別雷神社（かもわけいかづちじんじゃ）」。

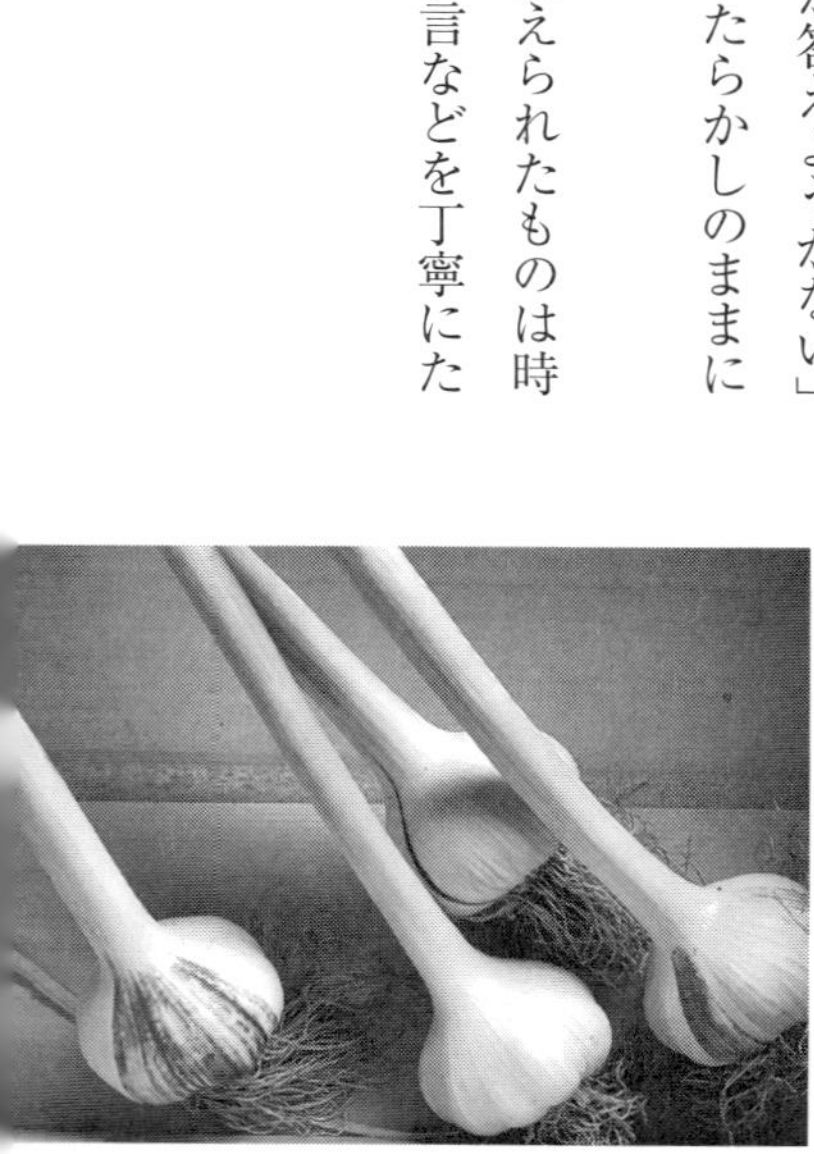
神饌にも供されるニンニク。特別の系統ではないようである。

機会があり、京都府立大学歴史学科の先生と和食文化学科の学生・Mさんとともに神饌を見学することができました。見せていただいた神社の記録によれば、ニンニクの神饌は少なくとも大正時代にまでさかのぼることができるそうです。二〇二二年、Mさんが神饌をテーマに取り上げて研究をスタートされました。今後の研究に期待したいと思います。

夏越しの祓と水無月

二十四節気の一つである夏至《げし》が終わり、まもなく六月三十日。一年の半分が終わる日です。そしてこの日は「夏越《なご》しの祓《はらえ》」の日。年の前半の無事を感謝し、残り半分の無病息災を祈って祓いをおこなう習慣が各地にありました。京都のいくつかの神社ではこの日前後に「茅《ち》の輪《わ》くぐり」をします。茅の輪のいわれは蘇《そ》民将来《みんしょうらい》の物語に由来するもので、スサノオノミコトが登場します。

青竹を直径数メートルの輪の形に組み、青竹のまわりにチガヤ、ススキなどいわゆる「かや」を巻きつけたのが茅の輪。厄払いにこの輪をくぐるというものです。単に「かや」という名の植物はないので注意。このときに詞《ことば》を唱えますが、詞は神社により異なり、例えば上賀茂神社では『拾遺和歌集』の和歌「水無月の夏越しの祓する人は千歳の命のぶというなり」というのだそうです。

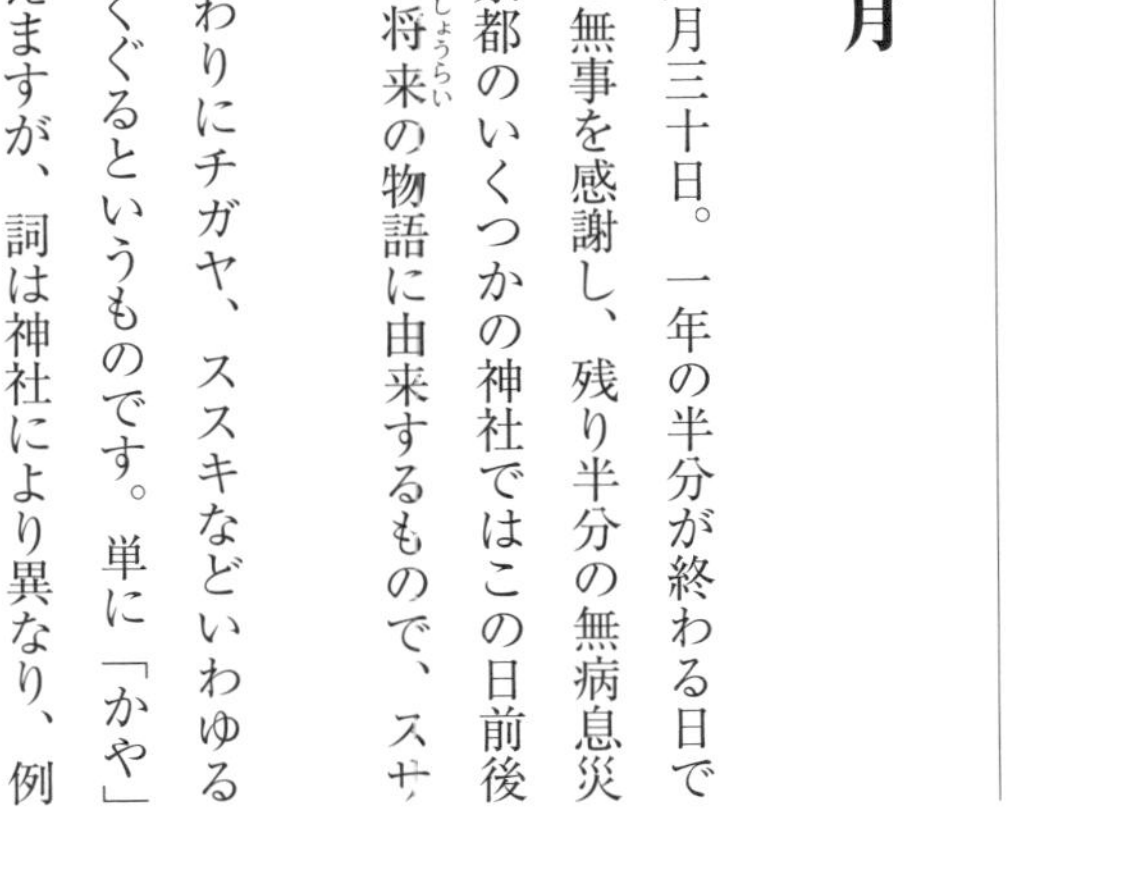

下御霊神社（中京区）の茅の輪。訪れたときには「かや」を巻きつける作業をしている最中でした。作業中を撮らせてもらいました。やや小さめの茅の輪でした（2021年6月19日）。

そして、夏越しの祓に欠かせないのが「水《み》無《な》月《づき》」です。水無月は六月の異名ですが、同時に和菓子の名前でもあります。外郎《ういろう》の土台の上に甘く煮た小豆をびっしりとのせた板状の生菓子。これを直角三角形に切って出します。最近では、外郎を抹茶風味にしたもの、黒糖を加えたものなどのバリエーションがありますが、個人的にはやはり白がよい。小豆には古来、魔除けの力があるとされてきましたので、それで使われるのでしょう。水無月は本来夏越しの祓の頃にのみ、祓の菓子として作られて食べられていたようですが、最近では五月の連休が明けるとすぐ水無月が出回ります。和菓子の世界でも「旬」が失われつつあるようです。なお外郎は京都、名古屋など各地にあり、多くの場合は米粉で作られますが、山口市の外郎はわらびのデンプンで作られます。これも上品でうまい！

水無月三種。これだけポピュラーな菓子なのでいろいろなバリエーションがありそうだが、意外と違わない。せいぜい外郎の種類が違うくらい。ただし大きさや厚さはまちまちです。上：小松屋（寺町御池、２０２１年5月27日）、中：嵯峨嘉（嵯峨広沢、２０１８年7月2日）、下：老松（上七軒、２０２１年6月25日）。老松では、水無月は夏越しの祓の直前・直後しか販売しない。

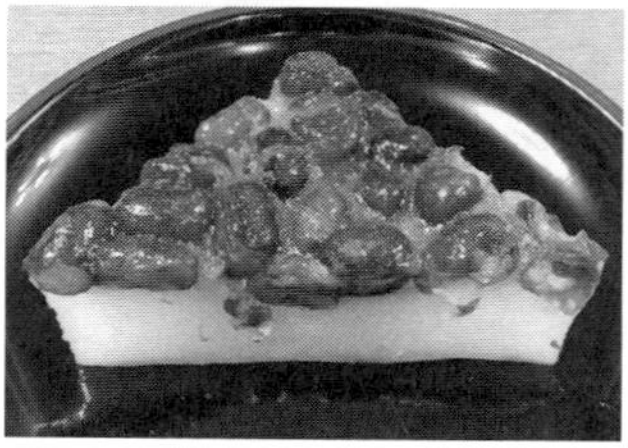

上賀茂神社（北区）の茅の輪（左）と詞（和歌）（右）。右の写真には輪のくぐり方が書いてあるのがみえる。上賀茂神社の茅の輪は下御霊神社のそれよりもだいぶ大きく直径3メートルほどもありそう（２０２１年6月13日）

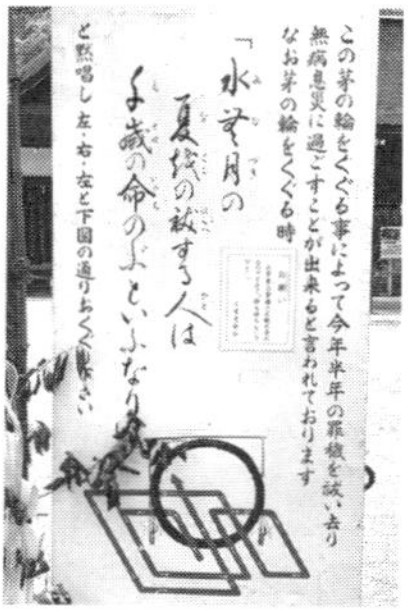

行者餅

京の和菓子は数あれど、季節性が極めて強い菓子はそれほど多くありません。でも中には「その日限定」を守る菓子もあります。そのうちの一つがこの行者餅《ぎょうじゃもち》。毎年、祇園祭の前祭宵山《さきまつりよいやま》の日（山鉾巡行の前日）の七月十六日にだけ作られる菓子です。作っているのは東山区の「柏屋《かしわや》光貞《みつさだ》」。店の説明によると、疫病が大流行していた一八〇六年、店の先代が大《おお》峰山《みねさん》での修行中にみた夢により作った菓子を「役行者山《えんのぎょうじゃやま》」に供えたところ関係者だけが病にかからなかったのだとか。そこでこの菓子に「行者餅」と名付けたのが始まりだそうです。役行者山とは、中京区室町通三条上ルの山。役行者とは日本の修験道《しゅげんどう》の始祖ともいわれる役《えんの》小角《おづぬ》のことです。

さて行者餅ですが、白味噌餡を求肥《ぎゅうひ》で包んだものを、さらにクレープでゆるく包んであります。白味噌餡はかすかに山椒の香りがしました。白味噌餡の主原料は白味噌です。白味噌は、正月の花びら餅や端午の節句ごろの柏餅の餡にも使われます。かつては、それは甘みのひとつだったのかもしれないと私は思っています。年一回きりのこと。心していただきました。

再び、行者餅の素材をみてみましょう。クレープは、たぶん小麦粉。求肥は餅と水飴。水飴の素材は米か、または大麦です。そして白味噌は米と大豆。つまり行者餅は、素材のレ

柏屋光貞の外観

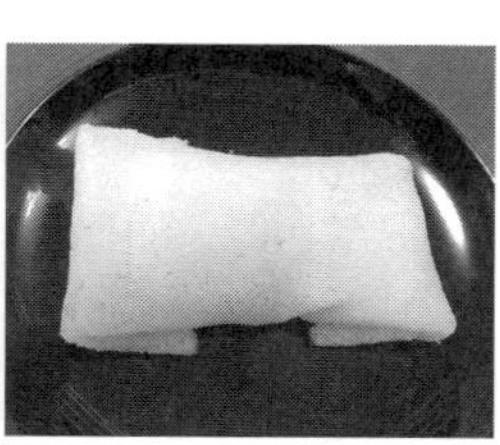

行者餅（右）と五個入りの箱（左）。「例年七月宵山ニ限り」と記されている。

ベルでいうと糯米、小麦、大豆からできていることになります。『古事記』や『日本書紀』にいう「五穀」（※1）の主たるものが、行者餅には使われているのですね。

※1　五穀は『古事記』では稲・麦・粟・大豆・小豆、『日本書紀』では稲・麦・粟・稗《ひえ》・豆

祇園祭のころ　――鱧と冬瓜と素麺の吸い物

七月十六日は祇園祭の前祭宵山《さきまつりよいやま》の日です。ちょうど酷暑のころです。クーラーなどなかった昔の人たちは暑い京の夏をどう過ごしたのでしょうか。食べ物にも工夫がみられました。とにかくあっさりしたもの。栄養価が高く、かつ傷まないもの。この時期の京を代表する食材として、鱧《はも》、冬瓜《とうがん》、きゅうり、素麺《そうめん》をあげておきましょう。

鱧は「おとし」に。自分ではできないでしょうから出来合いを買ってくるのも可。この時期、京都ではスーパーなどでも当たり前にみられます。

なお、京都の鱧のほとんどは淡路島で獲れたものですが、淡路島といえば都の「御食《みけ》つ国《くに》」のひとつです。冬瓜はウリ科の植物の果実です。淡白な味で、何とでも合わせることができます。きゅうりは今の感覚では野菜ですが、当時は水分補給に使われていました。

なお、ウリ科植物の果実のうち、トウガン、カボチャ、ヒョウタンなどは皮が厚くて硬く、冷暗所においておけば冬まで持ちます。冬至のカボチャと同じように。ヒョウタンは、日

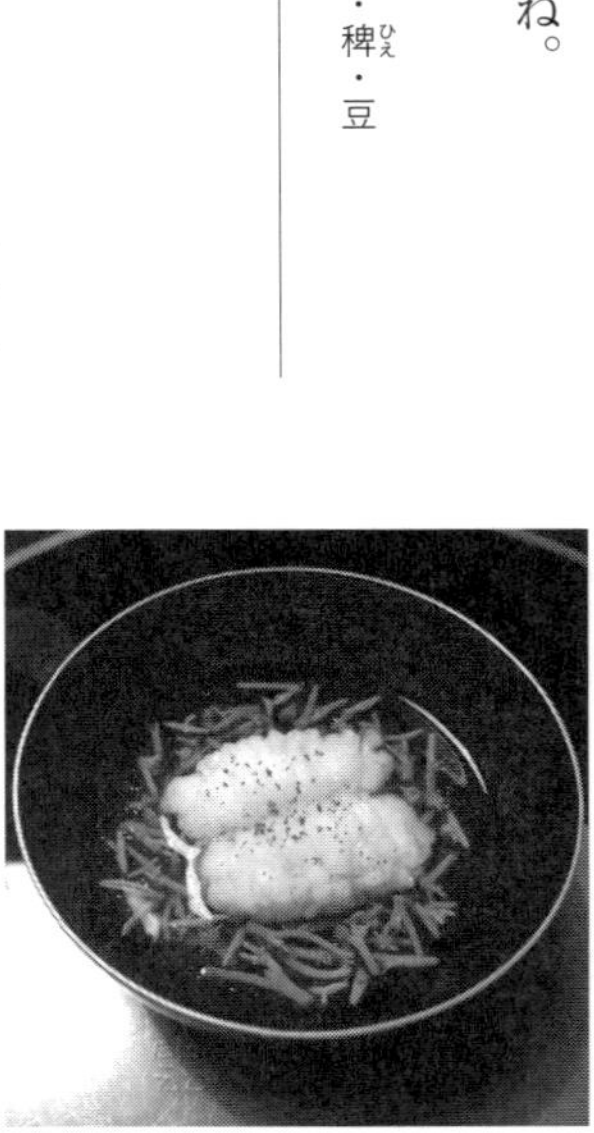

鱧とじゅんさいの吸い物。下鴨茶寮。

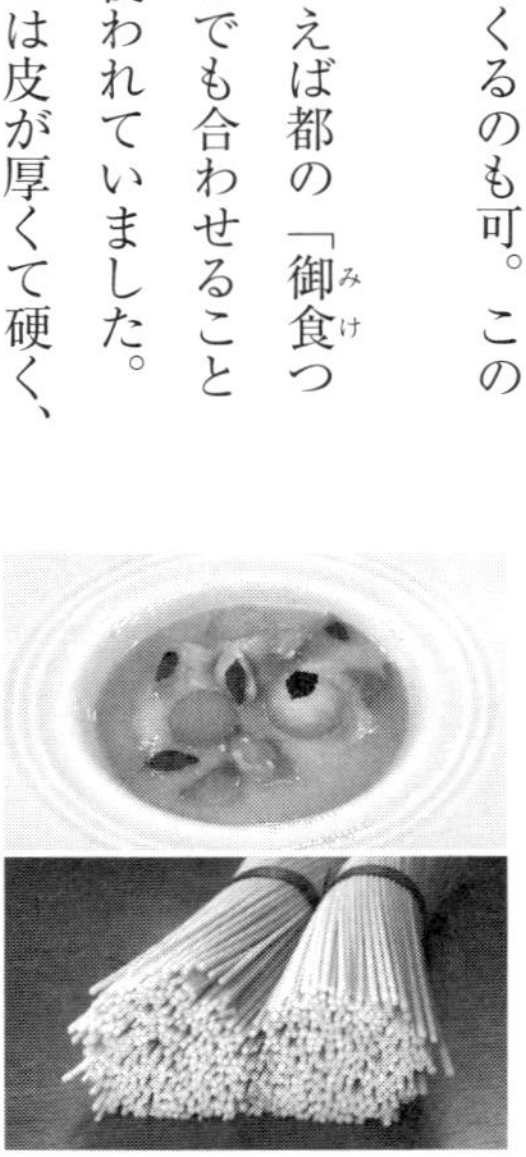

上：淡路島のオーベルジュ「La Rose」の冬瓜と蒸しアワビのスープ。丸くくりぬかれたのが冬瓜。下：揖保乃糸（いぼのいと）。素麺は大半が乾麺として売られている。

本のそれの多くは有毒で食べられませんが、無毒のものもあります。奈良・森奈良漬店の看板商品のひとつがひょうたんの奈良漬けです。

そして素麺。これは精進の食材です。コムギはダイズに次ぐ高タンパクの植物性の食材です。関西では、奈良の三輪素麺、兵庫県たつの市の揖保乃糸《いぼのいと》が有名。強力粉と塩、それに水が原料です。コムギは水を嫌う作物で栽培される地域は限られます。塩は、播州赤穂の塩田の塩が使われてきました。あんなに細いのに切れてしまわないのはグルテンというタンパク質のおかげ。塩は、グルテンを引き出すのに欠かせないのです。

さて、冷製お澄ましの作り方はいたってかんたん。冬瓜は皮をむき、芯をとって一口大に切って、竹串がすっと通るくらいまで下茹で、素麺も少し硬めに茹でておきます。これらは冷蔵庫へ。昆布と鰹の合わせ出汁に、薄口醤油と塩少々で味をつけておきます。冬瓜、素麺、鱧のおとしをお椀にいれて、上から出汁を注げばOK。ちょっと時間があればそのまま冷やして冷製にするのもなかなかです。

安楽寺のカボチャ供養

左京区の鹿ケ谷《ししがたに》、哲学の道のさらに山寄りに安楽寺という浄土宗のお寺があります。毎年七月二十五日に「カボチャ供養」がおこなわれることでも有名です。二〇二一年はコロ

安楽寺の山門。秋には見事な紅葉がみられる。

加工前、寺に集められた鹿ケ谷かぼちゃ。この年は大きさや形にばらつきがみられたという。

ナ鍋でふるまいは中止でしたが、特別に許してもらったので行ってきました。カボチャ供養に使われるのが鹿ケ谷かぼちゃ。ひょうたんのようなくびれのある独特の形をしたかぼちゃで味わいは淡白、あまり現代受けしない品種です。

ところがこれを土用《どよう》の頃に食べるとその年は中風《ちゅうぶう》（脳卒中）にならないという言い伝えができて以来、寺では檀家の人たちばかりか参詣に来る人びとにもふるまっています。そして今ではその日が七月二十五日に固定されているということでした。

鹿ケ谷かぼちゃは、江戸時代後期に粟田口《あわたぐち》（東山区）の人が津軽より持ち帰った系統と言われていますが、詳細は不明。なにしろ、カボチャは北アメリカが起源。それがヨーロッパを経てアジアに伝わって、日本には十六世紀ごろに南方から伝わったというのが定説。「カボチャ」は「カンボジア」から来ているとの説もあります。そのカボチャが津軽から京に伝わったというのだから不思議です。

朝六時、檀家の人たちが三々五々集まってくると、寺の庫裏《くり》に新聞紙が敷きつめられ、かぼちゃが並びます。そのへたを取り、縦半分にきって種子を取りのぞき、ごろんとした形に切り分けられます。一個のかぼちゃが二〇切れくらいになるので、一切れは家庭で調理するかぼちゃよりずっと大きいです。これを、竹皮を敷いた大なべに皮を下にして入れ、出汁を加えて蓋をして四〇分ほど炊けば完成。竹串がすっと入るほどの柔らかさでかぼちゃ本来の味わいのする、上品な煮物になりました。

手間ばかりかかる行事ですが、代々の住職たちは自分の代で絶やしてはならないという

かぼちゃを切って煮つける大きさにそろえる。タネは下部のふくらみの部分にあるが、上部にはない。

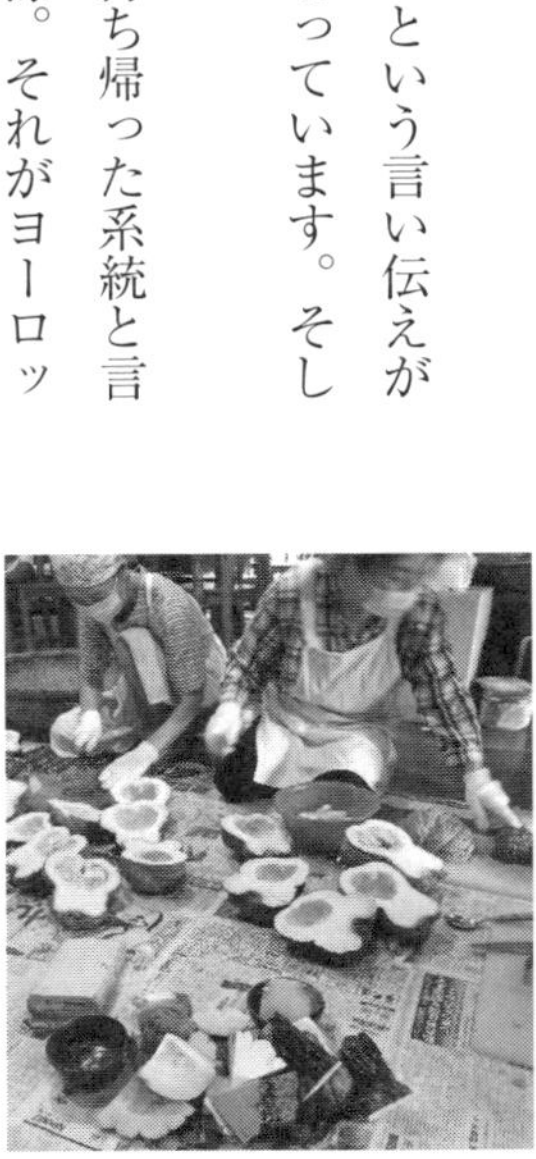

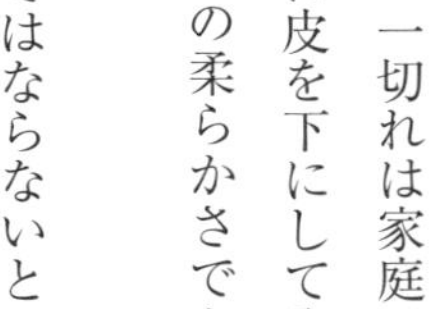

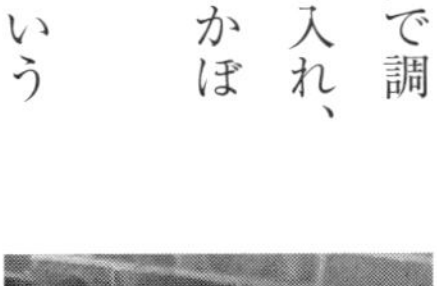

上：切りそろえられたかぼちゃを鍋に入れて煮る。出汁、味醂、砂糖、醤油などで味付け。かなり甘く感じる。鍋底には竹皮を敷いて焦げつかないように。下：できあがったかぼちゃ。煮崩れしていないのに中まで柔らかい。味は淡白ながら、カボチャ本来の味がした。

使命感で毎年続けてきた、と伊藤住職。材料の鹿ケ谷かぼちゃは、契約栽培してもらってはいるものの入手がしだいに難しくなりつつあるそうです。「カボチャ供養」のおかげで生きながらえてきた鹿ケ谷かぼちゃですが、前途はなかなかに多難。しかし全国各地の在来野菜は多かれ少なかれ困難に直面しているようです。どうすればこれらを守ることができるのか、みんなで考えなければなりません。

カジノキ

カジノキは、学名を*Broussonetia papyrifera.* といい、コウゾ属に属します。ということは紙の関係？　はい、ご名答！　種名を声に出して読み上げてみてください。「パピルス」ですね！

というわけでカジノキは昔から紙に使われた植物の一つです。葉の形に特徴があるので簡単に見つけられそうですが、それがそうでもない。理由のひとつが、この木、葉の形が齢などに応じて変わることがあるからです。

公家たちはその昔、短冊代わりにこの葉を使っていたようです。京都御所の北側にある冷泉家《れいぜいけ》では、七夕の行事にカジノキの葉を使うそうです。ならば京都御苑のどこかにあるはずだ——　そう思ってまず環境省の事務所に電話して京都御苑にカジノキがないものか

刺身の下に敷かれたカジノキの葉。やや見づらい。

宗像神社

と問うたところ、あっさりと教えてくれました。

「カジノキ？　ありますよ！　一番わかりやすいのが宗像《むなかた》神社の中です。」

京都御苑の南の端近く、旧九条邸の跡近くにある小さな神社です。クスノキの巨樹のほか、葉書の語源ともなった「多羅葉《たらよう》」（学名は *Ilex latifolia*）の樹もある神社。もとは花山院《かざのいん》家《け》の邸宅のあったところですが、この花山院家は筆道の家。書に関わる樹木があったのもうなずけます。

早速行ってみました。あった、あった！（下の写真右）。それにしてもよく知っているなあと感心、聞いてみると問い合わせが結構あるそうです。それにしてもカジノキ、何に使うのでしょうか。

じつは、和食の料理屋さんでは、七月の料理の飾りにカジノキの葉を使っています。刺身の器の一番下にこの葉を置き、その上にあしらいとともに魚をのせます。

「なぜ？」

「故事にのっとって」

七月にしか使わないのは、やはり七夕を意識してのことでしょう。七夕は「たなばた」と読みますが、五節句のうち四番目の「七夕《しちせき》」の日でもあります。全国的にこの日は素麵を食べる日でもあります。冷やした素麵を、カジノキの葉を敷いたガラス皿にのせて食べるのも暑気払いにはよさそうです。

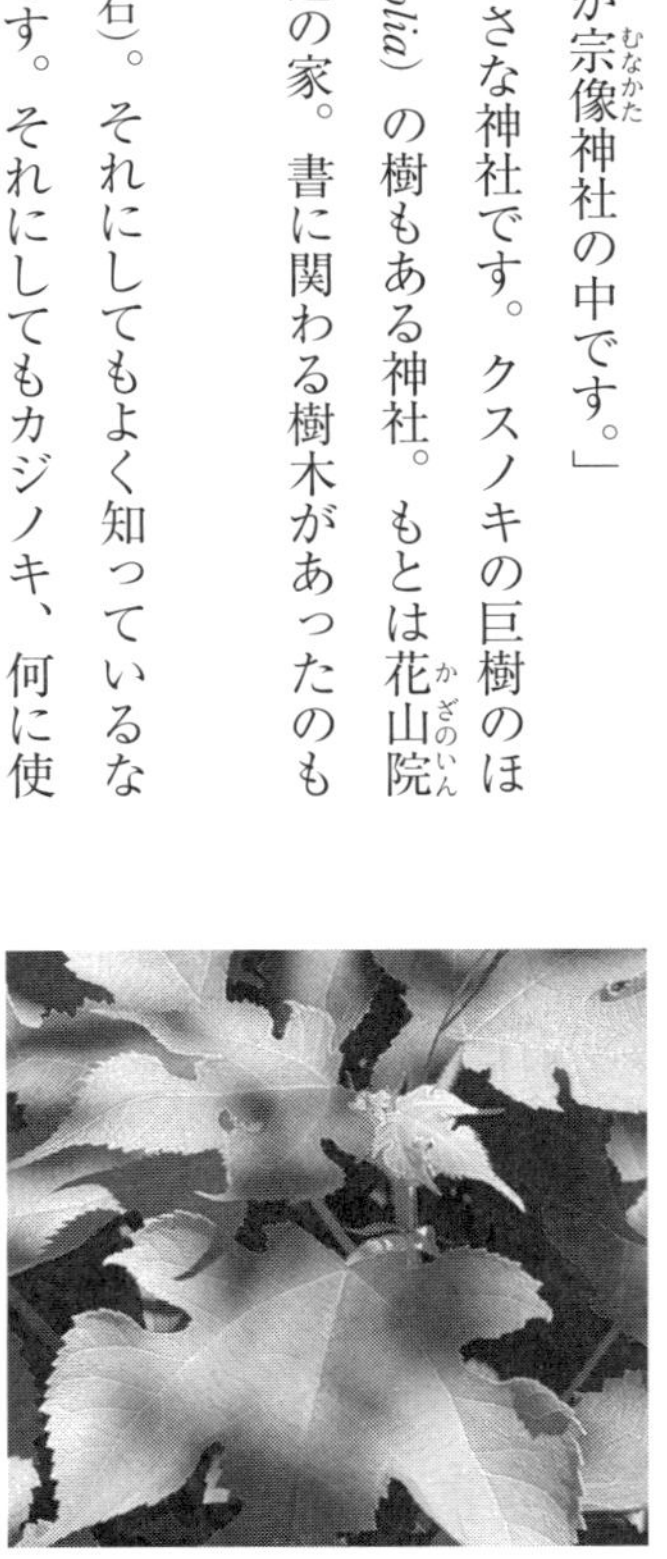

宗像神社のカジノキの葉

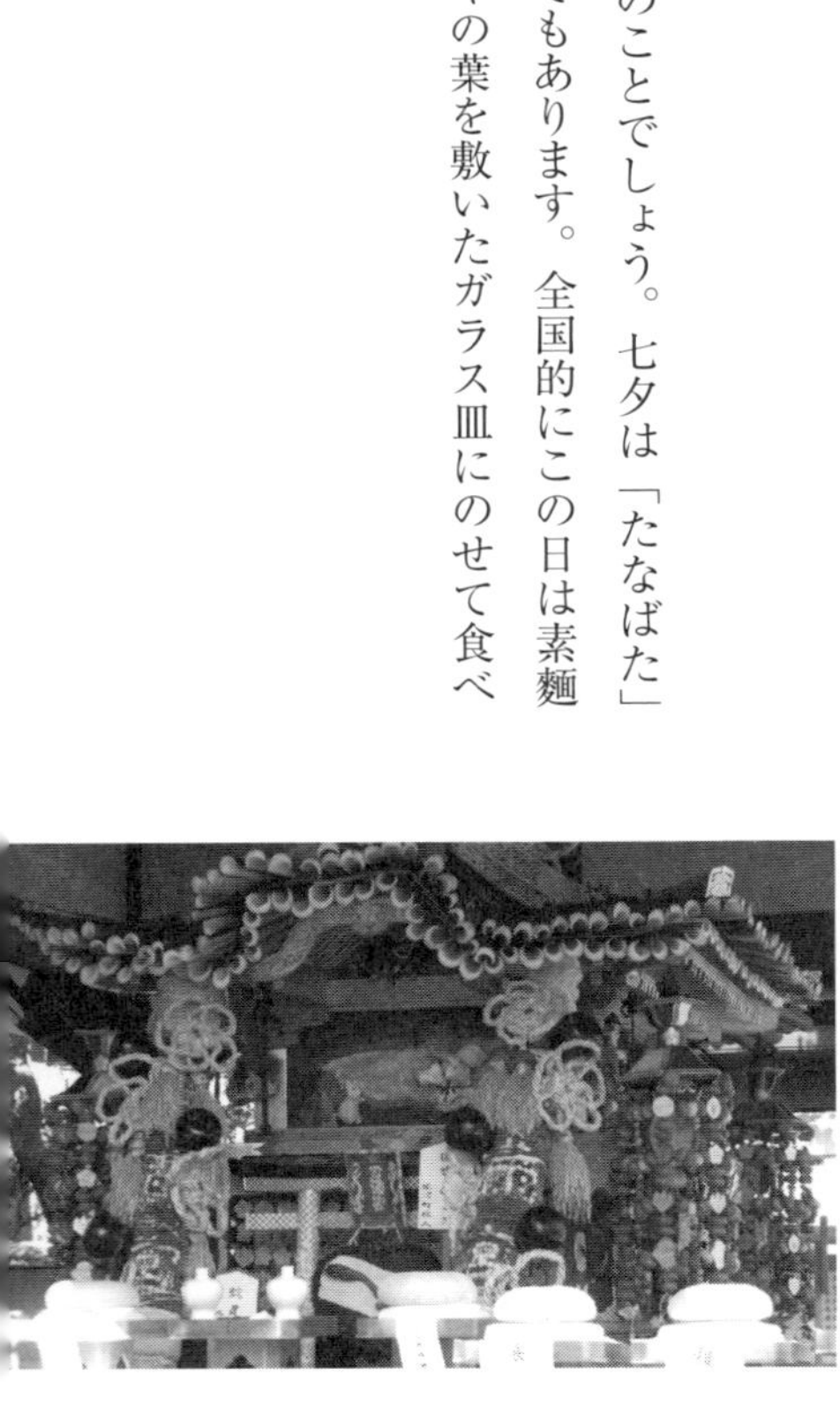

ずいき祭の「神輿」。手前の紅白の鏡餅も面白い。北野天満宮の西ノ京御旅所で（2021年10月2日）

ずいき祭

上京区の和菓子店「老松《おいまつ》」社長の太田達さんに案内してもらって北野天満宮の「ずいき祭」をみてきました。「ずいき」とはサトイモの葉柄《ようへい》のこと。漢字では「芋茎」。あくを抜いて適切に調理すればおいしく食べられるし、また長期の保存が効くので救荒食にも使われてきました。ずいき祭は天満宮の秋祭りで、練り歩く神輿《みこし》の屋根を「ずいき」で葺いてあります。わたしが訪れたその日には、神輿は、天満宮の御旅所《おたびしょ》に置かれていました。西ノ京円町の北西の方角、妙心寺通に面したところにあります。

神輿は、芋茎のほか、土地で採れる野菜で飾られていました。見事なまでに野菜ばかり。とくに、神輿の四隅を飾る「すみ瓔珞《ようらく》」は、その天井部分には白ごまや九条ねぎの種子が散りばめられ、また柚子、田中とうがらし（かな?）などのトウガラシ、赤なすなどが吊り下げられていました。なお、赤なすですが、ふつう赤なすというとトマトのことですが、ここではナスの台木にされる「平ナス」（*Solanum intergrifolium*）のことと思われます。数少ない例外のひとつが黒い球形の飾りで、これは賀茂なすを表現したものとのことでした。果実はトマトに似ていますが、トマトがナス科の植物であることを考えれば合点がゆきます。

獅子頭《ししがしら》は、かしらいも（頭芋）を逆さに吊るして表現されていました。根が髪になり、ま

神輿の屋根の部分は紅白（紅色と薄緑）の芋茎で葺かれている。下列の白ずいきは葉柄の外側（分厚いほう）を下にして、そして上列の赤ずいきは上にして並べる。このように配置することで雨漏りしないようにということなのだろう。

すみ瓔珞の飾り。「赤ナス」の赤とトウガラシの緑のコントラストが鮮やか。

た口は赤いトウガラシ（鷹の爪か）、眼にはクリが使われていました。なお京都では、かしらいもは正月の雑煮に入れられます。そしてご当主（家長のこと。この語は今や死語です）だけがこれを食べることになっていました。ほかにもミョウガや稲穂など、秋に収穫される作物満載の神輿でした。五穀など秋の収穫の豊穣を願った人びとの思いが込められています。

ずいき祭の神輿は例年、中京区西ノ京の一帯を巡行しますが、二〇二一年は前年に続いてコロナ禍のため巡行は中止となりました。でも、十月四日午前までは御旅所におかれています。

亥の子餅

十二支はご存知でしょうが、じつは十二支は、年だけでなく月にも日にもあります。月では、十二支の最後に来る亥の月が旧暦の十月にあたります。そして、亥の月の最初に来る亥《い》の日を「亥《い》の子《こ》」といいます。二〇二一年は十一月十一日がその日でした。この日はこたつを出す日とされたりもします。また茶道の世界ではこの月が炉開き、口切りの季節でもあります。つまりお茶人の正月です。

この日に食べるのが亥の子餅。亥（猪＝いのしし）は多産なことから、それにあやかって

左の図版四点はいずれも亥の子餅。店名は記しませんが、どれも、みれば亥の子餅とわかるところがすごい。

亥の子餅は猪の子（ウリ坊などともいわれる）の形をしています。また亥の子餅は無病息災を祈って食べるものとも。

ですので多くの和菓子屋さんが亥の子餅を作っています。店により作り方や材料はずいぶん違いますが、基本は、餡を求肥《ぎゅうひ》で包んだものが多いようです。そして外側の求肥が餅になったり、あるいはこれに黄粉《きなこ》や胡麻を混ぜたりもします。黄粉をまぶしたもの、そうでないもの。「虎屋」の亥の子餅の餡には干し柿が加えられるそうです。焼き印を押して、ウリ坊の背中の茶色の筋を表現したものもあります。桂皮（シナモン）を加えるところもありますね。

なお、和歌山では亥の子餅の餅生地に里芋を入れるようです。そしてこの生地を粒餡で包みます。里芋入りのおはぎといったところでしょうか。こうしてみると、亥の子餅には秋の収穫を祝う、そんな意味合いもありそうです。

和菓子を見ていると、職人さんの芸術性の高さがとてもよくわかります。リアルすぎるとそうでもないのですが、下にあげた四つの亥の子餅は抽象度も高く、「ウリ坊」の表情を実にうまく表現していると思います。和菓子、とくに主菓子《おもがし》は、それ自体が一つの芸術のジャンルなのですね。

まさに、学の術（亥の子についての知識、素材の知など）、芸術（何を表現しようとしているのか）、そしてそれを可能にする技の術（身体技術）、この三つの術が総合的に発揮されてはじめて「亥の子餅」という作品ができ上がるわけです。

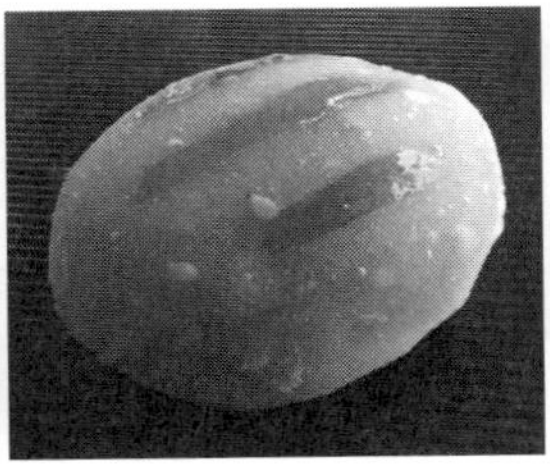

私は最近、食文化における「三術」という語を使います。ヒトが人であるゆえんは、この三術を発明したことにあると思います。義務教育というシステムはそれを身につけることを国民全員の権利にしたものです。この三つの術をバランスよく使いこなすことが、人間として生きるうえでとても大事なことだと思うわけです。料理することの意味は、ここにもあるのではないでしょうか。

「畑善」のおせち

お正月が近づくとおせちの準備が気がかりです。二〇年ほど前までは大部分を自分で作っていましたが、京都に引っ越したのを機に、いろいろなお店に頼むようになりました。黒豆などは今も自分で作りますが、せっかく京都にいるのだから、プロの技に触れてみたいと思ったのです。

そしてここ一〇年ばかりは京料理のお店の一つ、右京区の宇多野病院の裏山、音頭山の中腹にあった「畑善《はたぜん》」に頼んでいました。店はよく手入れされたお庭を持ち、教科書的なまでに整ったしつらえの施された部屋も広々としていて、お客さんが来られた時などによく使っていました。社交的なお姉さんが女将役、料理長の弟さんは無口な職人気質の方で、この二人で切り盛りしておられました。二〇二一年初秋に、裁判所の近く（麩屋町丸太町）

在りし日の畑善。丸太町通沿いの町屋を改装した。

に、ちょっと気さくな丸太町畑善として移転されましたので、おせちも引き続きお願いしていました。東京勤務の三年間も、さんざん無理を言って、冷凍便で大みそかに届けてもらっていました。それが、二〇二二年秋、ついに閉店してしまわれました。

もともとが仕出し屋さんだったこともあって、畑善のおせちは見事なものでした。庖丁仕事の丁寧さが際立っていました。仕出し料理は、出来立てではなく少し時間をおいて食べる料理文化です。会席のようなコース料理とは違って二つか三つの折にすべてを詰め込まねばなりません。畑善のおせちは大手の店のものにはない手作り感と配色に大将のセンスが光っていたのです。前年のおせちをみていつかはこういう日が来ると薄々感じてはいたものの、実際そうなってみるとやはり虚無感は大きなものです。翌年は別の、初めてのお店に頼みましたが、私にとって次が四店目。ちょっぴり不安でもあり、また楽しみでもあり。人も文化も移ろいます。

畑善のおせち。お正月には、やはり、おせちと雑煮とお屠蘇が欲しい。保存性があること、栄養のバランスがとれていること、季節のものが使われていること、など食品としての合理性のほか、おせちの一品一品には「いわれ」「験（げん）」「願望」などが込められている。写真は2022年正月のもの。

第三章

市場・商店街とお店

出町桝形商店街

上京区の出町桝形《ますがた》商店街は京阪電車の出町柳《でまちやなぎ》駅から歩いて行ける距離にある商店街です。鴨川にかかる出町橋を渡ってすぐ。商店街の東の端が河原町通に面しています。錦市場よりだいぶ小さな商店街ですが（長さ一六〇メートルほど。店舗数は約四〇）、客層から見て地元密着型の商店街であるとわかります。野菜・魚・肉・和菓子のほか、文具、花、衣料などなど何でもそろいます。はっきり調査したわけではありませんが、他所に比べ物価が安いと感じます。

また、放火事件で大きな犠牲を出した京都アニメーションが製作した作品「たまこまーけっと」のモデルになったのがこの商店街で、市場の周りにもいろいろなお店があります。河原町通に沿って露店もならび、果物や季節の野菜が売られています。ときには衣料品なども。河原町通沿いの店で有名なのが、和菓子の「出町ふたば」。豆餅が看板商品です。普通の豆大福ですが、豆が赤豌豆《えんどう》であるところが特徴で、以前は大原（左京区）の振売り（※1）の担い手でもあった「大原女《おはらめ》」の休息場所だったらしいです。「出町ふたば」はテレビ番組で取り上げられて有名になり、日によってはすごい行列ができています。餅はちょっとやわらかめ。白玉粉で作っているのかなと思いきや、搗いた餅を使っているそうです（※2）。

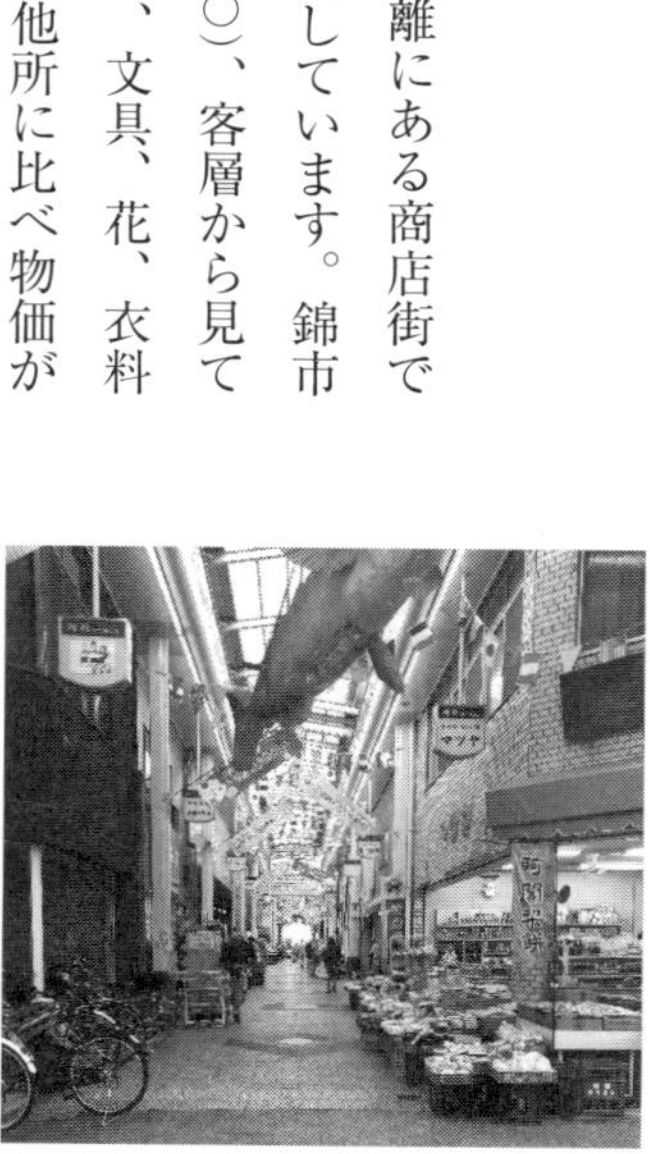

出町桝形商店街

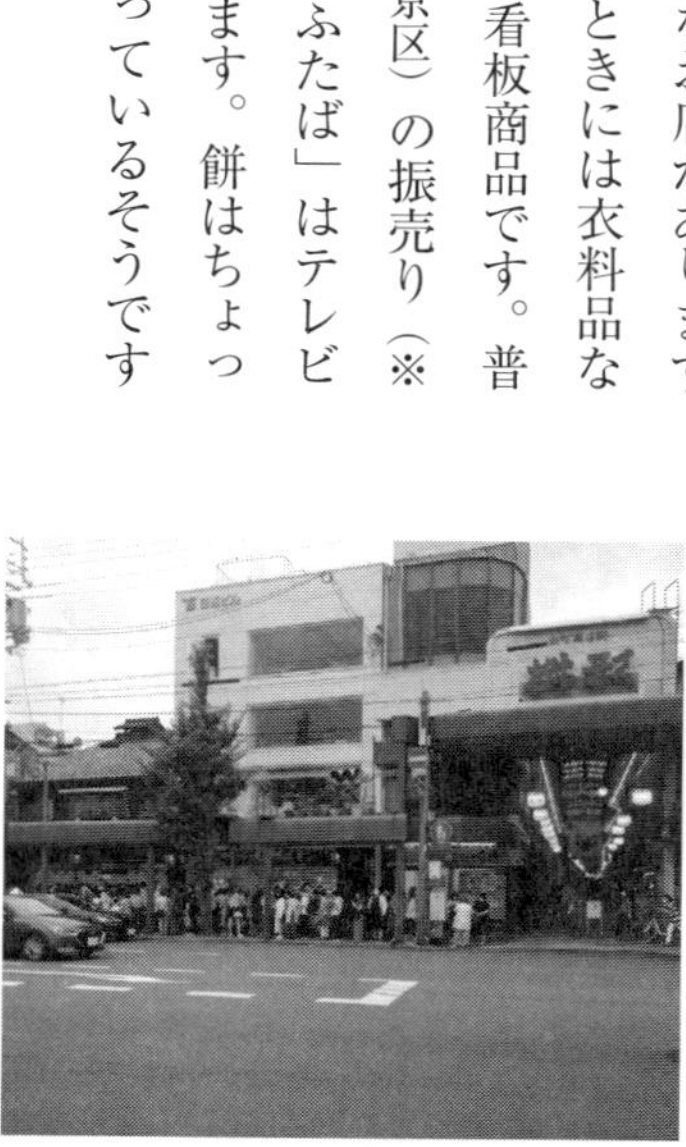

出町桝形商店街の入り口と「出町ふたば」に並ぶお客たち

「出町ふたば」からさらに南に行ったところにあるパン屋「ラ・パン」は食パン専門店。Sサイズ＝一斤、Mサイズ＝一・五斤、Lサイズ＝二斤の三商品のみ。一斤四〇〇円（税別・二〇二五年二月現在）と高いのですが、最近はこの手のパン屋さんがふえました。

※1　行商の一形態。天秤棒一本（一ふり）に籠《かご》をつけたり、頭にのせたりして食料品や生活資材などを売り歩く商売の形態。京都では一九七〇年代までは実効性のある商売の形態だった。
※2　白玉粉に少量の砂糖と水を加え電子レンジで加熱。手早く混ぜて再加熱。通常、イチゴ大福などの餅はこのようにして作る。

下鴨中通の店たち

ここでは、下鴨中通の食に関わるお店のいろいろを紹介します。

下鴨中通は、京都府立大学の正門前を南北に走る通りのことです。この通りを南に進んで、北大路通の角っこにある音羽鮓のところを南下しますが、ここから下鴨本通まで、つまり河原町通までは約一二〇〇メートルあり、道の両側にはパン屋さん、スーパー（グレースたなか）、鶏肉屋さん、魚屋さんなどあって、結構多彩です。

河原町通まで二〇〇メートルほどのところ、道の西側にあったのが洋食屋の「のらくろ」。わたしが学生のころにはすでにここにあったから、相当に古い店です。むかしの洋食屋さんのスタイルがなつかしい。一〇〇〇円からと、学生にはちょっと高い価格設定でしょう？

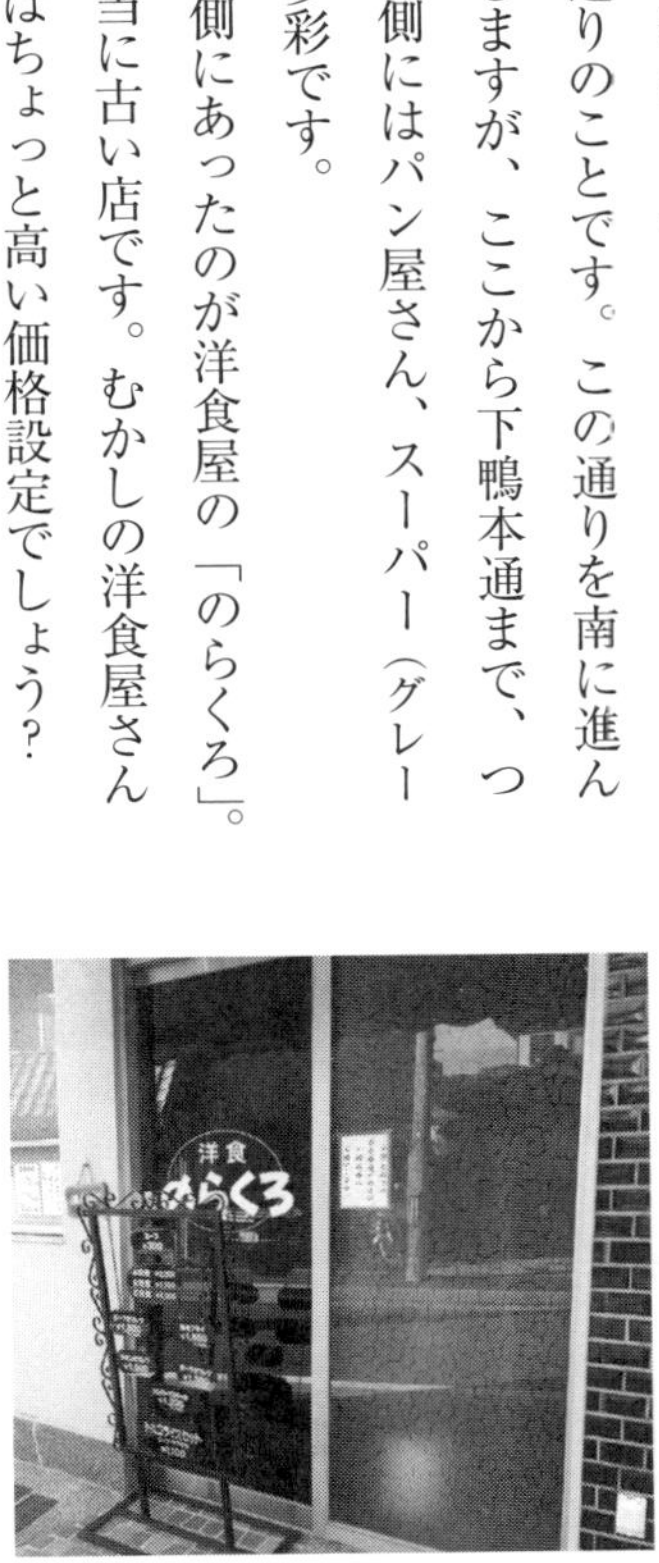

洋食「のらくろ」の外観（二〇一九年）

「のらくろ」から少し南に下ったところにあるのが、「矢来餅《やきもち》」を売っているゑびす屋加兵衛です。矢来餅とはあて字でしょうか。

神社の近くにはお餅屋さんが多いものです。ちなみに上賀茂神社（北区）のそばにある焼餅「あおい餅」の神馬堂《じんばどう》も古い店で、「男はつらいよ　寅次郎あじさいの恋」（一九八二年）にも登場しています。今宮神社（北区）のお隣にあるのが「あぶり餅」で、味噌だれときなこ味の焼餅で、「一和」と「かざりや」の二軒があります。

この通りでのわたしのイチオシだった店が、八百屋さんである「時まちアネックス」です。京都の有機農家の野菜などを集めて売っています。河原町通との交差点の真ん前にあり、お弁当も売っていました。現在は北区上賀茂御薗橋のたもとで「オーガニック・ベジ・アネックス」としてお店を営業しています。

最後に紹介したいのが、鯖寿司の「花折《はなおれ》」。「時まちアネックス」から、河原町通を一〇〇メートルほど南下したところにあります。

花折とは左京区の地名で、のれんには「京まで十八里」とあります。福井県の小浜から花折峠を経由して出町《でまち》（左京区）に至る街道で、日本海で上がったサバに「ひと塩」をして京に運んだ、この街道が「鯖街道」です。

難点は、なかなか高価で一本約四〇〇〇円近くはします。わたしは、半本を買ってきて食べます。頼めば何切れかにカットしてくれますが、日持ちを考えるとカットしてもらわないほうがよいと思います。庖丁を軽く濡らして、一切れきるたびに濡れふきんで庖丁を

ゑびすや加兵衛

時まちアネックス（二〇二〇年九月）

拭きながらカットするときれいに切れます。

ここから道沿いに南下し、賀茂川にかかる葵橋を渡って少し行くと「出町桝形商店街」があります。

残念ながら……

和食文化の振興策を審議する文化庁の会議で、「菊乃井」の村田吉弘さんとご一緒でした。和食に関わる文化が広範囲に失われていること、そして早めに保護しないと復旧は極めて困難であることを強調しておられました。掛け軸の表装をする表具師さん、畳表を編む畳職人、醤油樽のタガを編む職人さん。彼らがいなければ、菊乃井のような料理屋さんはやってゆけないそうです。今ではみなさんはもはやこれらの職業自体をご存知ない人も多いのではないでしょうか。

わたしの専門である品種改良の分野でも、京野菜の品種やその種子を守り継いできた農家に後継者がいないところが多いのです。今の代の人が引退してしまったら……。賀茂なすなどは絶滅危惧種かもしれません。和食文化の不可逆的な衰退は確実に進みつつあるのです。

街にも、コロナ禍による売り上げの低下を機に、長く続けて来た店を閉めるところが、

鯖寿司「花折」

大学の近くでもぽつぽつで出てきました。

55頁で紹介した、下鴨中通を下ったところにある洋食店「のらくろ」。九〇年続いた店だそうです。学生の頃のあこがれの店、まさに高嶺の花でした。五〇歳になって京都に戻ってきてからランチを食べる念願を果たしましたが、まさか店を閉めてしまわれるとは……。マスターにあいさつもできなかったことが悔やまれます。同じく下鴨中通、府立大学の正門前から二〇〇メートルほど下ったところにある和菓子屋さん「笹屋吉清」。七四年続きましたが二〇二一年三月をもって閉店されるそうです。わけを聞いてみました。高齢化に加えて、餅つき機などの装備の老朽化に対応できなくなったのが原因だそうです。「餅つき機の具合が悪くなったり、あちこち悪いところが出てきて……。今からお金かけて修理してもこっちも齢だしねえ」とおかみさんも残念そう。でも、「和菓子教室はまだ続けるから、よかったら学生さんにも来てもらってください」とのことでした。それにしても相次ぐ閉店、どうすればよいのでしょうか?

曲がり角の錦市場

錦市場。四条通の一本北を東西に走る錦小路通の、寺町通から高倉通までの四四〇メートルほどにある商店街です。歴史は古く、文字通り「京の台所」の役割を果たしてきまし

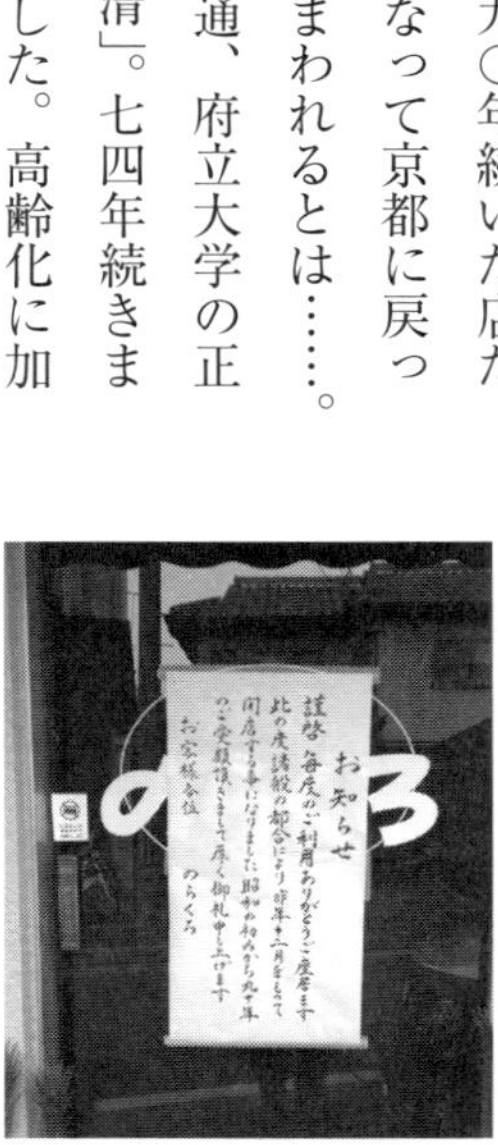

二〇二〇年末に店を閉めた「のらくろ」。

二〇二一年三月に閉店した「笹屋吉清」。玄関先の「お知らせ」が寂しい。

た。わたしは三〇年来の常連でその変遷を見てきました。コロナ禍前の観光地化した市場。コロナ禍で閑散とした市場。どちらも市場存続の危機にあると感じましたが、市場の人たちはしたたかでした。それはそうでしょう。四〇〇年の間には、街を焼き尽くした何回もの大火、蛤御門《はまぐりごもん》の変（一八六四年）など幾多の災害を耐え抜いて来たのです。太平洋戦争（一九四一～四五年）では、街は大きな空襲被害を受けませんでしたが、それでも社会、経済の混乱はひどいものだったと思われます。それらを乗り越えてきたのだから、一三〇軒の市場が持つ「しのぎ」の知恵は他に比類ないものといえるでしょう。

ただ、先のオーバーツーリズムもコロナ禍も乗り越えたのだから錦は盤石、といいたいところですが、どうもそう簡単ではなさそうです。コロナ禍の少し前から、和食離れの波が錦市場にも押し寄せている感じがしています。もう何年も前から、飲食に関係のない店が増え始めました。食べ物でも、「和」「京都」を感じられない商品が増えてきています。お店は売れるものがあるから売るのですから、それは正当です。けれど、それを放置すれば錦市場はやがてすたれてゆくでしょう。「売れるもの」を求める今の客が錦の持つ伝統の場《ば》力《ちから》を求めているとは思えません。彼らが求めるものは多くの人が集まる場なのではないでしょうか。そして、そういう場なら、錦のほかにいくらでもあります。問題は錦だけの問題ではなく、日本の社会全体の問題、ということだろうと思います。

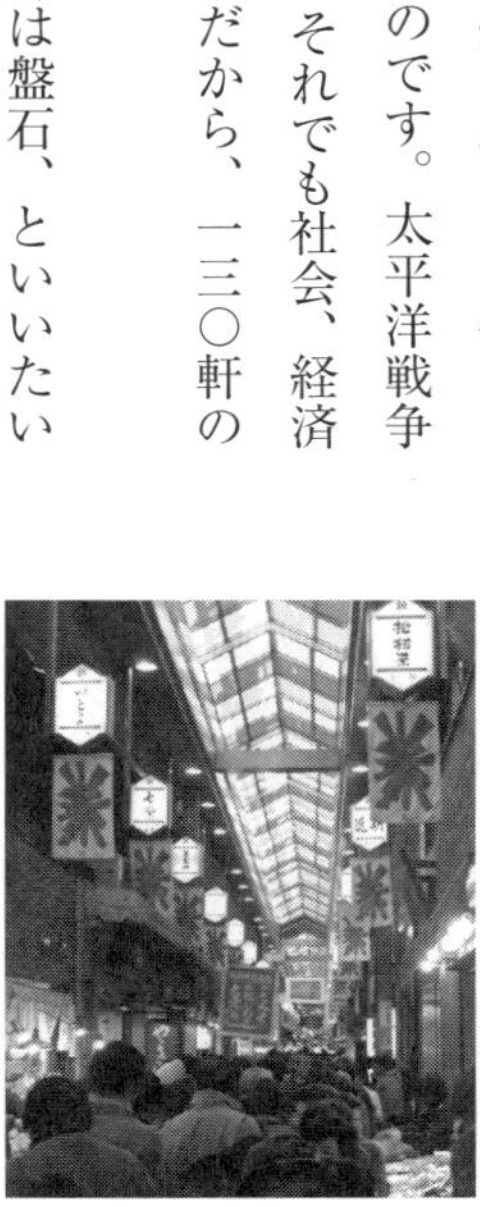

年末の買い物客でごったがえす錦市場。観光客の姿はみられずほとんどが市民や店の関係者たちだった（2002年12月29日）

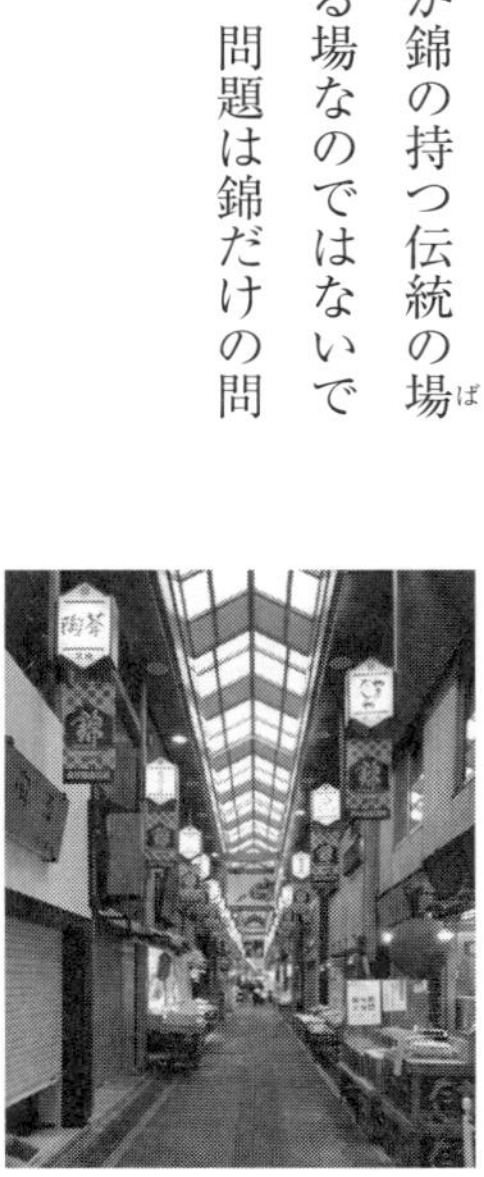

コロナ禍で閑散とした市場。多くの店がシャッターを閉め、通路も閑散としていた（2021年6月12日）。まだ緊急事態宣言中であったが、第5波手前の感染がやや落ち着いていた時期だった。

Organic Vege Annex

Organic Vege Annex（オーガニック・ベジ・アネックス）は、56頁でも「時まちアネックス」として少し紹介したことがあります。お店は下鴨神社の糺《ただす》の森《もり》の南の縁を西に行ったところ。河原町通と下鴨中通が交わる角っこのすぐそばにありました。現在は北区の上賀茂御薗橋のそばに移転しています。店長の森本祐輔さんは八百屋を始めて七年、以前の場所に店を開いて五年目、近くの生産者から、おもに有機野菜を集めて売っているのだそうで、季節ごとの野菜はとても新鮮です。

店内には野菜だけでなく、お弁当やキノコ、果物などもあります。「最近はようやく、近くの農家さんが品物を卸してくれるようになりました」と森本店長。品ぞろえにはいろいろ苦労があるようです。でも、がんばってもらいたい。わたしのように自家用車を持たない暮らしをしていると、自分であちこちの農家を巡り歩くことはできないから。

以前にお店で見かけたズッキーニは、聞けば左京区大原の生産者「音吹畑《おとふくばたけ》」で生産されたものです。さっそく買い求めました。音吹畑の高田潤一郎さんはもともと非農家の出身。それがひょんなことで農業に触れて、今では専業で農業を営んでおられます。京都府立大学の和食文化学科一回生（一年生）の必修科目のひとつである「フィールドワーク入門」の授業にもご協力くださっています。わたしは、音吹畑のカラフルなニンジンがとくに好き

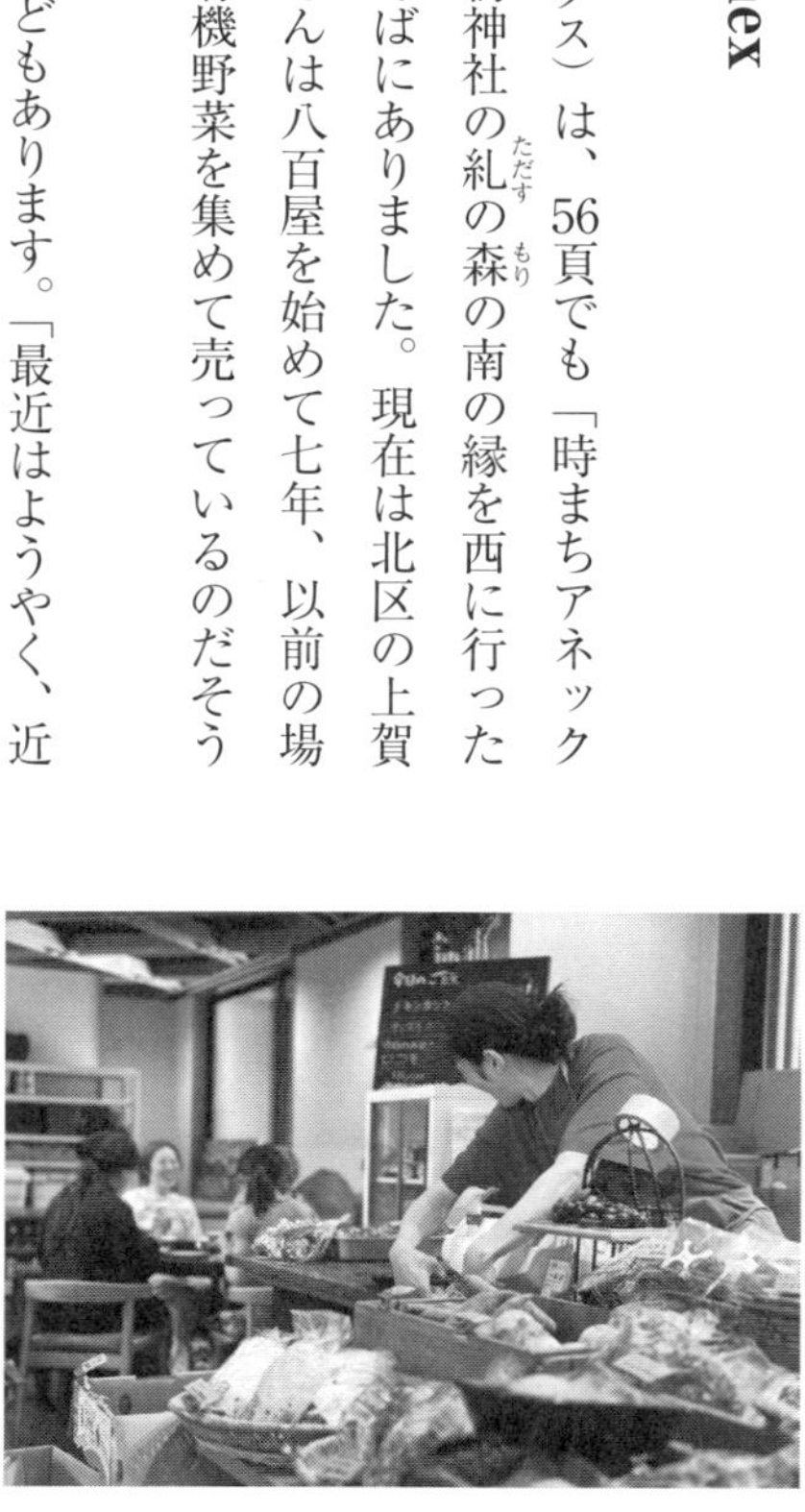

オーガニック・ベジ・アネックスの店内

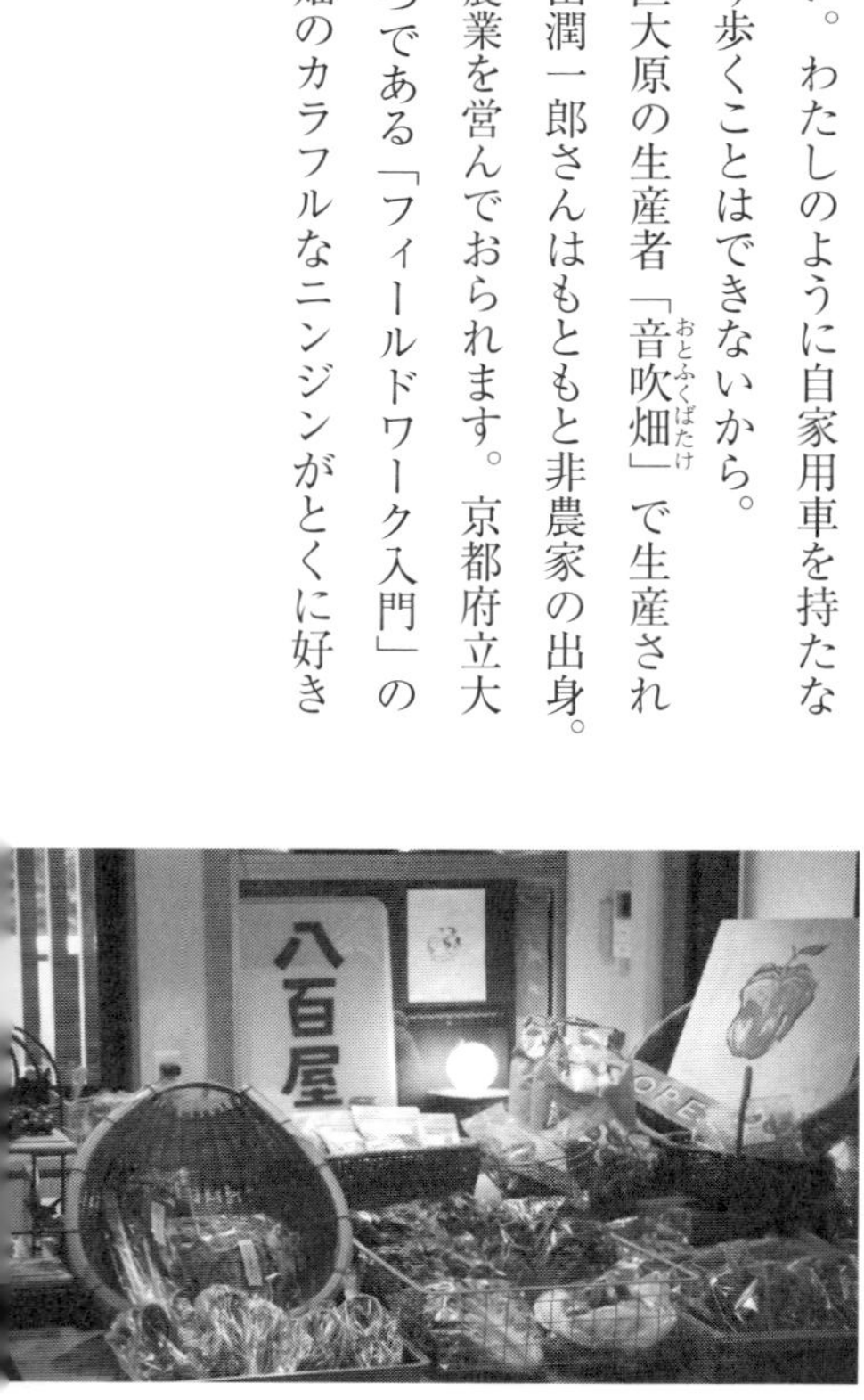

お店の内部（野菜売り場）

です。オレンジ・黄・白・赤（金時）そして濃紫色。皮のまま薄く輪切りにし、サラダに入れると実に色鮮やか。野菜の大きな役割がその彩りにあるとわたしは思っています。秋が待ち遠しいです。

大原といえば大原女《おはらめ》。大原あたりで生産された花や野菜を、背負い籠に入れて、あるいは大八車、リヤカーなどに乗せて市内に売りに来ていた女性たちのことです。その距離一〇キロメートル超。大変な重労働でした。大原以外の近郊農家も、振《ふり》売りと呼ばれる販売システムを持っていました。彼らにはお得意の消費者もついていました。彼らの希望や要望が生産者の耳に直接届く優れたシステムだったのです。京都の野菜の質の高さは、ひとつにはこうしたシステムに支えられていたのではないかと思われます。

振売り

京の野菜が高品質なのはなぜか。豊富な水の存在や長い栽培の歴史などがその理由として挙げられていますが、わたしはもうひとつ、「作る人と売る人の関係性」があると思っています。「振売り」、そのスタイルは『守貞謾稿《もりさだまんこう》』にも登場しますが、要するに天秤棒《てんびんぼう》ひとつで自作の野菜を市中で売り歩く販売形態のことです。この形態は高度成長期までどの都

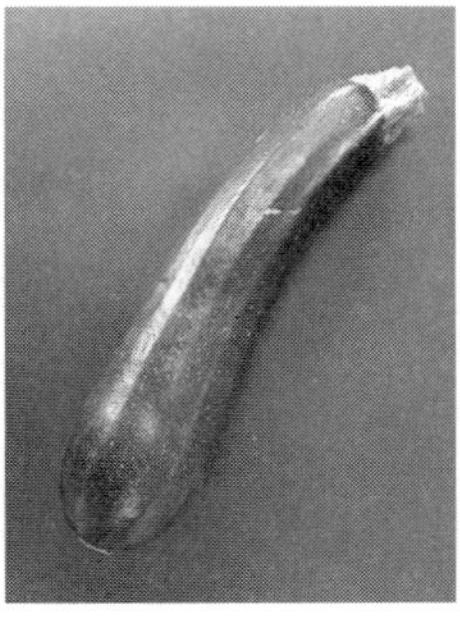
音吹畑のズッキーニ

『守貞謾稿』にあらわれる振売り。「江戸初鰹売」とあるので、初鰹を売る商売人であろうか。

市でも見られました。京都のそれは、例えば映画「男はつらいよ」第二九作（寅次郎あじさいの恋、一九八二年）でも、「野菜いらんかえ」と声をかけながら大八車《だいはちぐるま》で野菜を売り歩く女性が登場します。

振売りは今もまだ健在？です。絶滅危惧種ではありますが。わたしがよく買い物するのは、毎週火曜に麩屋町《ふやちょう》蛸薬師《たこやくし》（中京区）あたりにいる向日《むこう》市の農家の方。時々話し込みますがとても気さくな方で、気が乗ってくるとおまけまでつけてくれます。あと、北区の鷹《たかが》峯《みね》の樋口農園さんが堺町押小路あたりに来ているようです。こちら、曜日は不知。樋口さんはお母さまの時代には大八車で振売りをしておられました。

振売りの形態は進化してきました。天秤棒一本の時代から大八車の時代へ。やがて大八車は軽トラックに置き換えられてゆきました。一時は途絶えるかに思われたのですが、コロナ禍で息を吹き返しつつあるようです。

振売りが野菜を高品質にした理由。それは消費者との直接の交流にあるのだと思われます。とにかく新鮮さが売り。親しくなってくると消費者の要望が生産者に直接伝えられます。「この間のカブラ、あれ、すはいっとったで」、という具合に。あるいは、「今年のトマト、うまいなあ」などといった具合に。そして信頼関係は安全・安心の根幹。彼、彼女がもってくる野菜に間違いはない。こういう信頼関係が、振売りの質を保ってきたといえます。そして振売りは、小規模栽培、小さな循環にマッチした形態です。これを残せるか否かが、京の食の持続可能性に関わってくるのではないかと思います。

向日市からきているという農家の男性。現代の振売り（麩屋町蛸薬師あたりで）。

大八車の振売り（樋口農園のＨＰより）

招猩庵

京料理の店はたくさんありますが、その中でわたしがよく訪れる「招猩庵《しょうじょうあん》」を紹介します。猩は赤いサル。オランウータンの和名も「猩」だそうです。転じて赤ら顔の「酒呑み」の意味。「招猩庵」は酒飲みを招くお店、という意味だそうです。このお店を紹介してくれたのが故後藤《ごとう》多聞《たもん》さん。ＮＨＫの名物ディレクターで「シルクロード」「遥かなるブータン」など不朽の名作を残した方です。

店主の松本隆司さんは工学系の技術者出身という異色の料理人。あるとき一念発起して料理人を目指し三〇年ほど前にこの店を開業されました。店のスタイルとしては「おばんざい屋」と「カウンター割烹」のハイブリッドのような感じです。松本さんは、形式ばったことは嫌い。権力は嫌い。ちょい悪の変わった親父さん。そんなイメージの方です。それなので、和食の形式にもこだわらない。しかし客層は驚くほど広く、与野党の国会議員、高僧、芸術家、お公家さんの末裔、国際大企業の経営者、俳優さんなどが来られます。客同士のネットワークが広がるのも、このお店の特徴です。

名物料理がいくつかあります。夏の「鱧と加賀太胡瓜の吸い物」。これは一押しです。それから、「鯖寿司」、「能登牛のカレー」。能登牛のカレーは濃厚！　ときどきこれをお土産に頂くのですが、ワイン、魚醤、ウスターソース、牛乳などで割って、ようやく普通の濃

招猩庵の入り口。「弐之船入」の東端、押小路橋のたもとにある。

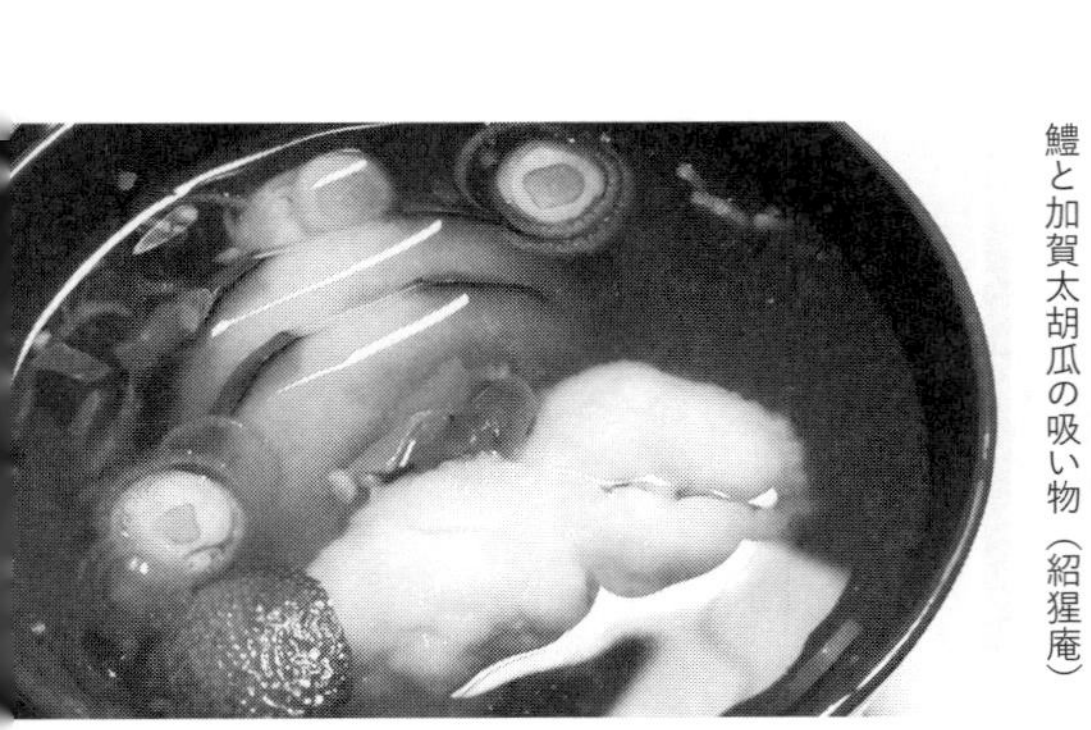
鱧と加賀太胡瓜の吸い物（紹猩庵）

さのカレーになります。このラインナップからもわかるように料理のレパートリーも相当に広いものがあります。

京おでん

「京おでん」といわれるおでんがあります。具材に特別変わりはないのですが、昆布味、薄味というのが最大の特徴のようです。以前、東山区八坂通にある「燕楽《えんらく》」というお店につれていってもらいました。

場所は、八坂通を東大路通から西に入ったところ。「祇園さゝ木」や「天ぷら圓堂」のすぐそば。木々に囲まれた落ち着いた構えのお店でした。メニューは会席のコースの中に「おでん」が入っているという変わりもの。半切のゆで卵、大根、糸こんにゃく、がんもどき（ひろうす）の四品。色も、塩味も薄くて、なるほど京おでんでした。ただし出汁《だし》の味は濃厚です。昆布のうまみを引き出す力が、京都の水にはあるようです。水の硬度は重要な要素ですが、どうもそれだけではなさそうです。

ちなみに「燕楽」のこの日のコースも、ちょっと変わっています。コースの中に「洋」というのがあり、この日はえびクリームコロッケ。ちょっとびっくりですが、味はどこか和風です。おそらく、ミルクの量をうんと減らしてあります。なにしろ、和食が使わない

八坂通り燕楽の外観。祇園の一番奥まったところです。

おでんはシンプル。なお、「がんもどき」とは「ひろうす（飛竜頭）」のこと。豆腐に細かく刻んだ野菜などを混ぜて揚げたものですが、燕楽さんのがんもどきは、豆腐のほかに魚のすり身をくわえてあるようでした。

食材のひとつがミルクですから。

　京おでんは出汁が命、というのは、中京区麩屋町二条にある「うね乃」のおでんやさんでも実感したことがあります。うね乃は出汁屋さんで出汁、とくにかつおだしの専門店です。東寺（南区）のそばに本店がありますが、このうね乃さんが、市内に店を構えたのがなぜかおでんやさん。おでんが、出汁の味を一番邪魔しない料理だからだとか。そこはさすがです。一番びっくりしたのが、牛スジと大根のおでん。牛スジはおそらくは二日も三日も煮込んで脂分とあくを徹底的に取り除いてあるようでした。あっさりした、でもこくのある味わいでした。

和久傳

　和久傳《わくでん》は一八七〇年、現在の京丹後市の料理旅館としてスタートしました。その後幾多の変遷を経て、京都市内にもいくつかのお店を開いています。地域への恩返しということで、創業地から少し離れた土地に、「和久傳ノ森」という施設を作ったのが二〇〇七年。これは、生態系が遷移する（生態学の法則に従って植生が草原から極相の森へと移り変わること）さまを見る巨大な実験の場であるとともに、料理屋で使われる食材を自家生産する農場としても機能する冒険にあふれた試みです。森の中には安野光雅の美術館や食品工房、それに

最初のご飯、松茸ご飯（和久傳）

レストランもあります。

　和久傳のポリシーは、今の時代にとても適合しています。最近の料理屋がともすれば華美、豪勢に走り勝ちで、「素材重視」の語は有名無実化していますが、和久傳さんは素材を考えて作り過ぎない料理を目指しておられるようです。この日に出された白味噌雑煮は、こくのある白味噌の味噌汁に焼いたサトイモをおき、上に溶きからしをのせただけの一品。こういう料理はいやでも素材の味が表に出ます。最初に出た松茸ご飯も、炊きたてのご飯のお釜の蓋を取り、刻んだ松茸をのせて軽く塩をして再び蓋をして蒸らした、とてもシンプルなもの。しかし、とても印象的な一品です。最後もご飯で、これはたまごかけご飯に。上から、削りたての鰹節をちょっとのせ、丹後の醤油を垂らして頂きました。

　半世紀ほど前、フランス料理の世界ではヌーベル・キュイジーヌ（nouvelle cuisine、直訳すればあたらしい料理）というそれまでの重厚なフレンチを少し修正した素材重視の料理が一世を風靡しました。和食の影響といわれているようですが、今度は、和食がこれを逆輸入して和のヌーベル・キュイジーヌを考える時代が来るかもしれません。

サトイモの白味噌雑煮仕立て。

終わりのご飯は卵かけ。左の皿は鰹節のけずったもの。どれもとてもシンプル。

自然坊たなか

フォト・ジャーナリストで食文化研究家の森枝卓士さんと夕食を共にしました。お店は大津市・浜大津近くの「自然坊《じねんぼう》たなか」。なんだ、京都じゃないのかー と言われそうですが、ご主人は左京区の「草喰《そうじき》なかひがし」で修業を積んだ方で、その精神を受け継いでおられるとか。「なかひがし」は京都で最も予約の取りにくい店の一つと言われるお店で、野菜・山菜使いでは天才的な方。また、ごはんを大事にされることでも有名。ならば行かぬ手はないということで、二人で行ってきた、という次第。

考えてみれば、滋賀は食材の宝庫。京都が各地の食材を集めることで食文化を築いてきたのとは対極的です。「京野菜」の名で販売されている野菜たちの多くが滋賀県産。淡水魚の佃煮、ふなずしなども滋賀ならではの名産品です。

「八寸」にあたる最初の一品は、そのお店の実力がいちばんよく現れるもの。季節をあらわす八品が、カジの木の葉の上におかれています。若鮎、鱧《はも》、鱧の卵、賀茂なすなど、この季節の食材満載のコースでしたが、値段は京都市内の老舗料亭の半分以下。

〆のごはんも、さすがはなかひがしの伝統。文句なしにうまかった。お米は近江八幡産の「ミルキークイーン」で、糯《もち》米に近いもっちりとした米。おかわりは卵かけご飯かおこげかという「究極の選択」。迷ったあげくおこげにしました。軽く塩を振っていただきまし

カジの木の葉に盛られた最初の八品（自然坊たなか）

締めのおこげ（自然坊たなか）

た。歯が強くないと食べられないほど、しっかりしたおこげでした。

この一食で使われた食材の数は、数えられる範囲で五十六。わたしが気づかなかったものを加えれば六十を超えるでしょう。言いたいことは、単にその数を増やすということよりも、使われた食材のひとつひとつを知り、いわれや調理法などを覚えることが大事だということ。それができてくれば、料理人のこころや料理に込められた思いなどが仔細にわかるようになってきます。単なる美食家になるのではなく、真の意味での食通になってください。

締めのおこげ。炊飯は土釜をお使いでした。そういえば近江は土釜の産地でもあります。炊きあがり直後のご飯は、コースの途中で、「姫飯《ひめいい》」のように、ほんのひとくち分がまずふるまわれました。十分なむらしのあとでご飯が出てくるので、お客の食べる速さなどを勘案しながら炊きはじめの時間が計算されていたのだと思われます。会席が、お客との間に醸し出される総合芸術だというゆえんです。

京都駅の駅弁

新幹線網がそんなに発達していなかった時代、旅の楽しみの一つは駅弁でした。全国的に有名な駅弁としては群馬県・高崎駅の「峠の釜めし」、北海道・森駅の「いかめし」など

静岡駅の東海軒が鉄道開通150周年を機に出した一九六三年の東海道新幹線開通時の駅弁を復元。小さくて見えないが、卵焼き、焼き魚、かまぼこの「三種の神器」が入っている。

がありました。「列車時刻表」をみると、駅名の前に[弁]の字が書かれた駅には駅弁がありました。とくにローカル線の駅弁は希少感もあり、中にはその土地ならではの食材を使った名物もあり、そういう駅弁を買って食べるのが旅の楽しみのひとつでした。しかし、地方鉄道の乗客の減少、特急列車の窓が開かないうえ停車時間が短いなどの理由から、駅弁はどんどん減りつつあります。ついに[弁]の字は二〇一九年、JR時刻表から消えてしまいました。いまや地方路線では、特急と普通列車しかなく、しかも本数は特急列車のほうが普通列車より多いような線区もあります。いっぽう駅弁はというと、昔と変わらない具材で作り続けるものや、また昔の駅弁を復刻する動きもあります。

新幹線の駅にも、大きな駅には複数の駅弁があります。京都駅も駅弁の種類では東海道・山陽新幹線の駅の中では一、二を争う多さだろうと思います。中には、京都以外の場所で作られ運ばれて来るものもありますが、「和久傳」「田ごと」などの料理屋などが作り、駅で売られているものが増えてきました。京丹後市の「ばら寿司」（とり松）もみかけます。

最近は新規参入組も多く、変わったところでは、牛肉販売の「銀閣寺大西」が、「熟成とんかつ弁当」「和牛すき焼き弁当」を置いています。曲げわっぱ型の器に入ったおしゃれな駅弁です。値段もいろいろ。ここに紹介したものはみんななかなりの値段がしますが、コンコースのみやげもの売り場などではプラスチックのパック入りの数百円の駅弁もよくみかけます。駅弁など買わずコンビニで食べ物を買う乗客も多いようで、駅弁の将来は必ずしも明るくないようです。

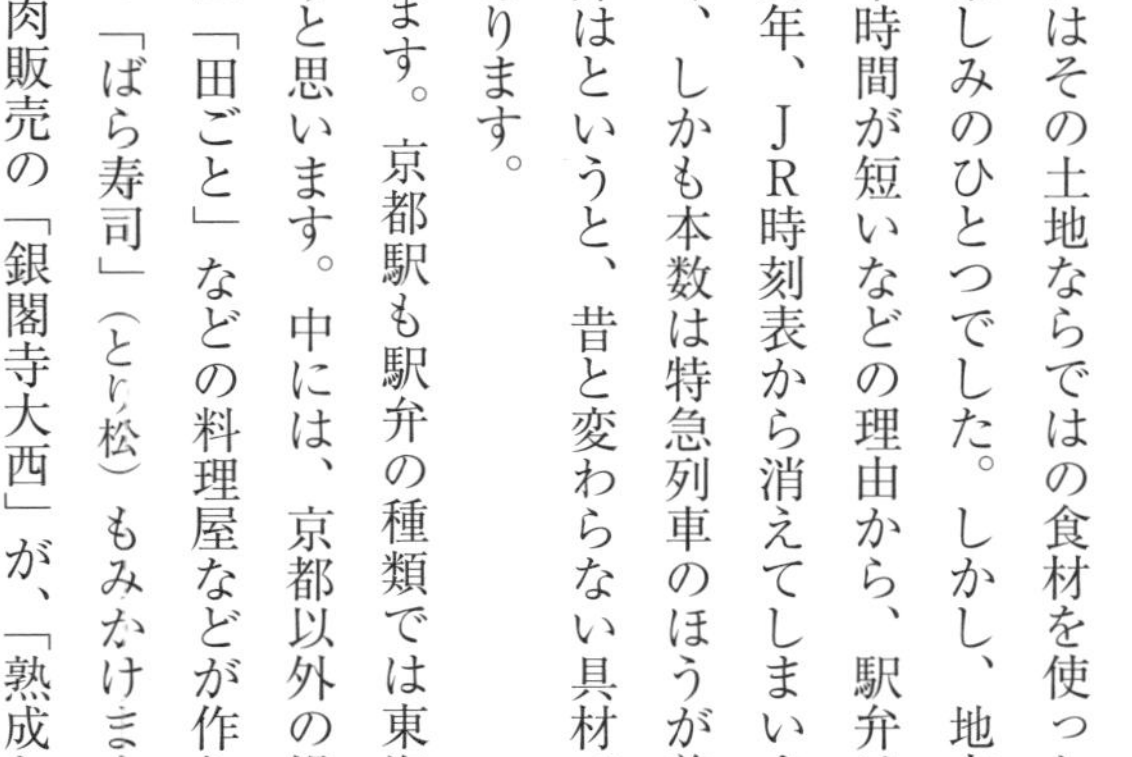

銀閣寺大西の「熟成とんかつ弁当」

駅弁は半世紀前まで日本の食の多様性を反映する鏡でしたが、今やそれはその後の地方の衰退、地方の食の衰退、日本食の一様化を映しています。それと、駅弁の魅力はその土地を走る列車内で食べてこそのもの。昨今各地で開催される「駅弁フェア」などの取り組みは、今ひとつ、人の心をつかみきれていないように思えるのです。

京のガストロノミーツーリズム——京の食旅

ガストロノミーツーリズムという言葉をきいたことがあるでしょうか。「ガストロ(gastro)」は、胃袋という意味の接頭語、ツーリズムは旅ですから、食を目的とする旅、というような意味になるでしょうか。もともとは欧州由来のものですが、最近は日本でもよく使われるようになってきました。

食にかかわる旅なのだから、食べ歩き、グルメツアーみたいなものか、と思われるかもしれませんが、私の定義は少し違っています。「その土地の風土に根差した食材や食文化を訪ねる旅」がガストロノミーツーリズムのあるべき姿ではないかと考えています。この語、カタカナばかりで長いので、ここでは仮に「食旅」としておきましょう。鍵となる語は「風土」。

食旅の第一歩はその土地の風土を知ることです。ここに京都の風土マップを紹介します。

京都は、食に関しては静岡県と対極の位置にあります。静岡が「食材の王国」であるのに対し、京都には京都産を誇る産品はあまりありません。だから、京都は、各地から手に入れた食材を工夫しながら組み合わせ（京都の人は「であいもん」と言った）、独特の食文化を作り上げたのです。工夫の産物、でしょうか。

先の定義に沿って考えるなら、京都の食旅は、食材を訪ねる旅ではなくて、「出会い」の妙を楽しむ旅、ということになるでしょうか。餅と納豆（納豆餅）、餅と小豆餡《あずきあん》、海老芋と棒鱈《ぼうだら》、酢飯とサバ（鯖寿司やばら寿司）、などといった具合です。出会いではありませんが、マメ（豆）の文化は京の食文化を支える立役者です。さらに茶の文化も独特です。茶葉を収穫して抹茶に調整するまでの間に茶商が関与しますが、最近では茶農家が自ら加工して販売するところもあるようです。前者がブレンドならば後者はシングルモルト。フランスのワインのシャトゥーを思い出します。

京都府の食旅（「うちの郷土料理」〈農水省〉、『京都の食事』〈農文協〉などを参照）

であいもん

京都の料理屋の主人たちと話していると、「であいもん」という語がよく出てきます。出会いものの意味です。京の食のエッセンスのひとつがここにあると私は思います。意外に思われるでしょうが、京都はもともと食材に乏しい街でした。それなので、遠来の食材を組み合わせて料理する技が発達したのです。基本は糖質とタンパク質をうまく組み合わせること。どのようなものを思いつきますか?

よく引き合いに出されるのが「芋棒《いもぼう》」。海老芋《えびいも》（サトイモの仲間）と棒鱈《ぼうだら》を炊き合わせたもの。料理研究家の故奥村彪生《あやお》さんによると、タラのコラーゲンが芋に照りを与え、イモの粘りがタラの身をほぐすのだとか。棒鱈とは、冬に北海道あたりでとれたタラ（鱈）の身を茹でて干したもの。保存食とした上、北前船《きたまえぶね》で運ばれてきました。上等のものは、たたくとカンカンと高い音がするほど乾燥しています。また「ちりめん山椒」などと呼ばれる、ちりめんじゃこと実山椒《みざんしょう》を炊き合わせたものも有名です。市内のあちこちにちりめん山椒の店があります。

塩をした鯖（サバ）と寿司飯をあわせた「鯖寿司」もあります。塩鯖の輸送路は「鯖街道」と呼ばれ、日本海と都を結ぶ物流の大動脈でした。塩鯖を焼きハモ（鱧）に代えれば「鱧寿司」で、こちらは瀬戸内海産のハモが淀川を通って運ばれてきました。鱧寿司は実山

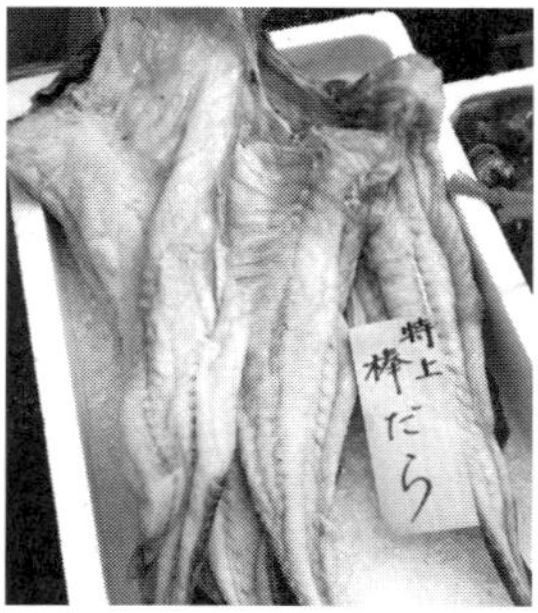

棒鱈。年末の錦市場の乾物屋には棒鱈が山と積まれている。京、大阪では棒鱈の煮物がおせちの定番。

鯖寿司。店によりさまざまなスタイルのものがあるが、ここでは薄い酢昆布が乗せられている。

椒の佃煮をあわせます。

「にしん蕎麦」も老舗の味の一つ。にしんはミガキ（身欠き）にしん。これも北海道の産、北前船で運ばれてきました。これを甘辛く煮て、蕎麦の上にのせるのです。

であいもんの文化の対極にある一つの例が静岡県の食文化でしょうか。わたしは二〇年間静岡県民で、若いころから県内各地で食べ歩きをしてきましたが、県内各地に実にさまざまな地域名産があります。川勝平太さん（前静岡県知事）によると県には四三九もの県特産の食材があるのだそうで、川勝さんはこれらを「農芸品」と名づけています。ここでは、「農芸品」という食材そのものが文化なのです。

精進料理

京都ではお盆は五山の送り火で締めくくられます。二〇二一年の送り火も前年同様、コロナ禍のため火床《ひどこ》の一部に火が灯されただけ。すこし寂しかったですね。とくに新盆の家庭では、期間中、来客をもてなすのは精進料理。もちろん家族もそれに倣います。お盆に精進料理を食べるのは京都だけではありませんが、精進料理の登場・発展に京都が大きな役割を果たしたのは確かです。

日本にはだいぶ前から肉食を避ける傾向がありました。普段はともかく、人が死ぬとか

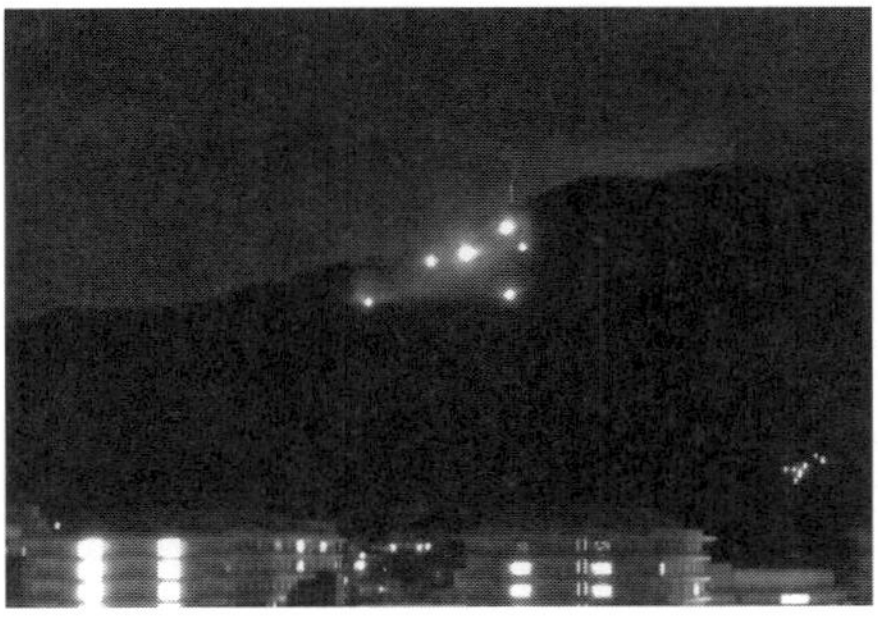

五山の送り火（2021年8月16日）

大きな災害が来るとか、何かがあると肉を絶ちました。穢《けが》れを祓《はら》うためです。鎌倉時代の終わりごろに中国から精進料理の思想や調理法が持ち込まれます。これが、とくに禅宗寺院における日本式の精進料理のもとになりますが、そのころ仏教はまだ一部の人たちのものでした。

精進料理を社会に広めたのは仏教思想などではなく、もどき料理にあったと考えたのが上田純一先生です。それは、見立てとか作りものなど、日本人の美意識と深く関わるといいます。もどきも言ってみれば見立てです。いっぽう国際日本文化研究センター所長の井上章一さんは、もどき料理は京都の寺が、地方から上洛する武士たちに宿泊してもらおうと考えたアイデアだったと考えています。「うちに泊まってくれはったら、当節流行の精進料理をお出ししますぇ！」というわけ。両者に共通するのは、仏教の教義が精進料理を広めたわけではない、と考える点です。

ともかく京都の寺々、とくに禅宗のお寺などでは、精進料理をふるまう「ビジネス」が盛んです。寺自体がふるまいをするところもありますが、多くの寺では御用達の業者を抱えていて、そこに委託するケースが多いようです。そのような業者のひとつ、「矢尾治《やおじ》」の上田倫正さんに、東山区の泉涌寺《せんにゅうじ》（真言宗）で精進料理を出していただきました。その彩りの鮮やかなこと！　巧みな料理と味付けで物足りなさは感じませんでした。ビーガン食など環境負荷を考える食が見直される中、精進料理には熱い視線が降り注がれています。

なお、精進料理を支えている食材で特に重要なのが小麦と大豆。小麦から作られる麩《ふ》や

矢尾治の精進料理（2018年2月）

うどん、大豆から作られる豆腐・湯葉・味噌・醤油などその多様さをみれば、これら二種の重要さがわかります。今これら二種の自給率はわずか一〇％余り。これではいけません。

「萬川」の京野菜料理

北区、賀茂川にかかる「上賀茂橋」のたもとに「萬川」というお店があります。出される主食材をいわゆる「京野菜」に限る、とても尖ったお店です。主食材は野菜ばかりですが精進料理というわけではなく、たとえば「万願寺とうがらし」の焼き物には削り節がかけられます。

萬川さんのこだわりは野菜の生産者を開示していることにも現れています。生産者開示は―トレーサビリティ―つまり誰がどのようにして作った食材かを開示するもので、品質を担保するために産地を表示する地理的表示（geographical indications）の考え方にも沿うものです。

この日食べた一品で圧巻だったのは「賀茂なすの田楽」。生産者名を記載したラベルを張った賀茂なすを贅沢に使っています。長軸に垂直に半分に切った賀茂なすを油で揚げ、さらに焼いて上から白味噌ベースの田楽味噌を塗ってさらに上からあぶったもの、とみました！　ほか、先の「万願寺とうがらし」の焼き物や「海老芋」の天ぷらなどを食べると

店で出す野菜のいわれや生産者について説明をする店主の萬川さん。「萬川」は交通至便とは言えませんが、一度訪れる価値はある。

賀茂なすの田楽。かなりのボリュームです。ご丁寧に、生産者名がお皿にも表示。Gを先取りしている。

ほぼ満腹。

これら京野菜も安定生産に黄信号が灯っています。いわゆる京野菜の消費は頭打ち、とくに家庭での消費は減る一方。料理屋さんが頼みだったところが今回のコロナ禍。外食が厳しく制限され、消費も激減。それだけではありません。生産者の高齢化も深刻。一部の京野菜は、その種子を生産者が自ら再生産しています。今の生産者は種子も自分で管理せねばならないのです。本来なら行政がやるべきものを、彼らの使命感に甘えているといってよいでしょう。だから彼らの引退は、その野菜そのものの消滅につながりかねないのです。

もともと野菜の品種は「ゆく川の流れ」のごとし。常に変化を繰り返してきました。今の姿は一〇〇年前の姿とは違っているはず。長期にわたってその品質を維持し続けるのは至難の業なのです。

京都とヤマノイモ

京の街が盆地にあることが、京の食を大きく規定していると思います。その要素の一つがヤマノイモ。京都では「つくねいも」と呼ばれる球形で、皮の黒いイモが主体です。ナガイモとは異なり、粘りが強くきめの細かいのが特徴。京都府下では南丹地方が産地です。

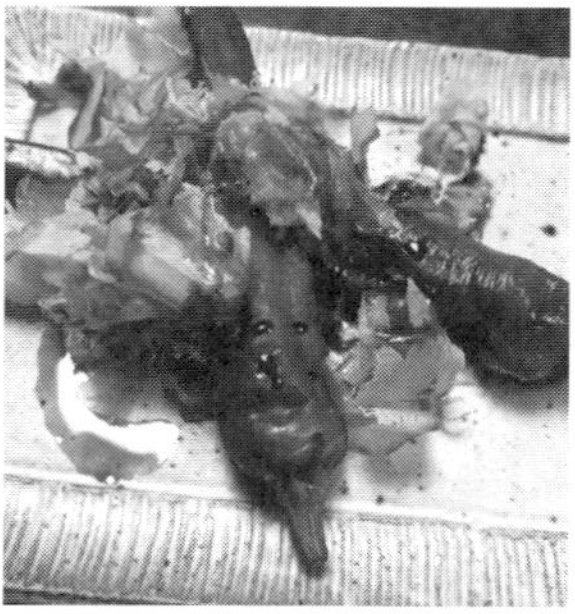

万願寺とうがらしと赤万願寺（？）の焼物。鰹節を乗せ、醤油かけしただけのシンプルなもの。とうがらしの甘みがひきたつ。

店で出される野菜たち。どれも新鮮！

ヤマノイモと都といえば、『宇治拾遺《しゅうい》物語』の「利仁《としひと》、芋粥《いもがゆ》の事」を思い出す人もいるでしょう。芥川龍之介の小説「芋粥」の素材にもなった話ですが、この時代の芋粥にはナガイモが使われていたようです。この皮を剝き、短冊に切って、上からあまづら煎《せん》をかけたものだったそうです。

このヤマノイモをすり鉢の壁面を使って時間をかけてすりおろし、さらに「すりこぎ」で時間をかけて細かくすり、醬油か味噌で味をつけただし汁でほどよい濃さに伸ばします。これがとろろ汁。このまま食べてもよし、熱い飯にかけてもよし。

京都でとろろ汁というと左京区山端《やまばな》の「平八茶屋《へいはちぢゃや》」が有名。店は一五七六年の創業だそうです。そしてその名物料理の一つが「とろろ汁」。店は、京の七口のひとつ「荒神口」を出て鴨川を渡って北進し、山端の峠にかかるところにあります。ここからいわゆる鯖街道をさらに進むと大原（左京区）、途中（滋賀県大津市）を経て福井県の小浜に達します。このとろろ汁はかの北大路魯山人《きたおおじろさんじん》も好んだ一品で、頻繁に通ったといいます。イモは契約栽培などはせず、市場で、スポットものの中からよいものを選ぶそうです。栽培が難しく、丁寧に栽培しても品質を揃えるのが難しいので、契約栽培がやりにくいのでしょう。

とろろ汁の名産地は各地にありますが、なかでも、『東海道中膝栗毛《ひざくりげ》』にも登場する「丸《まり》子《こ》の丁子屋《ちょうじや》」（静岡市駿河区）も有名です。丁子屋さんはいまも健在で観光客の集まる場になっています。

ヤマノイモが使われるもう一つの場が饅頭の皮です。祝い事に使われる紅白饅頭などは

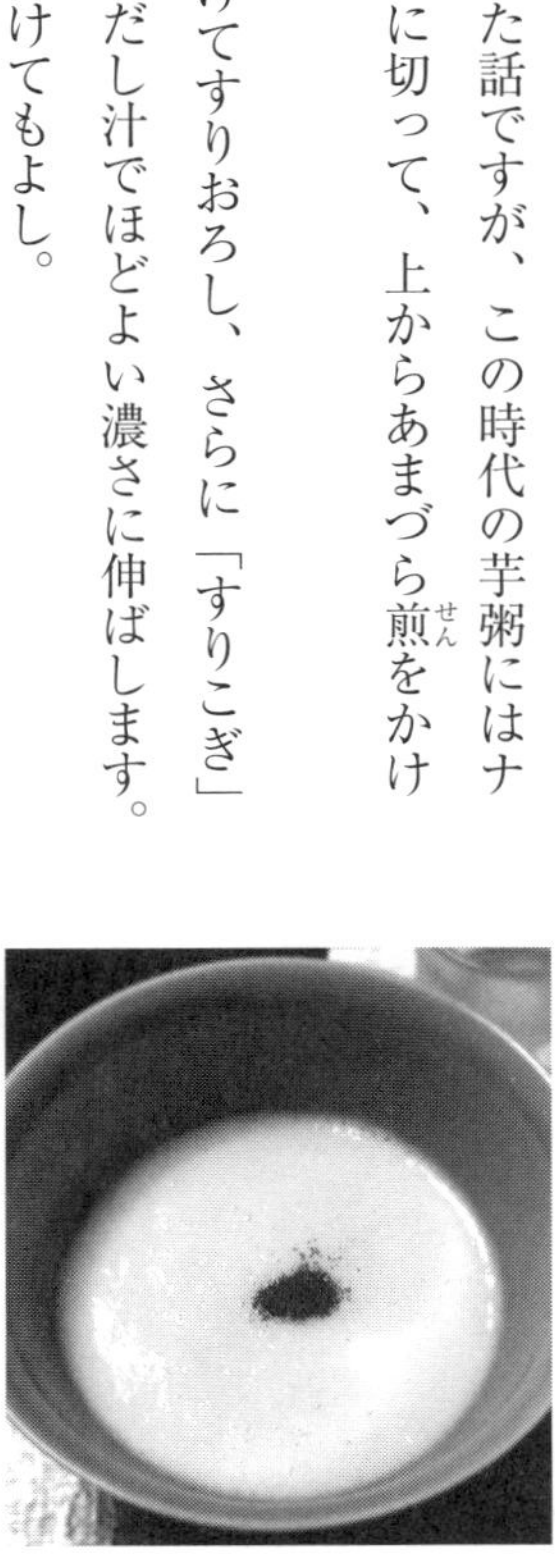

とろろ汁（山端平八茶屋）

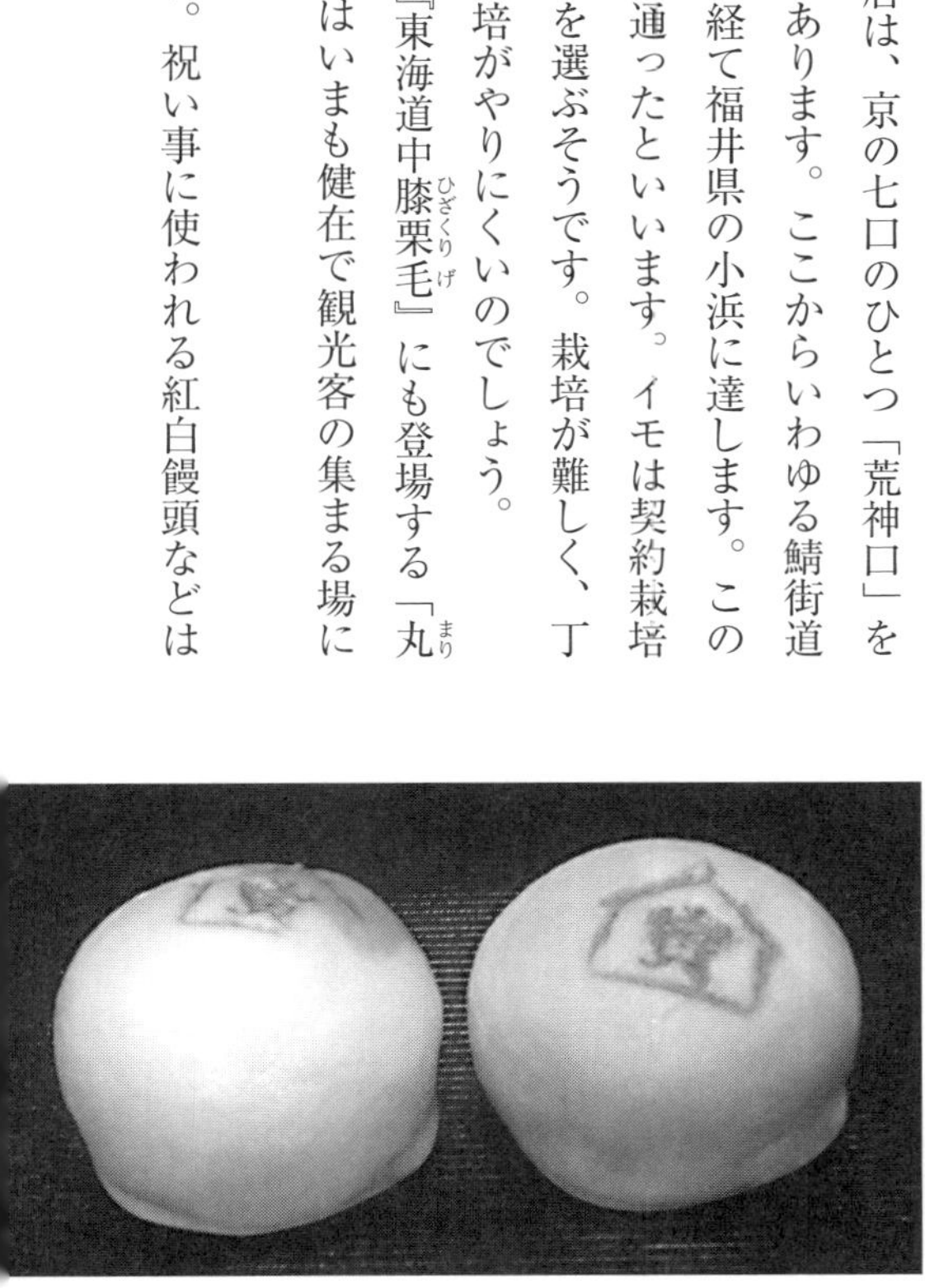

薯蕷饅頭

「上用《じょうよう》饅頭」とか「常用《じょうよう》饅頭」などともいわれますが、本来は薯蕷《じょうよ》饅頭の字を使います。薯蕷とはヤマノイモのことで「上用」や「常用」はまったくの当て字。これをつなぎにして米の粉を混ぜた皮で作った饅頭がこれです。ヤマノイモは和菓子の原料でもあるのです。

和食は引き算？

京都市の日本料理店・菊乃井の村田吉弘さんが京都府立大学和食文化学科の講義（「食文化原論」）に来てくださいました。話題のトップは「和食は引き算」でした。この言葉は「和食の心は食材から広義のうまみを抽出すること」、と、わたしは解釈しています。

料理人は、昆布だしを「ひく」ときにも灰汁《あく》をとります。なおだしを「ひく」とは煮出したり搾ったりせず、自然に引き出すことをいいます。鰹節を加えたあとにも灰汁をとります。そうやって、エッセンスであるうまみの部分だけを取り出すのです。だしを「ひく」という語も、このことを言っているのでしょう。実はこの言葉、川端道喜《かわばたどうき》の川端知嘉子さんからも聞いたことがあります。

クズ（葛）の根からデンプンを取り出す作業は、まさに「抽出」です。このように考えてゆくと、清酒もそうです。米の中心部のデンプンだけを使って発酵させ、できた酒を絞って作ります。まさに「お米のエキス」ですね。

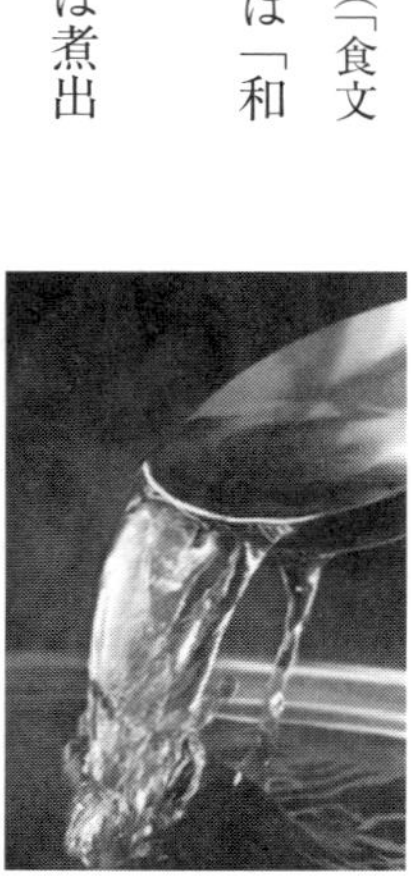

昆布と鰹節の合わせだし

清酒。酒器は北海道小樽の「北一（きたいち）硝子」製。

餡《あん》もそうではないか――ふと、思い当たりました。以前、中村製餡所（上京区）の中村吉晴社長のインタビューに伺いました。小豆の餡は大きくいって漉餡《こし》と粒餡にわかれます。粒餡は、漉餡に甘く煮た小豆を加えて作ることもあれば、小豆を煮詰めて砂糖を加えて作る方法もあるそうですが、漉餡の製法を伺っていると、これもやはり抽出の手法によることがよくわかります。小豆を水で煮て、幾度も水を取り換えながら灰汁を取り去ります。とことん灰汁を取り去ったところで皮やその他余計な部分を漉して取り去り、砂糖を加えて煮詰めれば漉餡のでき上がり。このようにしてでき上がった餡は、小豆の色とは程遠い、うすい小豆色をしています。

卵サンドの「おかもち」

祇園には何軒もの喫茶店がありますが、そのいくつかで出されているのが卵のサンドイッチ。NHKのEテレが紹介したのは四条切通し上ルの「切通し進々堂」（ファイル431、「日本の洋食」）。置屋《おきや》さんに素焼きにした卵焼きの「玉子トースト」を配達していました。また、京阪電車の祇園四条駅のそばに「ナカタニ」という喫茶店がありますが、ここも芸・舞妓さんたちが立ち寄る喫茶店なのだとか。喫茶店ではありますが、ここの玉子サンドがおいしいと聞いたことがあります。たしかに、京都は鶏料理や卵料理のバリエー

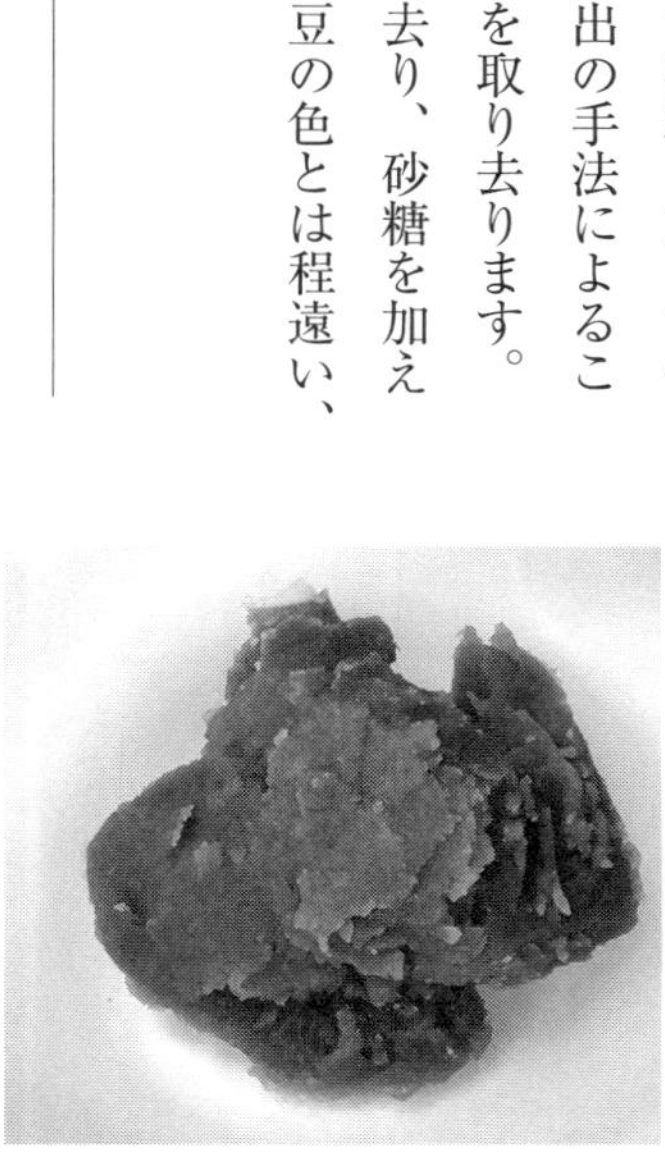

中村製餡所の漉餡。光線の加減で色が濃く写っているが、実際は驚くほど白っぽい。抽出は神饌が白を基調にすることに通じるのかもしれない。

「ナカタニ」のおかもち。上段にサンドイッチ、下段にはコーヒーセットが入っている。

ションの大きな街です。出汁巻《だしまき》もそのひとつ。出汁巻風の卵焼きを使ったサンドも見かけます。

それはそうと、「ナカタニ」の面白いところは、玉子サンドを置屋さんに配達するときに「おかもち」を使っていること。それを見たくて、とあるホテル経由でサンドイッチを注文してみました。赤漆塗りのそれはよく使い込まれていて、あちこちに傷があったり漆が剝げかけたりしていました。昨日今日のものではなさそうです。おかもちは上下二段になっていて、下段にはコーヒーセットが、そして上段には五種のサンドイッチがぎっしりと入っていました。ごく薄いパンを軽くトーストしてあって、作ってから時間が経っているのにべったりした感じがしません。

サンドイッチの配達（出前）は主にお茶屋さん、置屋さんや劇場に限定のサービスで、進々堂でもナカタニでも、コロナ禍のずっと以前からのもの。しかし、常連さんへの配達のノウハウは、外食控えの今にうまく生かされているようです。何より、プラスチックの器と違って環境にやさしい。そして、小さなネットワークの大切さを大事にしているところ。これからの時代によく合ったやり方といえると思います。

肝心のサンド。五種盛り。これで五人前。なかなかのボリューム。

おかもちの上段部分。角は丸まり、塗りも剝げたりしていて、しかし使い込まれた歴史を感じる。

京枡

一升《しょう》という単位を聞いたことがあるでしょう。一升は尺貫法における容積の単位で、メートル法に直せば一八〇三・九ミリリットル、ざっと一・八リットルです。一リットルの定義は一メートル立方の一〇〇〇分の一で、長さの単位から合理的に導き出されていますが、一升の定義は簡単ではありませんでした。

そもそも、一升の量は時代によって違っていました。容積は木製の「枡《ます》」によって量られてきましたが、織田信長や豊臣秀吉以前の時代には大きさは地域でばらばらでした。米を買うときの枡と売るときの枡を違えていた商人もいたようです。なんとずるい！　しかしこれでは困ります。天下人たちは枡職人やその組合に権限を与えて「枡」の容量の規格化を試みます。枡を作る、修理する、検査する権威者をつくって、いわば文明の体裁を整えます。織豊時代の一升枡は「京枡」と呼ばれ、縦横五寸、深さ二・五寸の六二・五立方寸の大きさでした。一寸は定義上一〇〇／三三センチなので「京枡」の容積はざっと一七三九・二立法センチです。

江戸幕府は当時、この京枡を使うこととしていましたが、京都ではその後縦横を〇・一寸縮め、深さを〇・二寸増した「新京枡」（四・九×四・九×二・七寸＝六四・八二七立法寸）が普及します。これが今の一升。このように尺貫法では容積単位はあくまで実用単位で、欧州生

市販の一升枡。なぜか現代は岐阜県に枡の生産者が多い。

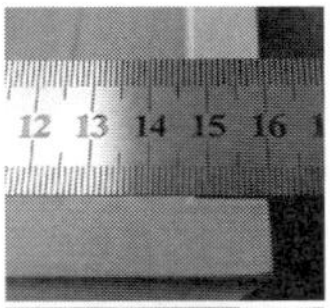

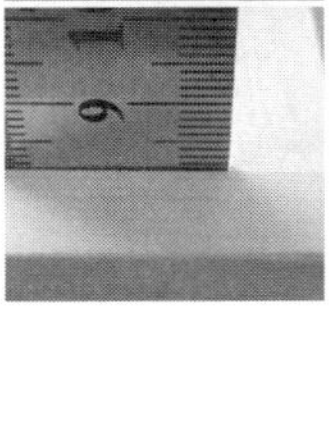

右の写真の一升枡のサイズと細工。ノギスで測ると縦横が14.79cm、深さは8.16cm程度で容量は1785.0mℓほど。定義上の数値より18.9mℓ少ない。

まれのメートル法との世界観の違いを感じます。京の尺度が使われたことからやはり京の政治経済力が強かったことがうかがえます。江戸幕府も、結局はこの「新京枡」を全国唯一の公定の枡と認め、改めて京と江戸に「枡座」をおいて度量衡《どりょうこう》を支配するのです。京都の枡座があったのが二条城の東、今の「油小路《あぶらのこうじ》通夷川《えびすかわ》上る」あたりで、枡座をまかされたのが大工であった福井作左衛門で、その家業は今も「福井度量器」（創業一六三四年、猪熊通丸太町下ル、旧枡座の位置から二〇〇メートルほど西北）に引き継がれています。伝統の重みですね。

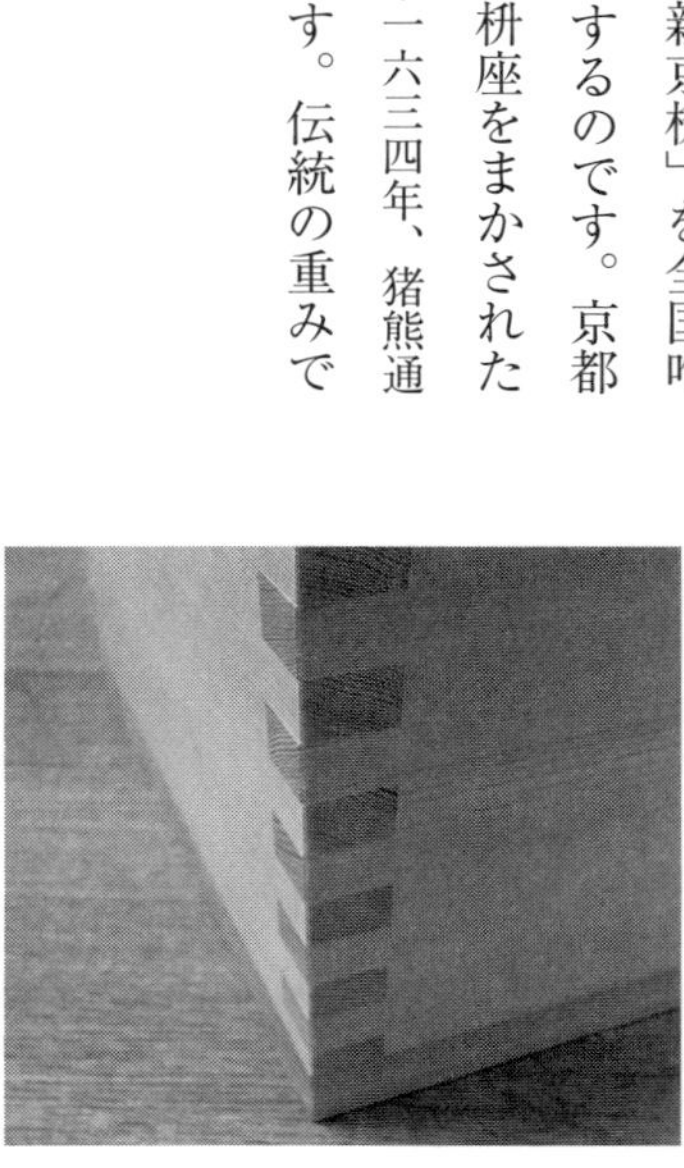

左の写真をみると、細工の精緻さが分かる。材質はスギ材。

第四章　京の菓子

小倉餡

和菓子の素材として欠かせない餡《あん》。中でも、アズキ（小豆）を使って作る小豆餡は和菓子に限らず幅広く使われます。食品分析表によると、餡は水分・タンパク質・デンプンの含有率が、それぞれ六二％、一〇％、二七％。結構高タンパクですね。さて、小倉餡《おぐらあん》という名前を聞いたことがあるでしょう。ここではその名の由来について。

右京区の小倉山のふもとの天台宗寺院「二尊院《にそんいん》」。総門に続く「紅葉の馬場」の紅葉があまりに有名です。その境内に、「小倉餡の由来」を記す石碑が建っています。「小倉山」と聞けばもうお判りでしょう。そう、小倉餡の小倉は地名によるというのが一説。碑文によると九世紀に空海が中国から持ち帰った小豆を職人が砂糖と一緒に炊いたのがはじまりとのことです。ただ、このお話の出典がわからない。それに、その小豆が今の「大納言」と同じだったか、そのころの砂糖がどんな砂糖だったかなど謎は残ります。

もうひとつ。「小倉野」という生菓子があります。江戸時代後期の思想家・頼山陽《らいさんよう》（一七八一～一八三二）のころにはあったもので、餡玉《あんだま》、または求肥《ぎゅうひ》でくるんだ餡玉の周囲に蜜で煮た小豆などをびっしりと張り付けたもの（虎屋ホームページなどによる）。小倉の名は、鹿《か》の子《こ》模様にみえることから鹿→紅葉→小倉という連想から来ている、との説も。これが小倉餡の名のもととなったかは不明ですが、何らかの関係があるのかもしれません。

二尊院の「小倉餡発祥の地」の碑

「発祥の地」の碑文（裏面）

「大納言」小豆を試作している畑。（正面の山は嵐山（二〇二〇年九月撮影）。立て看板は写真の右端、立木のさらに奥にある。

なお、碑文に記されたのと同じ一文が、二尊院の南東二〇〇メートルばかりにある畑(下)の隅にある立て看板にも書かれています(朽ちて少し読みづらくなっています)。畑の一角には小倉餡の材料となる「大納言」が毎年栽培されています。

豆菓子

一月二十一日頃は二十四節気(季)の一つ「大寒」です。次の節気は、年の始まりである「立春」で、その翌日が(春の)節分です。節分は四つの「立」(四立《しりゅう》)といいますが、いまではもっぱら春の節分だけが語られるようになっています。

節分と言えば、京都では吉田神社の節分祭が有名。一般のご家庭でも、焼いわしを食べたり、いわしの頭を柊《ひいらぎ》の枝に刺したものを門口に飾ったりすることが今もあります。

そしてもうひとつが豆まきでしょうか。今回はこの豆について、「豆菓子」という点から考えてみます。

ダイズ(大豆)をはじめ豆は精進料理の素材として欠かせないものです。そして京都では、明治時代に入ると豆を使った豆菓子を出す店が現れます。ダイズのほか、エンドウ(豌豆)、落花生、ソラマメなどが盛んに使われるようになりました。そして、江戸時代以降に普及した砂糖が注目を集めます。豆を砂糖でコーティングした豆菓子が一世を風靡しまし

舩はしや総本店の「五色豆」(右)と節分用の煎り豆(左)。これをミルで細かく挽くと黄粉になる。

た。そう、豆と砂糖は相性がよいのです。この製法が「金平《こんぺい》糖《とう》」に応用されたのではないかと私は思っています。

その代表が小豆（白小豆もある）やエンドウ、手芒《てぼう》（亡）豆の餡であることは言を俟たないとして、中京区の「豆政」や「船はしや総本店」の五色豆も有名。煎ったえんどうを砂糖でコーティングして赤、黄、緑（青）、白、茶（黒）の色をつけたもの。えんどうといえば、出町（上京区）の「ふたば」の豆餅（豆大福とも）に使われるのは赤エンドウ。黒豆と思っている人も多いようですがさにあらず。そして大豆は、黄粉《きなこ》にもしますし、その黄粉を混ぜた「洲浜《すはま》」にもなります。三色の洲浜団子をみたことのある人も多いでしょう。黄粉は煎り大豆を粉にしたものですが、わたしはこの時期は、節分の豆まき用に売られている「煎り豆」をミルで粉にしたものを使います。市販品より粒は荒いが、香りはずっと高いです。これで作った安倍川餅は絶品です！

左上：煎り豆をひいて作った黄粉を使った「黄粉餅」（自家製）。左下：「式部」黒く見えるのは大徳寺納豆で、大豆製。地は「落雁」とあるが、色からは黄粉が入っているのかもしれない。右上：六月末の「夏越しの祓」の際に食べられる「水無月（みなづき）」。「磯田」製。これも広義には豆菓子と呼べるでしょう。右下：うぐいすもち。中は小豆の餡、外には黄粉をまぶしてある。

神馬堂のあおい餅

上賀茂神社の西前に「神馬堂《じんばどう》」という餅屋さんがあります。店の創業は一八七二年。二〇二二年で一五〇年の老舗です。焼き餅のみを売る店で、商品は白の焼き餅だけです。価格は一個一三〇円（二〇二五年一月現在）。草餅はありません。餡《あん》は粒餡。だいたいは午前中で売り切れ、店を閉めてしまいます。「売り切れご免」というわけで、製造日の偽装などまったく無縁です。ほぼ手作りのようで、形も大きさも不ぞろいです。右下の写真のように、個包装でもないし、何の飾りもないけれど、うまいのです！　なお、商品名はあおい餅のようです。

店のたたずまいも、もう何年も変わりません。上の写真は映画「男はつらいよ　あじさいの恋」（一九八二年）にも登場する神馬堂の外観で、四〇年前からほとんど同じです。当時は茶屋のように店内で食べることもできたようですが、いまはもっぱらテイクアウトのみです。

左下の写真はできた餅の表面を焼いているところですが、

上：神馬堂。下右：焼き餅。買ったときはまだ温かだった。形の不ぞろいなのはご愛敬。日持ちは1日。下左：餅を焼いているところ。餡を包み成型したところで焼いている。

道路側からもみえるようになっています。この部分は四〇年前の写真にもみえていますが（格子模様のタイルに注目）、その右側のショウケースの中に木製のパネルがみえます。このパネルは一九九七年に新調され、「餅よし 餡よし 焼き加減又良し これこそ京名物の最高」とあります。

多くの大きな神社では、門前に餅屋さんがあります。上賀茂神社では、この神馬堂と「葵家やきもち総本舗」、下鴨神社では「ゑびすや加兵衛」の矢来餅、そして今宮神社では二軒の「あぶり餅」屋さん。やはり神饌の関係でしょうか。

幽霊子育飴

小野篁《おののたかむら》が活動したといわれる東山区の六道珍皇寺《ろくどうちんのうじ》。寺の南西にあたる六道の辻はあの世との「出入口」でした。あたりは中世まで鳥辺野《とりべの》と呼ばれる風葬の土地でした。ここに「みなとや幽霊子育飴本舗」という創業約四五〇年になる飴屋さんがあり、「幽霊子育飴」という飴を売っています。黄金色の固形の飴です。店の由来によれば、こうです。「今は昔、慶長四年京都の江村氏妻を葬りし後、数日を経て土中に幼児の泣き声あるをもって掘り返し見れば亡くなりし妻の産みたる児にてありき、然るに其の当時夜なよな飴を買いに来る婦人ありて幼児掘り出されたる後は、来らざるなりと」。近くには、西福寺（六道の辻地蔵尊）

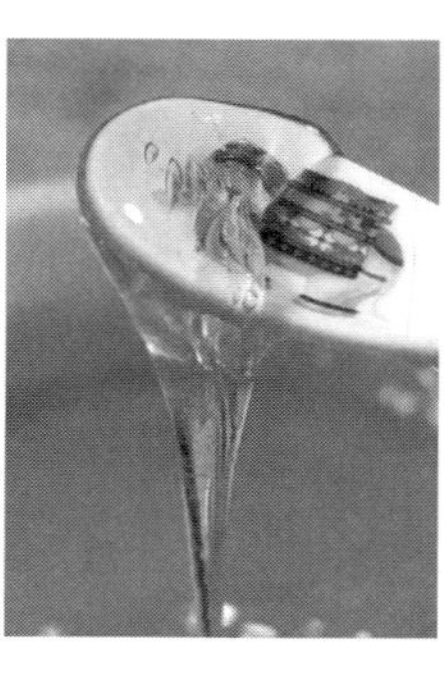

小夜の中山の「子育飴」。ハチミツにも似た粘度と色合いをしていた。ちなみに水飴は、多くは麦もやしのアミラーゼを使ってブドウ糖を作るが、かつては米もやしも使われた。おそらく秋以降は気温が低く米もやしが使えなかったことから麦もやしが使われたのではないだろうか。

や、麹づくりの「菱六」さん（100〜102頁）があります。

類似の話は全国に多く見られます。キーワードは、新生児、その子を産んだ（非業《ひごう》の死を遂げた）若い母親、そして飴の三つです。母が亡くなれば母乳が得られず、乳児は死の淵に立たされます。飴は、多くが麦もやし＋米の粥の飴です。飴の主成分はブドウ糖（グルコース）なので、乳児でも摂取できるのでしょう。

静岡県掛川市と菊川市の境にある「小夜《さよ》の中山《なかやま》」にも似た話があります。ただしここでは身重の母が殺され、子だけが奇跡的に助かったという悲話が残されていました。小夜の中山は遠州と駿州を分ける険しい峠で盗賊なども多く、東海道の難所の一つでした。旅人は、餅に水飴を塗って食べ、峠を越えて旅を続けたのです。糖質過多が言われる今、当時の状況を想像するのはなかなかに困難ですが、腹いっぱい糖質を得て旅することがたいへんなぜいたくであった当時、それは最大のごちそうだったのでしょう。

小夜の中山の子育飴は「小泉屋」という創業約二七〇年の飴屋さんが今なお製造・販売しています。こちらは優しい甘さの、粘度の高い粘液状の飴でした。

「みなとや幽霊子育飴本舗」の外観。

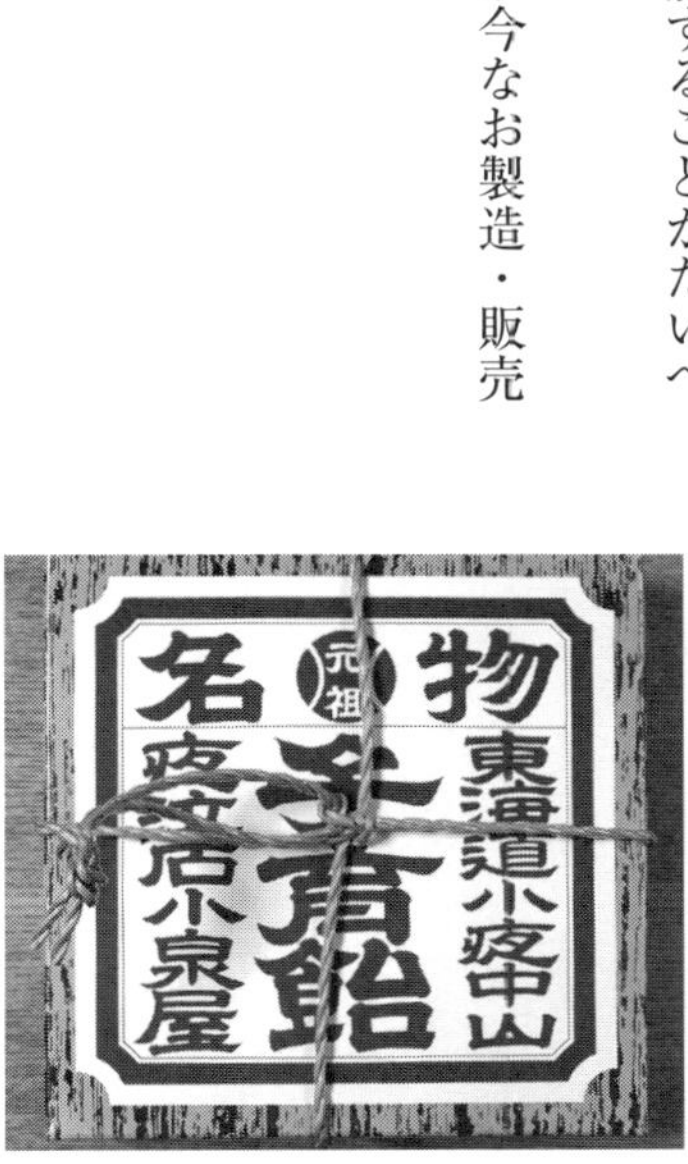

小夜の中山の「子育飴」の包装。径一五センチの容器にたっぷりの飴が入っている。

川端道喜（1）

知っている人は知っているでしょうが、知らない人は「？」と思われたことでしょう。

「人の名前？」

「はい、そうです」

「店の名前なのでは？」

「はい、店の名前でもあります」

川端家にのこる文書によると一五一二年の文書に当時の「餅座」の権利を獲得したとあるそうです。以来五〇〇年にわたり御粽《ちまき》司《し》として営業を続けておられます。明治天皇が東京に移る前日の朝まで「御《お》朝物《あさのもの》」と呼ばれるつぶし餡で包んだ球状の餅を届けておられたとの記録もあります。御所に入る専用の入り口「道喜門」という門は今も残っています。今のお店の位置は北山通と下鴨本通の交差点の南西角。小さなお店ですので、よく見ないと行きすぎてしまいます。

菓子は原則として予約販売。遠隔地への郵送もやっていないそうです。「出来たてを食べて頂きたい」という、お店の配慮が感じられます。以前、十六代当主の奥さま・川端知嘉子さんのインタビューをした際「三色ねじり粽」をいただきました。なお十六代はすでに亡くなられ、今はご家族とご親族がお菓子を作っておられます。

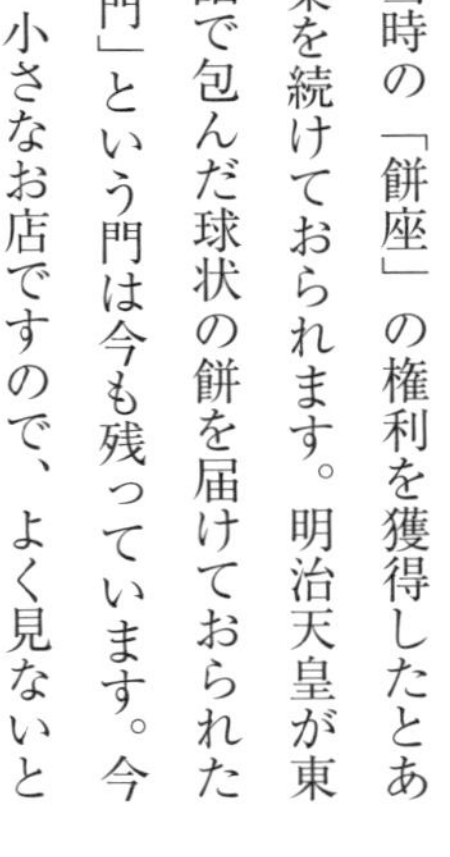

川端道喜の玄関。

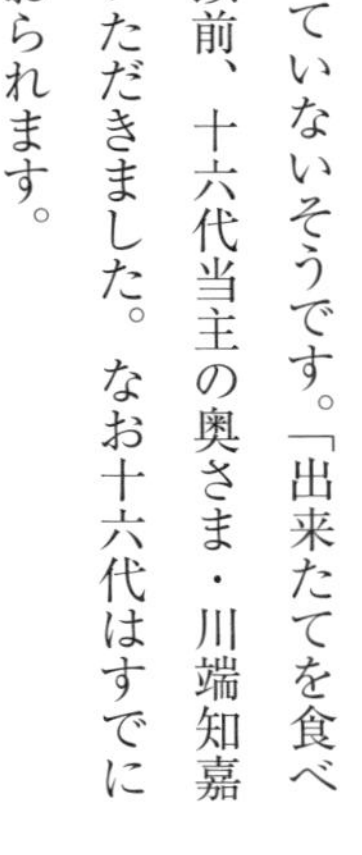

三色ねじり粽の包装

三色ねじり粽はピンク・白・黄の三色の団子をねじり、四枚のササ（笹）の葉で巻いて一本の粽にしたもの。道喜さんらしい淡い色あいと控えめな甘さの実に上品な粽でした。原材料名をみると、「砂糖（国内製造）」「薯蕷粉」「浮粉」「餅粉」「赤色3号」「クチナシ色素」のみ。薯蕷とはヤマノイモのこと。浮粉はコムギなどのデンプンを精製したもの。トレハロースや保存料などの添加物は使わないそうです。蒸しただんごを整形し、ササに巻いてからこれを五本一束にし、茹でて作るのだそうです。ササの香りが餅に見事に移っていました。

なお、端午の節句のほか、一月・八月以外は通年、名物「羊羹粽」「水仙粽」の販売があります。五本一単位なので、友だち同士で買って分けあってみてはどうでしょう。やや高価ですが、絶品です。

川端道喜（2）

粽《ちまき》は、端午の節句に食べられる米菓子で、中国の文献上、二〇〇〇年に近い歴史を持ちます。甘いもののほか、豚肉や鶏肉をほろほろになるまで甘辛く煮たものを芯に入れ竹の皮などで四面体に包んで蒸したものを各地で見かけます。日本にも同様のものがありますが、今では多くは蒲《がま》の穂の形をした甘いものです。川端道喜さんの通年の粽は創業当時か

その中身。四〜五枚のササで巻かれる。

らのもので、米粉ではなく、クズ（葛）を使っているところが特徴です。葛粉と水、砂糖だけで作られる水仙粽と、これに小豆の漉し餡を加えた羊羹粽の二種類を伝統の製法を変えることなく作り続けて来ました。

伝統の製法を守り抜くのは大変な努力を要します。クズやササの入手は年々困難になっているといいます。一つはよいササが手に入りにくくなってきたこと。温暖化や人手不足が原因で、より深刻なのはシカがササの葉を食いつくしてしまうこと。獣害は日本の農業ばかりか山の生態系にも影響を及ぼしています。そしてクズ。こちらは吉野葛の業者の廃業が続いていることで、山は人の手が入らないとどんどん荒れてゆきます。遷移（ある場所の植生が深い森へと自然に移り変わって行くこと）が進むとクズも生えなくなる。加えてクズを生産する後継者難。若い人は皆、都会に出てしまうからだ、とのこと。スマート農業もよいのですが、スマート農業では誰もクズを作ろうとは考えません。クズの入手先は、他の和菓子店でも悩みの種で、福井、鹿児島から、さらに最近は中国産が増えているのだそうです。

道喜さんのこだわりは水にも及びます。材料に使う水を吉野から取り寄せています。「葛と同じ土地のものがよいと思って」——伝統文化は担い手のこだわりや意地のようなものがあってはじめて継承されるものです。それでもなお、気候変動、災害、戦争などの社会の変化などで古いものは消えてゆきます。それを残すには地道で持続的な力が要るのです。

道喜さんの粽は、蒸すのではなく茹でて作られます。茹でることで余計な甘みを落とす

水仙粽（二〇一九年五月撮影）

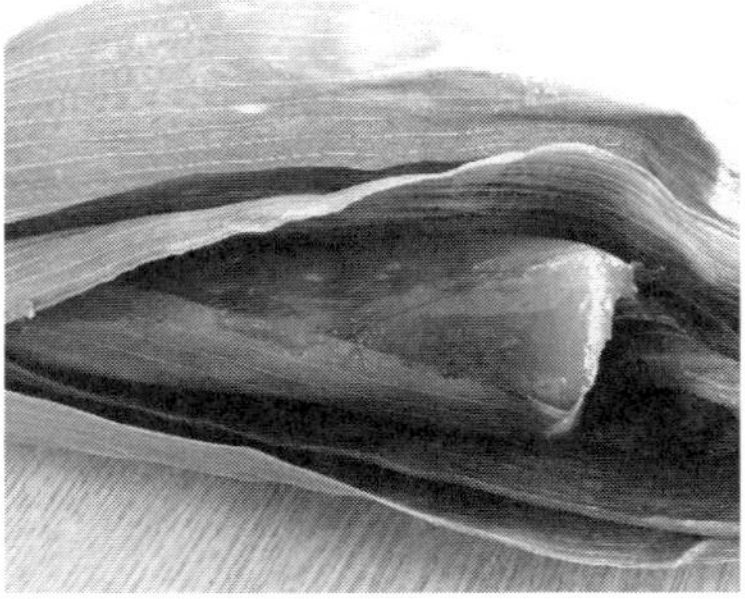
羊羹粽（二〇一九年五月撮影）

のだそうです。知嘉子さんはこの作業を、「引き算」と表現されました。茹でるとなると、「巻く」作業をよほどしっかりとしなければなりません。ササの質にこだわる理由もこのあたりにありそうです。引き算といえば、よく「和食は引き算」といわれます。余計なものをそぎ落として成り立つのが和食だという意味です。粽にも一切の添加物は使わないとのこと。どこか相通ずるところがあるのですね。

柏餅

そろそろ端午の節句（五月五日）。節句は節供とも書きます。もとは中国の暦の体系にもとづくものですが、その後日本に伝わり、やがて庶民にまで広まりました。端午の節句の頃に食べられるのが「柏餅《かしわもち》」。米粉の団子で餡を包み、それをカシワ（*Quercus dentata*）の葉で巻いたものです。

京都にも柏餅を作る店はたくさんありますが、最近の傾向は漉し餡・粒餡・味噌餡の三種類を準備する店が多いことでしょうか。どの店でも、区別のために工夫を凝らしています。例えば、粒餡は草餅に包む、味噌餡の餅はピンク色に染めるなど。カシワの葉の色や裏表で区別する店もあります。

味噌餡になじみのない人もいるでしょう。京都の味噌の多くは白味噌。103頁にも書きま

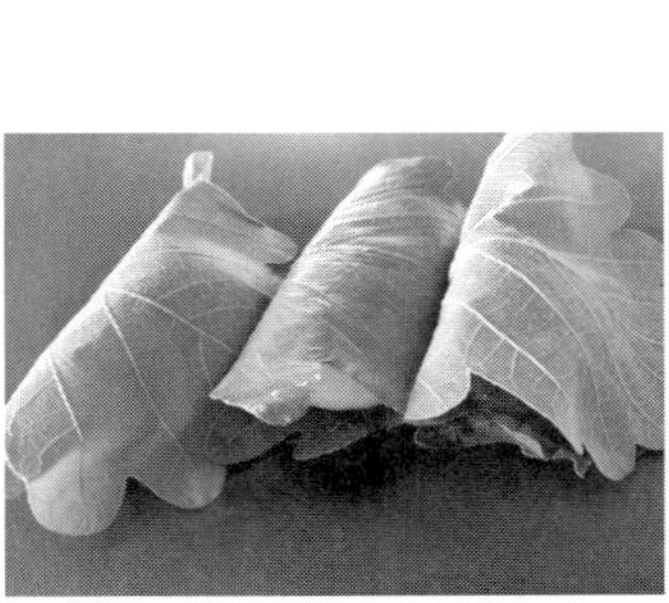

柏餅三種。左から、漉し餡・味噌餡・粒餡。この店では味噌餡の餅にはピンク色の色をつけ、粒餡は草餅にして他とは区別。寺町御池の小松屋製。

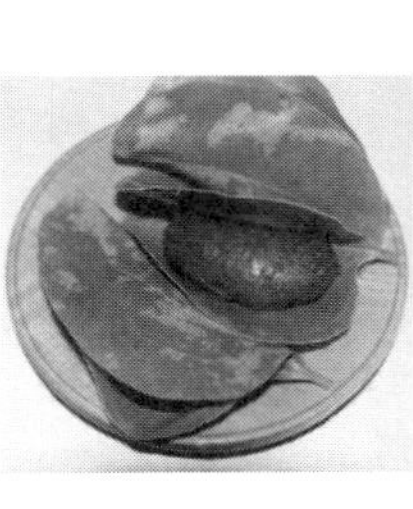

かからだんご。西鹿児島駅（現在の鹿児島中央駅）の駅前にあった市場で買ったもの。これらも「柏餅」と呼ばれることがある（二〇〇〇年五月）。

したが、米の分量が圧倒的に多い味噌で、「甘み」といわれるほどに甘いのです。とはいえ、味も形も、何もかもが多様なのが京都の和菓子です。中京区寺町通御池下ルの小松屋さんの柏餅は、餅の部分がもちもちで弾力があります。多くの柏餅は上新粉《じょうしんこ》といううるち（粳）の粉で作られますが、糯米《もちごめ》の粉を混ぜているのでしょうか。錦市場の畑野軒の味噌餡は色が茶色い。赤味噌かと思っていたところ、お店のホームページによれば白餡に白味噌をあわせて炊き上げたものだそうです。なお、白餡は白インゲン豆（大手亡《おおてぼう》）で作ることが多いようですが、高級品の中には白い小豆（白小豆）で作るものもあるのだと、上七軒の老舗和菓子店「老松」の太田達さんから教わりました。みなさんも、お近くの和菓子屋さんの柏餅を調べてみてください。

なお西日本各地に、カシワの葉に代わってサルトリイバラ（*Smilax china*）の葉で包む柏餅があります。カシワが比較的寒冷な気候の土地を好むことと関係しているのでしょう。そしてその名も、「いぎのはだんご」「いばらもち」「かからだんご」などさまざまです。

水飴を作ろう

和菓子の素材に「求肥《ぎゅうひ》」があります。もち粉に水飴《みずあめ》などを加えて加熱、練り上げて作ります。これは単独でも食べますが、中に餡を詰めて「大福」のようにして食べることも多

いぎのはだんご（山口県）を巻いていたサルトリイバラの葉。

いようです。

さてこの材料になった水飴は穀類のデンプンを糖に変えて作られます。その方法のひとつが、種子が発芽する際に活性化するアミラーゼという酵素を使うものです。ビールは、オオムギの種子を発芽させ、そのときに働くアミラーゼでデンプンを糖に変え、その糖をアルコールに換えて作った飲料です。暗黒下で発芽させたオオムギの幼苗を「もやし」と言いますが、これを乾燥させて粉末にした「もやし粉」をお粥に混ぜて六〇度くらいの状態で一日置くと甘い液体ができます。これを漉して煮詰めたものが水飴です。

ならば、米を使った水飴もできるはず。そう思っていたところ、京都府立大学の母利司朗教授が古い文献の中に「米のもやしで作る水飴（汁飴）」の記述があると教えてくださいました。ではやってみようと、学生実習でさっそくやってみることに。レシピは、椙山《すぎやま》女学園大学の河合潤子教授に教えていただきました。

糯《もち》米の玄米を湿したキッチンペーパーを敷いた蓋つきの「もろぶた」に敷き詰めて暗黒下で発芽させ一週間おきました（下左写真）。これを天日で二日乾燥させたものをミルで粉砕、米のもやし粉が完成です。次に、鍋に米とその一・五倍ほどの水を入れて四〇分煮て粥にし、六〇度に冷ましてから先の米もやし粉を加え、ヨーグルトメーカーを使って六〇度で二十四時間置きました。分量は、おたまじゃくし二杯の粥にもやし粉大匙一、二杯ほど。アバウトだなあと思われるかもしれませんが、調理の際の計量には、厳密に計らなければならないものとかなりいい加減でよいものがあります。全部きっちり計っているとそれだ

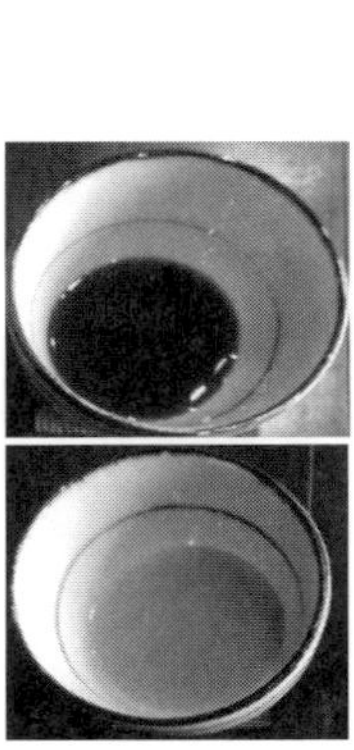

佐賀県嬉野の水飴（濱崎加奈子氏提供）

米のもやしの製造過程

けで疲れてしまいますから、手を抜くところは手を抜く、というやり方が失敗しない秘訣と思います。これを煮詰めて恐る恐る舐めてみたところ、「甘い！」。ろくな実験道具も設備もない状態で手探りの製作でしたが、確かに、米のもやしで水飴を作ることができたのでした。オオムギの水飴では、求肥は純国産になりません。オオムギの九割近くが輸入品だからです。米のもやしは、純国産の水飴、求肥の道を拓くものです。

なお、もやし作りは京都府立大学和食文化学科の学生さんにお手伝いいただきました。この場を借りて厚くお礼を申し上げます。

甘酒

94頁では、米のもやしを使った水飴づくりについて書きました。同様に甘酒づくりもやってみました。甘酒は「酒」の字がつきますがノン・アルコール。飯に麹《こうじ》を振りかけてデンプンを糖にしたもの。当然にして甘く、これを煮詰めれば飴になります。実験は上京区の佐々木酒造の佐々木晃社長のご協力を得て行いました。

五つの品種を用意し、できた甘酒の味比べをしました。使ったのは、①西アジアの品種Basmati、②南中国のインディカの糯米《もち》である紅血糯、③タイの香り米であるHon Mali、④イタリアのリゾット用の品種Calnaroli、そして対照にしたのが⑤酒米の山田錦です。こ

作業の様子。五五度の湯の中で、各品種の蒸し米に麹を加えて混ぜているところ。

れらを別々に蒸し、いったん冷凍保存した後五五度まで温め、それぞれそこに麹（菱六製）を同じだけ加え五五度を保ったまま二十四時間おいて完成させ、冷まして官能試験をしました。

糖度は、品種によって大きく違い、一番低かったのは紅血糯の31・3、一番高かったのがCalnaroliの42・6でした（対照の山田錦は36・3）。味わいもいろいろで、感じ方は個人差が大きかったようです。

つまり米も、飯にして、米のもやしを加えるとか、あるいは麹で発酵させるかすれば甘みが得られるわけです。きっと、砂糖が来る前の日本社会はこのような方法で甘みを得ていたのだろうと思われるのです。どなたか、米と小豆だけで饅頭をつくってみませんか？

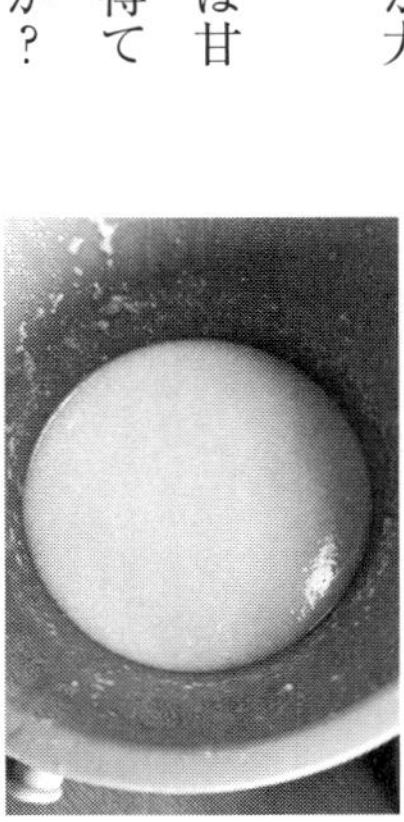

でき上がった甘酒。実験や調理実習というと厳密な操作が求められるように考えられがちだが、押さえるべきところを押さえればあとはそれほど厳密でなくともよい。「メリハリ」をつけることが大事。佐々木酒造本店で。

第五章

京の発酵食品

京の麴——菱六（1）

和食の食材、とくに発酵食品の素材をたどってゆくと、「麴《こうじ》」が極めて重要な役割を担っていることがみえてきます。酒・甘酒・味醂《みりん》・味噌・醤油と、文字通り和食材の根幹をなします。さらにそれらから派生する酢、酒粕、飴《あめ》などと考えてゆくと、無限の広がりを持っていると感じます。

麴菌はカビの一種で広範な種類の菌を含みますが、和食にかかわる菌種はニホンコウジカビ（*Aspergillus oryzae*）と位置づけられています。ただし醤油を造るのに使われる菌種はショウユコウジカビ（*Aspergillus sojae*）と区別されています。また、沖縄の泡盛《あわもり》や米焼酎には黒麴・白麴を使うこともあるようです。

さて、これらの食品で使われる麴は、今の日本ではわずか数軒の業者によって生産されています。その一軒のうち、京都にあるのが種麴《たねこうじ》屋の「菱六」さん（東山区）です。創業は三六〇年を超えるそうです。仕事は、代々維持されている各種の麴菌を蒸した米につけて増殖させて「種麴」を作って販売すること、さらに大切なのが、麴菌の遺伝的な性質を変えることなく維持し続けることです。これには高度な技術と知識を必要としますが、それらが何百年も前にすでに確立していたのです。

麴菌はカビの仲間です。その中には、アフラトキシンという人間にとって猛毒となる物

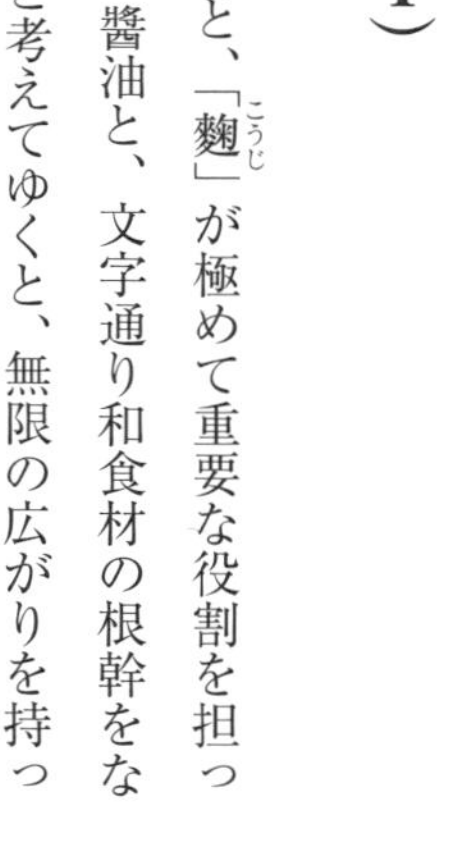

「菱六」さんの店内にあるのれん

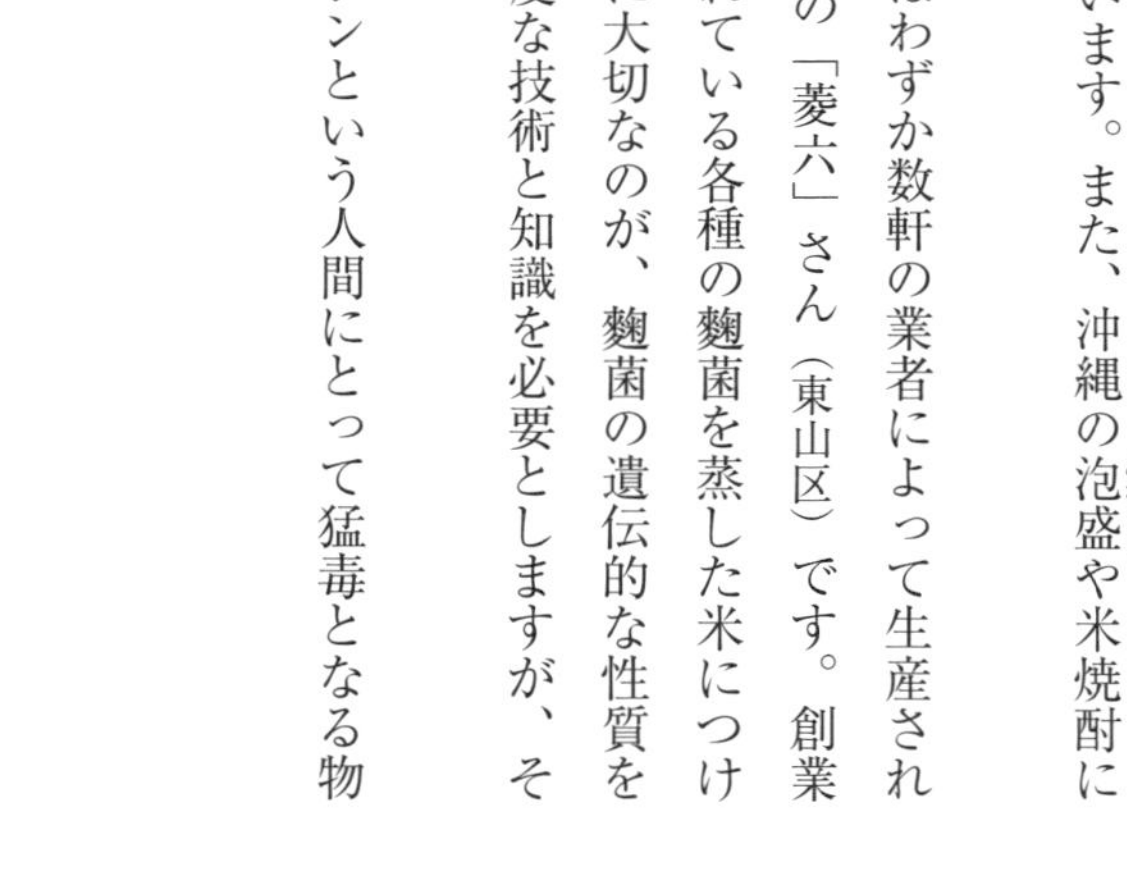
「菱六」さんの外観。「幽霊子育飴」の飴屋「みなとや」さんはその隣にある。飴は「もやし」から作られるが、砂糖以前の甘みにかかわる店が隣同士というのも面白い。

質を作るものがあります。もし、アフラトキシンを作る菌が麹菌に混ざってしまえば、さあ大変、とんでもない大事故に発展してしまいます。そうした事故を起こさない「技」が、数百年をかけて確立されてきたのです。何しろ目にみえない微生物のこと。日本が、発酵技術の先進国であり続けた背景には、こうした事情が関係しているのでしょう。

京の麹──菱六（2）

麹菌《こうじきん》を米につけて増殖させた「麹」が作る食品には、甘酒、酒、味醂、焼酎、米酢、味噌、醤油など、じつに多岐に及びます。もし麹菌がなければ、和食の世界はどのようになっていたのだろうかと思うほどです。

穀類の酒や甘酒では、穀類の胚乳のデンプンを糖に換える働きをします。酒は、この糖を酵母菌がアルコールに換えて造られます。さらに酢は、酢酸菌がアルコールを酢酸に換えるのです。醤油や味噌では、麹菌はデンプンを糖に換えるとともにタンパク質をアミノ酸に換えるのです。

酒には酒に合う、そして味噌には味噌に合う菌種があります。同じ酒でも、蔵によって使う菌種は違うようです。醸す酒の種類によって麹菌を変えることもあります。どの菌種を使うかについては「菱六」さんは蔵（生産者）と相談して決めているといいます。場合に

「菱六」さんにある各種の麹のサンプル。菌種により、糖化能力にたけたもの、アミノ酸を作る能力にたけたものなどがあり、異なる発酵食品を作るのに使い分けられている。

よってはほぼ「〇〇商店専用」のような状態になるものもあるといいます。ここでも、菱六さんとお客との間には、双方向の情報交換、つまりやりとりがあるのです。これこそまさに「京都スタイル」といえるでしょう。

ところで、微生物は目に見えないだけに扱いが大変です。とくに異種の菌の混入が起きれば一大事です。中でも、大気中に当たり前にある菌の混入にはとくに気をつかうといいます。なかでも、枯草菌の仲間である納豆菌は実に厄介です。好む環境が似ているばかりでなく、増殖の速度が麴菌の二倍速いのだそうです。いったん納豆菌が混入すれば、麴菌は速く増殖する納豆菌に抑えられ、いわゆる腐造になってしまいます。というわけで、社長の助野さんは納豆は絶対に食べず、また納豆の製造所の前を通らないようにして出勤されるそうです。

大徳寺納豆

北大路通沿い、北区の紫野にある大徳寺は京都でも有名な禅寺。その東側の通り沿いに、「大徳寺納豆」を売る店が何店かあります。大徳寺納豆とは、茹でるか蒸すかした大豆に麴《こうじ》菌《きん》を加えて発酵させ、塩水に漬けた後熟成させて作る発酵食品。納豆は納豆菌で発酵させますが、大徳寺納豆は、味噌や酒同様、麴菌を使うのです。大豆のうまみを感じる保存食

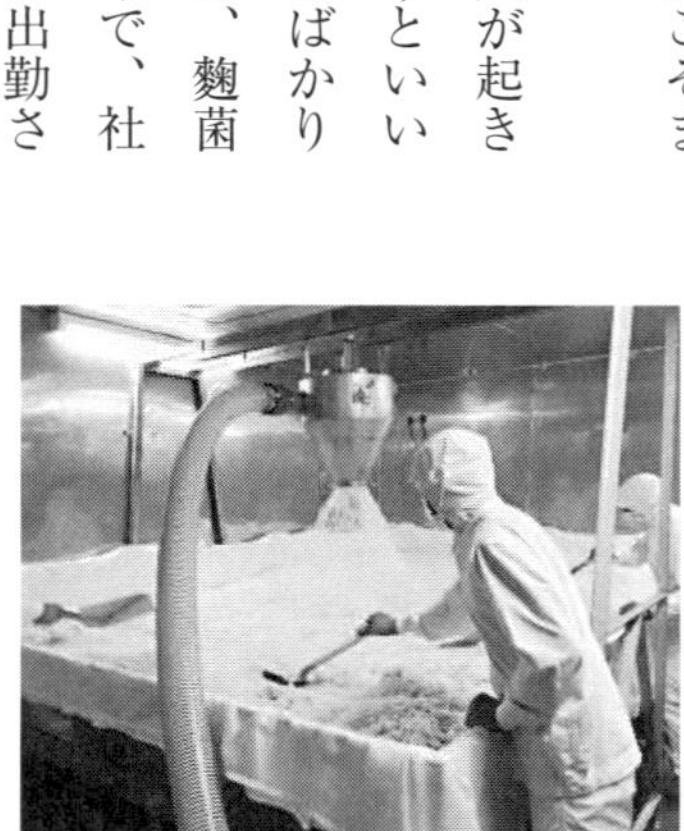
麴づくり（石野味噌）。製麴（せいきく）ともいう。

大徳寺納豆本家「磯田」の暖簾

で、京都府京田辺市一休寺（酬恩庵）の「一休寺納豆」、静岡県浜松市の「浜納豆《はまなっとう》」なども類似の食品です。大豆が、和食の中ではいかに重要な位置を占めていたかがよくわかります。禅寺と精進料理との関係を示すものでもあります。

塩辛いので、懐石料理店などでは醤油の代わりに使われることも。醤油だと垂れて着物を汚す心配があるけど、大徳寺納豆なら大丈夫。ということで、白身の魚の刺身でひとかけらの大徳寺納豆を巻いて食べるわけです。わたしはよく、柚子の搾り汁に大徳寺納豆を溶いて作ったタレで、昆布〆めした白身魚の刺身を食べます。

塩辛さを使って和菓子のアクセントにすることも。洲浜《すはま》や落雁に、砕いた大徳寺納豆を混ぜ込んだものなどさまざまですが、大徳寺納豆の塩味が、ほのかな甘さを引き立てます。

戦国時代には、これと類似の浜納豆が戦時食として使われていたようです。高タンパクの上、保存が効き、持ち運びも容易だからです。徳川家康も浜納豆を好んだようで「健康オタク」だった彼の食を巡るエピソードにしばしば登場する話です。

白味噌

味噌は麴《こうじ》を使ったモンスーンアジア産の発酵食品です。日本の味噌では、主たる原料は、大豆、米、大麦などで、これら使われる原料の種類と割合により大きく、米味噌・麦味噌・

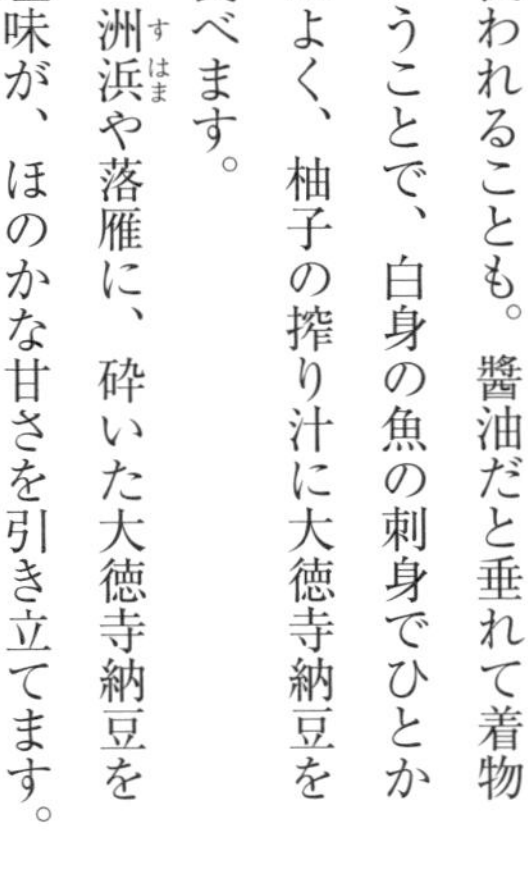

大徳寺納豆。色は黒く、見栄えはよくないが、飴のように舐めているとうまみを感じる。お皿はネコの絵柄がアクセントの長崎県波佐見町の波佐見焼。

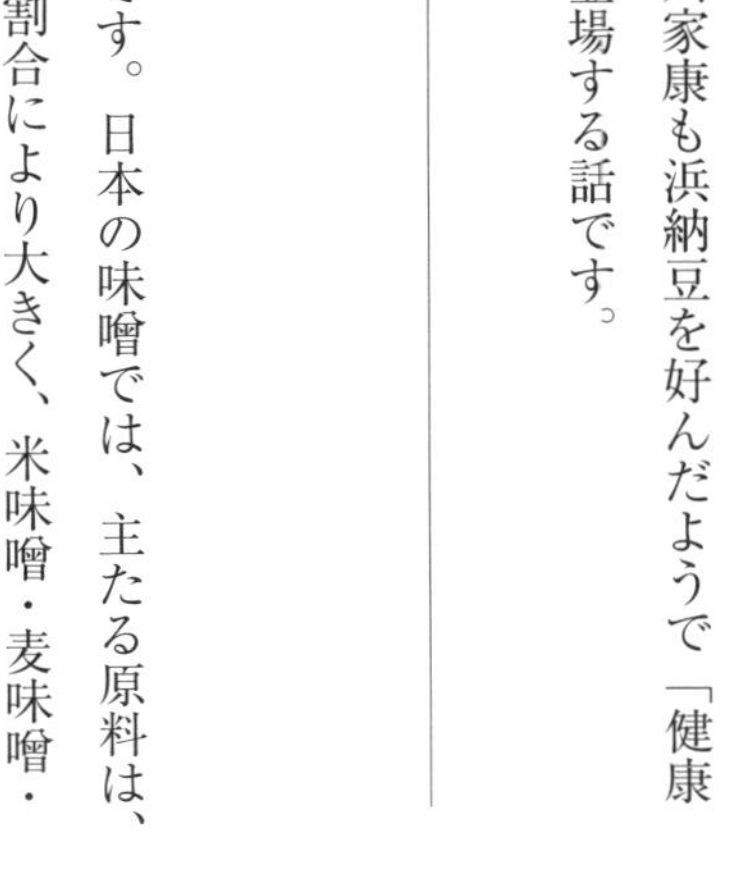

大徳寺納豆が入った落雁（磯田製）

豆味噌に分かれます。分布の範囲は米味噌が一番広いのですが、九州などでは麦味噌（大豆と大麦が主原料）が多く、また名古屋周辺には豆味噌（原料のほとんどが大豆）の地域が広がります。一口に米味噌といっても、米の比率は地域によって大きく違います。なかでも上方と江戸は米の比率が大きかったのです。やはり米は近世・近代の大都市の食材だったのですね。

京・大坂（大阪）の味噌は「白味噌」といわれる、米の比率が三分の二にもなる味噌が中心です。上方の雑煮が白味噌仕立てなのもそのせいで、白味噌は米が多い分白っぽく、甘いのです。甘酒に豆麹をあわせたようなものですから。京都市内にも数軒の味噌屋さんがありますが、どことも白味噌を作っています。味や色、風味は店によりまちまち。自分好みの白味噌を見つけてください。なお、東京でも大正時代までは江戸甘味噌という甘い米味噌が多かったのですが、関東大震災（一九二三年）で多くの味噌蔵が被災したことや太平洋戦争中（一九四一〜一九四五年）米の利用が制限されたことで、ほとんど見られなくなりました。東京の味噌が信州味噌の系統になった背景にはこうした事情があります。

甘いことから、白味噌は古くは甘みの扱いを受けていました。例えば千利休が好んだ「麩の焼き」（25頁）は、もとは小麦粉のクレープに味噌を塗って丸めたもの。また京都のお正月の生菓子の代表の「花びら餅」は、薄くのした餅の上にうす桃色の菱餅をのせ、さらに白味噌餡をのせて牛蒡《ごぼう》を芯に折りたたんだもの。宮中の歯固《はがた》めの儀で使われていたものが転じて菓子になったとか。今では、茶道の各流派の初釜の主菓子の定番だそうです。

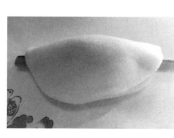

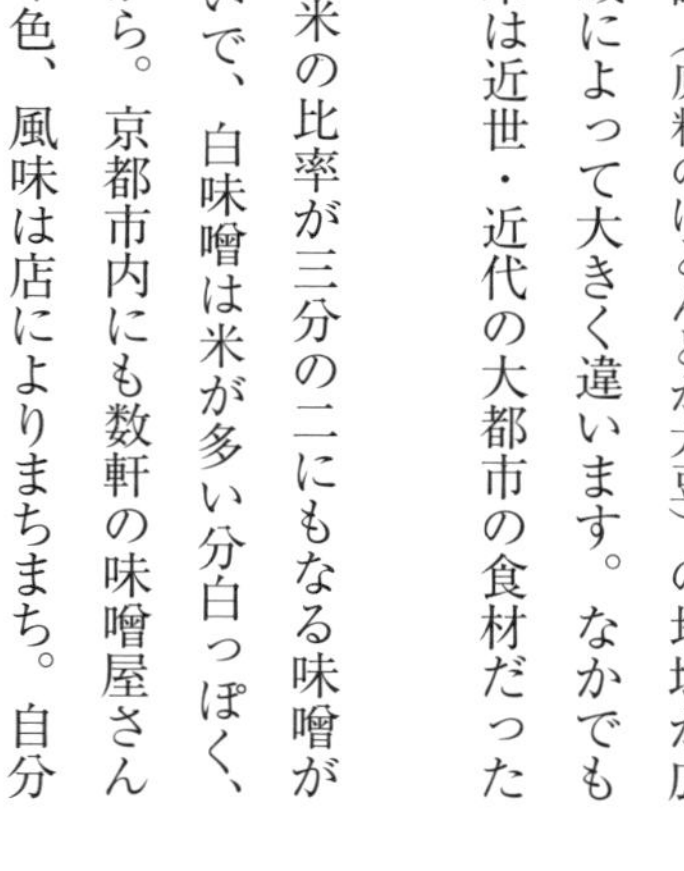
花びら餅。京都の正月の主菓子のひとつ

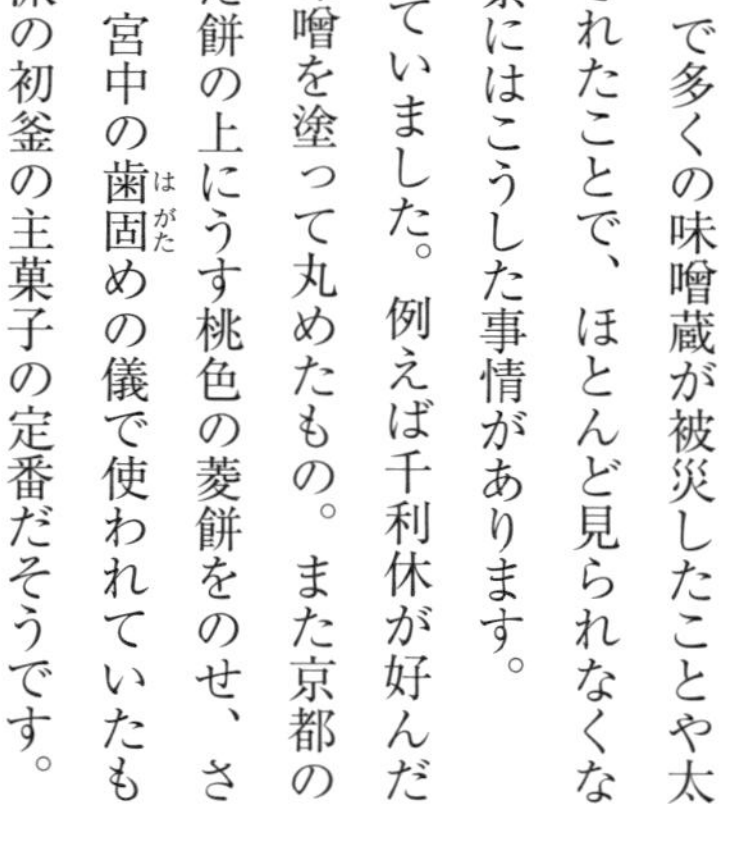
鰆（さわら）の味噌漬（筆者作）

デパートなどにも出回るのでまだ食べたことのない人も、来年のお正月にはぜひ試してみてください（予約が必要な店もあります）。

白味噌は魚などの味噌漬けの素材にもなります。白味噌に漬けた魚は、関東では「西京漬《さいきょうづけ》」と呼ばれます。白味噌のことも西京味噌と言うようです。西の都、という意味。もちろん京都の人は「西京」とは決して言いません。「都は京都！　天皇は、東京に旅行中」。つまり天皇は東京に住んでいるのではなく滞在中なのだというわけです。これが生粋の京都人。それはさておき、白身魚などを、酒や味醂《みりん》でのばした白味噌に漬け、何日か後に焼いて食べるのですが、魚の味がぐんと濃く、深くなります。一度やってみてください。

改めて「味噌」

京都で味噌といえば「白味噌」です。上京区の本田味噌本店社長の本田茂俊さんによれば、米：大豆：塩＝六：三：一くらいなのだそうです。京の味噌を知るために、その対極にある豆味噌の見学に愛知県岡崎市の味噌蔵である「カクキュー八丁味噌」を訪ねました。大豆に麹菌《こうじきん》をつけて発酵させ、これを塩水で調整して木桶に仕込み、重石をして二年以上の時間をおくと独特の香りがする真っ黒な味噌になります。原料は米を使わず大豆と塩のみです。「赤だし」に使われる味噌ですが、わたしはビーフシチューの隠し味に使ったりもします。

本田社長が「白味噌は甘味」と言っていましたが、砂糖のなかった時代の甘みとしては、白味噌は確かに貴重な甘みでした。その名残りが、花びら餅や柏餅の味噌餡でしょう。柏餅はともかく、花びら餅は宮中行事からきたもの。「貴族の味噌」という言い方も、ここから来ているのだと思います。

いっぽうの豆味噌。岡崎といえば家康の生誕地。直感的には、豆味噌は武士の味噌のようです。保存性の高さから、この味噌は戦地でのタンパク質の補給源としてぴったり。糖質は餅や干し飯（糒）で賄う。岡崎（三河国）から静岡（駿河国）までは今川氏から徳川氏に至る武士文化の土地です。調べてみると、浜納豆《はまなっとう》、金山寺《きんざんじ》納豆（金山寺味噌とは別もの）など愛知から静岡あたりには大豆食品が多いのです。古文書の研究だけではなく、それを通して歴史的な背景をみることも、食文化史の研究には大切なように思われます。

佐々木酒造

上京区にある佐々木酒造さんの取材を実施しました。丸太町《まるたまち》通を西に進み、堀川通と千《せん》本《ぼん》通の間の日暮通を少し上がった（北に進む、という意味）ところにある、一八九三年（明治二十六年）創業の蔵です。写真は社長の佐々木晃さん。俳優の佐々木蔵之介さんの弟さんで

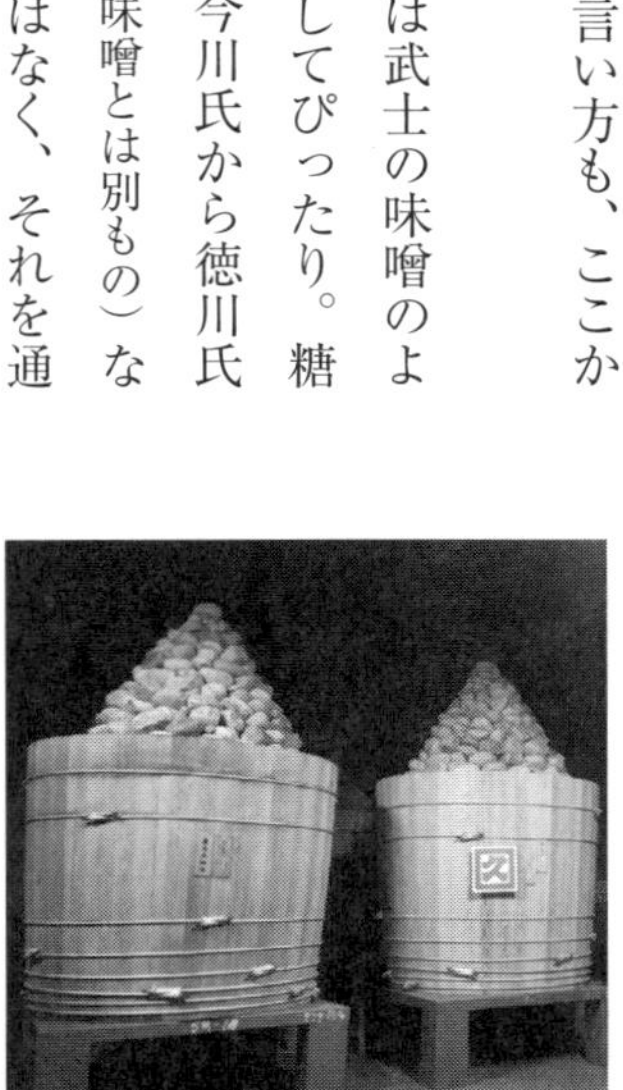

カクキューの赤味噌の倉庫。桶の上の石が重石で、総量三トンほどあると言われる。石の組み方に穴太衆（あのうしゅう）の技術が応用されているらしい。

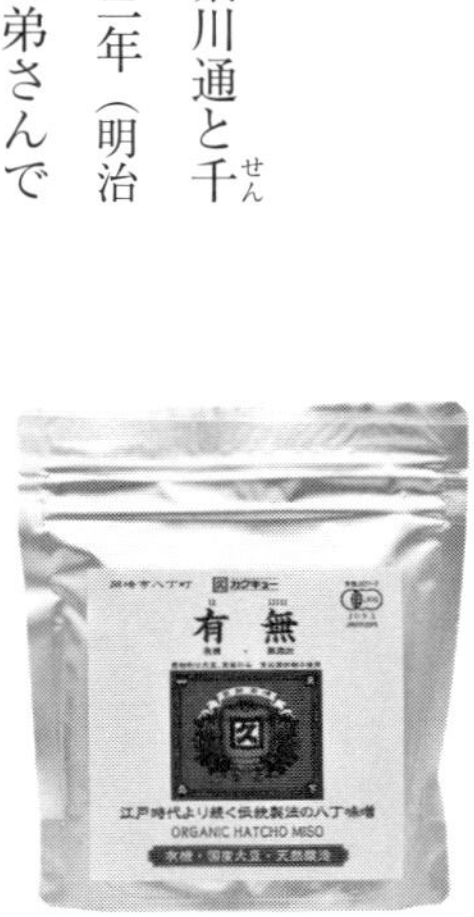

製品のひとつ、「有機栽培の国産大豆」で作った八丁味噌。

す。

取材時はちょうどお酒づくりの端境期《はざかい》。写真は発酵タンクの前でのインタビュー風景。カメラマンは京都府立大学和食文化研究センター・研究員の大関綾さん（当時）です。

お酒はお茶などとともに和食に深くかかわる食品のひとつ。酒づくりには米、麹菌《こうじきん》、水、酵《こう》母《ぼ》菌などが必要ですが、京都は地下水が豊富なことで有名です。年貢米などの集積地だったことから米も豊富で、また室町時代から「麹座」という組合ができていたほど、京都は発酵産業のメッカだったのです。そんなわけで一時期は市内（伏見区を別として）に三四〇軒もの酒蔵があったのだそうです。それが現在はたったの二軒しか残っていません。

コロナの影響もあって売上は低下。でも佐々木さんは、奇をてらうことなく、これからもちゃんとしたお酒を造ってゆきたいと話してくれました。今夜は、酒蔵支援ということで（?!）、買ってきた「秋味」の日本酒で一杯やりました（笑）。酒の肴は、秋鮭の幽庵焼き（※1）です。

※1　幽庵焼き：酒：味醂：醬油＝一：一：一の調味液（これを幽庵地という）に軽く塩をした魚を二〜三日つけたのちに焼いたもの。

佐々木晃社長（佐々木酒造）

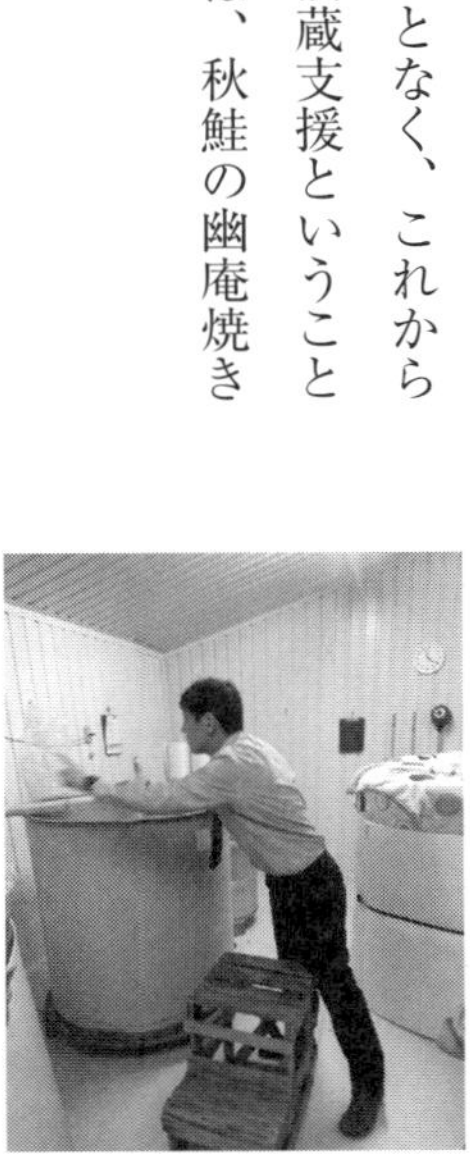

発酵タンクの前でのインタビュー風景（佐々木酒造）。

飯尾醸造のお酢

京都は発酵産業が発達したところですが、清酒を酢酸菌でさらに発酵させた米酢も発酵食品の一つです。米酢を造る造酢所は市内にもありますが、今回は宮津市の飯尾醸造を訪ねました。「富士酢」の商品名で何品目か出しています。

現在のご当主は若い方ですが、わたしがお目にかかったのは先代（四代目）の飯尾毅さん。とにかくこだわりの人です。丹後半島の休耕田を借りて無農薬で米を作り、まずそれで酒を造ります。関係者からは「そのお酒を売ってほしい」と言われるほどよい酒なのだそうです。ところがあえてその酒に酢酸菌を加えて全量をお酢に。使う米の量が大手メーカーとは違うので、相当にコクのあるお酢になっています。しかも熟成期間を長くとってまろやかな酢にしているのだそうです。

飯尾さんの面白いところはそれで地域おこしを考えているところです。丹後は特Aといわれる上質の米の産地です。魚は宮津や舞鶴の漁港に、新鮮でよい魚がたくさん揚がります。そしてお酢。米、魚、酢と揃えば、そう、「鮨《すし》」！

飯尾さんは宮津市内に鮨店を開業したのでした。なかなかの評判だそうですが、宮津は京都市からは遠く、日帰りというわけにもゆきません。そうすれば、観光客が鮨を食べて泊まることになるので地元にお金が落ちます。

飯尾醸造

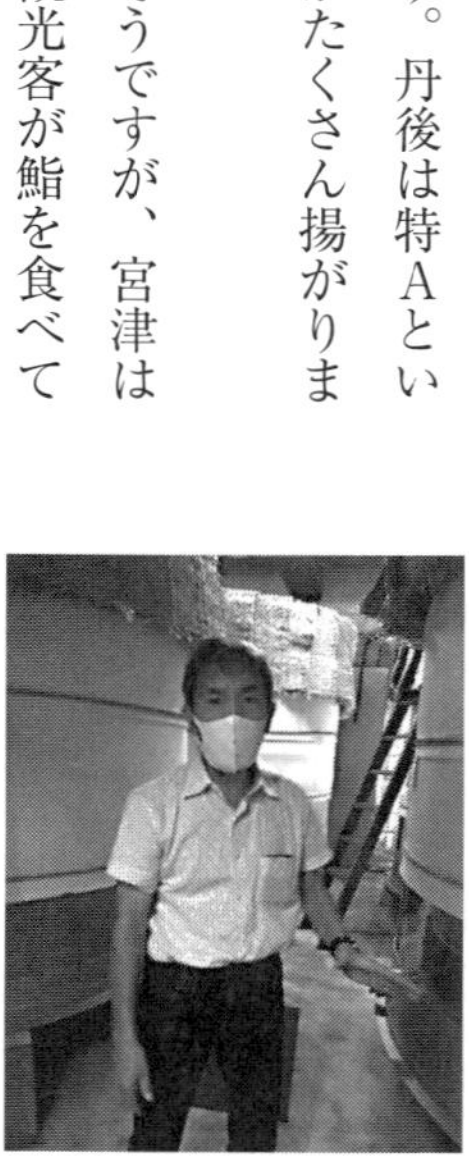

先代（四代目）当主の飯尾毅さん

飯尾さんのもう一つの商品が紅芋酢。赤いサツマイモで作ったお酢。これもかなり鮮烈な味。で、これにハチミツを入れたものも売られています。これをもらったのでどう料理するかとあれこれ試した結果、豆乳に混ぜて朝のドリンクに。これはなかなかいけます！

京都のお酢

先に紹介した宮津の飯尾醸造さんのお酢に続いて、ここでは市内のお酢について書いてみます。その前に、人類が持っている酸味の元を考えてみますと、①米など穀類やイモのお酢で酢酸を主成分とするもの、②果実（果汁）やそれから作る果実酢で、リンゴ酢とか柚子酢のようなものでありコハク酸、リンゴ酸、クエン酸などが主成分、③ヨーグルトで、乳酸菌の産物、そして④蟻《あり》などギ酸を持つ昆虫が挙げられます。①と②の中間的位置づけにあるのがワインビネガーです。④については「え！？」と思うかもしれませんが、タイなどでは結構ポピュラーです。「蟻の卵のスープ」はさわやかな酸味が特徴。デンマークの、新興ながら世界的に有名になったレストラン「Noma」が、期間限定で出店した東京支店の「エビと蟻の料理」も有名です。

世界的には果実酢のバリエーションが大きく、例えば、サラダドレッシングに一度は使ってみたいバルサミコ酢はイタリアの特産で、長期熟成が特徴。ただし目の玉が飛び出

柚子の搾り酢（高知県馬路村産）

るほどの高級品もあります。日本ではユズ（柚子）やダイダイ（橙）、スダチなどの搾り汁が和食によく使われます。南紀のさんま寿司に使うのはもっぱら柚子酢です。ただこの酢は発酵食品ではなく、柚子の果実の搾り汁です。

お米の集積地であった京都には、米酢の造酢所が何軒かあります。昔はもっと多かったのでしょう。スーパーなどでよく見かけるのが村山造酢の「千鳥酢」でしょうか。斎藤造酢店の「玉姫酢」はプロ好みか……？「うちは玉姫酢」というお店を何軒か知っています。察するに、色が薄くて素材の色を邪魔しないからでしょうか？　なお、米酢には、酒を造った残りの酒粕から作られる粕酢《かすず》という酢もあります。江戸時代には三河産の安価な粕酢が江戸に運ばれ、これが江戸前の握り寿司を支えたのだそうです。京都の斎藤造酢店も酒粕による造酢をするようです。

京納豆（1）

京都の人は納豆を食べない――以前はそう言われていました。学生時代、生協の食堂に納豆はありましたが、食べていたのは主に関東出身の学生であったように思います。でも今は市内のスーパーにも普通に納豆があります。京都の人はずっと昔から納豆を食べなかったのか、その歴史を調べてみたいとずっと考えてきました。

左：アチェート・バルサミコ・ディ・モディナ・オーガニック（イタリア産）、右：アサヤ食品のバルサミコ酢（山梨県山梨市産）。

納豆の主原料はダイズ（大豆）。精進料理の重要な食材で保存も効きますが、一つ欠点があります。料理に時間がかかることです。前の晩から水につけておき、それから煮てさらに味を含ませ、と優に半日はかかります。いっぽう加工してしまうと日持ちがしない。ところが、加熱後発酵させれば日持ちがします。そのひとつが、102頁に書いた大徳寺納豆。煮大豆を麹菌で発酵させたものです。いっぽう、煮豆に枯草菌《こそうきん》の仲間である納豆菌を処理して作ったのが納豆です。大徳寺納豆などは数ヵ月から一、二年はもちますが、納豆菌の納豆はせいぜい数日程度しか日もちしません。

納豆作りの過程は比較的簡単。煮大豆に納豆菌を振りかけ適度の温度下においておくだけ。むろん雑菌の混入防止など発酵の技術や包装の過程は要りますが、味噌や醤油に比べると比較にならないほど簡単です。短時間で作れるところもポイントのひとつ。だから、以前は家庭であたりまえに作られてきたようです。それが近代に入り、納豆を作る製造業者が登場してきたのです。納豆生産の「外部化」が始まったとき、ということなのでしょう。外部化のプロセスは他の大豆食品である味噌、醤油や豆腐にも起きたようです。

京都市右京区の京北《けいほく》地区から南丹《なんたん》市園部《そのべ》町あたりには「納豆餅」という伝統食があります。文字通り餅に納豆を混ぜ込んだもので、もとは軍隊食だったようです。餅の糖質と納豆の大豆を保存食にした優れものです。ということは、納豆もまた、京都で作られていたことになります。

というわけで、市内にある数少ない納豆製造業者「藤原食品」（北区長乗東町）を訪ねま

鴨川食品の製造場内部

した。創業は一九二五年でそろそろ「創業一〇〇年」です。藤原和也社長へのインタビューの結果は次節に譲ります。

京納豆（2）

前節で紹介した「鴨川納豆」を製造する藤原食品の藤原和也社長は、お店を尋ねたわたしに開口一番、「これ、おもしろいでしょ?」と言って「赤と黒」という商品をみせてくれました。赤大豆と黒大豆で作った二種類の納豆を併せてパックしたもの。何と書店で売っているとのことです。「読書が好きなので」と藤原社長。赤と黒、そう、スタンダールの小説を意識したもの。河原町五条のゲストハウスの朝食にも納豆を卸しているのだそうで、若い人向けに納豆を広めることに一生懸命です。発酵食の講座を開いて講師をつとめたりもしています。納豆づくりのワークショップも、依頼があればやってくれるそうです。

藤原社長ははじめ家業を継ぐのが嫌で、埼玉県でイタリアンやらスペイン料理、焼き肉店などをやっていたという変わった経歴をお持ちの方です。しかし、戻って家業を継ぐと決心されただけのことはあり、納豆をよく研究しておられます。「納豆は海のないところにある。魚の代わりに大豆しかないから」「京都にも江戸時代、納豆売りがいた」など。なるほど。では、京都で納豆が食べられなくなったのはなぜ?　と質問しますと「よくわから

藤原社長は、飾らない気さくな感じの人でした。持っているのは商品の納豆「赤と黒」。

ないけど、小さな納豆店がたくさんできて自家製造するチャンスがなくなった後に、それら小さな納豆店がなくなったからかな？」とのこと。わたしもそうなのかなと思います。よく言われる「食の外部化」は人びとの食生活を一瞬便利にしますが、その後の手当てがまずいと外部化された食品の衰退を招きます。京都の人びとがむかしから納豆を食べなかったわけではないことは確かなようです。

なお、納豆を作る納豆菌は「枯草菌」という菌の仲間。世界のどこにでもいる菌の一つで、変わったところでは大陸から飛来する黄砂《こうさ》の粒子の表面にいる微生物の中から見つかったことも。金沢大学の研究者らの面白い研究です。そしてその菌で作られた納豆は、インドネシアやベトナムのそれと同じく、糸をひかない納豆でした。

京都の漬物

京都は漬物の一大産地です。記録によれば漬物の始まりは平安京の成立以前に遡る可能性もあるようです。京都が漬物の産地になった理由はいろいろですが、大きな理由は近郊に野菜の産地が成立したからと考えられます。都市の近郊では農業が発展しますが、野菜の葉や土壌中には乳酸菌など多くの微生物が棲んでいます。畑の生態系ができているのです。野菜の産地が拡大すると、それらの菌の数も種類も増えてゆきます。かつての京都盆

藤原食品のラインナップ。スーパーなどで見たこともあるのでは？　こうすることで様々なニーズに応えられるのだそう。

地のように地域野菜の産地が集積する閉じた空間内では、盆地全体が乳酸菌のプールのような状態になっていたのだろうと思われます。

もう一つの理由が、大量にとれた野菜の保存法として漬物の技術が活用されたことにあると思われます。乳酸菌を利用した漬物は、野菜に塩を加えて重石をかけることで作られました。塩で脱水され、柔らかくなった組織に圧力がかかることで、細胞液が体外に沁み出てきます。これを餌に乳酸菌が増えることで、他の微生物の繁茂を抑えながら変性が進み、酸っぱい漬物ができるのです。「京都三大漬物」と呼ばれる「すぐき」「千枚漬」「柴漬け」などはこのようにしてできた漬物です。千枚漬は今では酢を加えることで促成の漬物として生産されていますが、もともとは乳酸発酵させた漬物でした。

いっぽう中世以降、京都では麹菌を安定的に生産する技術が確立します。酒、味噌、醤油などの食品が大量かつ安定的に造られるようになってゆきます。大量にとれた野菜などをそれらに漬けた、味噌漬、醤油漬けなどの漬物が登場しました。より広義には、北陸にみられる「へしこ」や「かぶら寿司」など、動物性の食材を漬ける食品もこれに含まれます。酒に漬ける漬物はあまり知られていませんが、酒から造られる酢は、その強い殺菌力を買われて「酢漬け」に使われました。上述の「千枚漬」などがそれです。また、酒を搾った後に残る酒粕《さけかす》もまた漬物の素材として広く使われます（粕漬け）。味醂の粕は、奈良漬に使用されます。

一方消費者にとって漬物とは何でしょうか。よく聞く言説として、野菜が手に入らなく

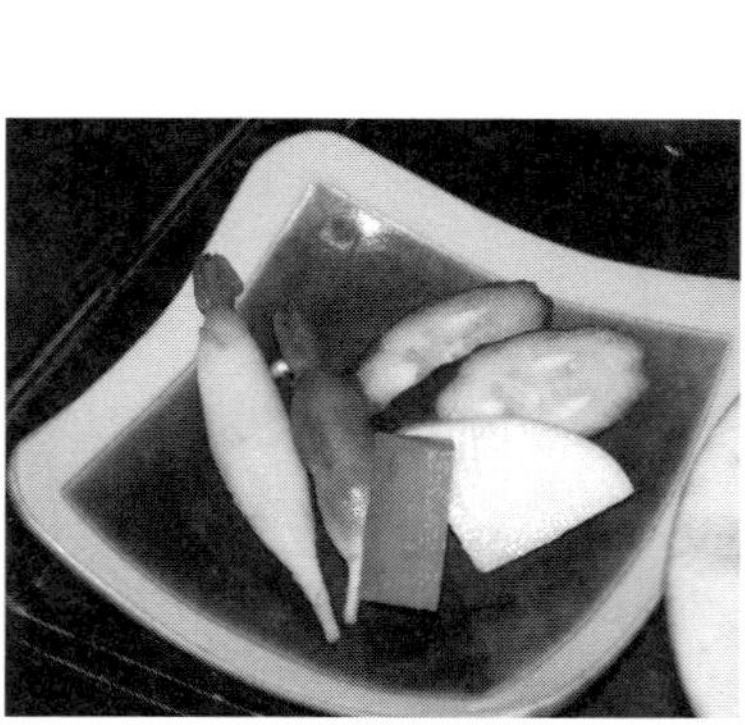
飲食店で出された漬物（京都市）

なる冬の時期には、野菜の代わりに漬物が食べられたという説があります。つまり野菜の保存食が漬物だ、というわけです。むろんそれもあるのでしょうが、京都には冬の野菜が結構豊富にあります。カブラ、各種のダイコン、金時ニンジン、ミズナなどなど。それよりむしろ京都の人は漬物が好きだった、という解釈のほうがよりぴったり来ます。あるいは、精進料理に添える一品として、または日々の常備菜として重宝された、と考えることもできると思われるのです。

ただ、昔に比べて現代社会ははるかに忙しくなっています。じっくりと発酵を待つという、時間の余裕が今の社会ではなかなか得難く、漬物もまた促成のものが考案されるようになりました。先に書いた千枚漬がそうであるように、です。考えてみれば、同じ道をたどった食べものとして寿司をあげることができます。もとは、米と魚を乳酸発酵させた食品でしたが、それがやがては米酢の寿司飯で作る今の寿司へと「進化」してきたのです。そう考えると、促成の食品もまた伝統食からの進化の途上にある食品であることが理解できると思います。

きゅうり・なす・みょうがの漬物（京都市）

松ヶ崎の「菜の花漬け」

京都・松ヶ崎にはだいぶ前から「菜の花漬け」という漬物があります。ある人の紹介で、農家のMさんという方のお話を聞いてきました。ただ、原則「取材お断り」ということなので、詳しい位置やお名前を出すことができませんのであしからずお許しください。

菜の花漬けの作り方はいたって単純。菜の花の花芽の部分を摘んで塩漬けにし、重石をして少し（たぶん二、三日）置きます。水が上がってくるのでいったん取り出し、新たな桶で再度塩漬けし、重石をしてさらに二、三日置きます。これででき上がり。話を聞いていると、おそらくは菜の花についた乳酸菌が重要な働きをしているようです。

ここまで話を聞いていて、すぐき（酢茎）の作り方によく似ていることに気づきました。ただしすぐき漬けはスグキナというカブの根の部分を含む植物体の全体をまるまる漬けるのででき上がるのに時間がかかりますが、菜の花漬けは一週間ほどででき上がるようです。菜の花漬けはほとんど宣伝をされないので、その存在は京都でもあまり知られていません。今ではこの地区でわずか三軒が生産を続けているばかりだそうです。文字通り「絶滅危惧」の状態にあることがわかります。探せば、似た漬物がまだあちこちにあるのではないかと思います。

菜の花の種類も、なんでもいいわけではなさそうです。毎年、収穫期になると、畑のあ

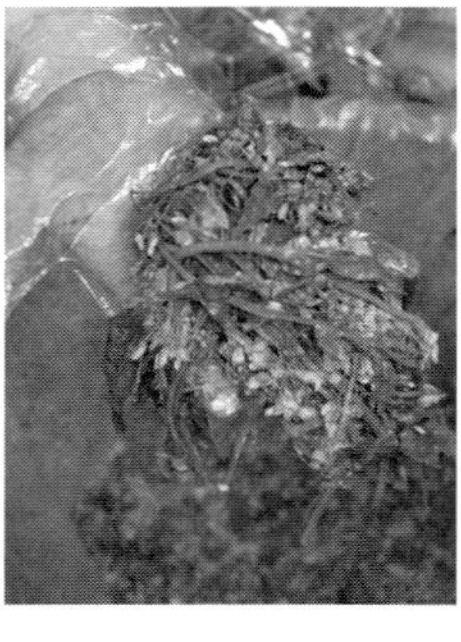

漬けあがった菜の花漬け

袋詰めの作業。樽から出した菜の花漬けを秤で測って袋詰めしている。何から何まで手作業。

る一角の植物からは花を摘み取らず、翌年の種子用にとっておきます。一度に花が咲くと収穫時期が短い期間に集中して、漬ける作業が大変になるので、秋の種まきにあたっては、一〇日おきくらいの間隔をあけて幾度も播種するのだそうです。

菜の花の仲間の植物（アブラナ科）は頻繁に他家受粉するので、遺伝的な性質（遺伝形質という）を、世代を超えて一定に保ち続けるには、遺伝学の知識と技術と経験が必要です。Mさん宅ではどのような工夫をしておられるのか、残念ながら聞くことができませんでしたが、おそらく何か工夫をしておられるのだと思います。

第六章

米・豆・小麦

都から穀良都へ

所用で福岡に行ってきました。焼酎が席巻する九州にあって、よい清酒を造る蔵元が多い土地です。中でも興味を惹かれるのが「みいの寿《ことぶき》」という蔵の「穀良都《こくりょうみやこ》」という酒です。そこで、ちょっと寄り道して福岡酒ツアー、というわけです。

「穀良都」は米の品種の名前でもあります。一八九〇年、現・山口市の伊藤音一が「都」から選抜した品種。その名から察するに米質の良い品種だったことがうかがわれます。

この「都」、じつは京都原産の米なのです（異説あり）。今を去る一七〇年前、一八五二年のこと。長州藩士であった内海五左衛門が藩主の参勤交代の伴をして京都に滞在した折、郊外の田で偶然にみつけた一穂のイネを郷里（現・山口県岩国市周東町）で試作してみたところ、大粒でとても良い米だったのでこれを広めたのです。これは評判を呼び、京都由来ということで「都」と名づけられ、一時は殿様の御膳米にもなるほどの名声を博します。

当時は特に西日本で大粒の米が好まれました。江戸でも、とくに殿様は大粒の米を好んだようで、徳川慶喜のころは大奥の女中が大粒の米ばかりを選んで、それを炊飯したといいます（徳川慶朝『徳川慶喜家の食卓』、二〇〇八年）。そんなこともあって大粒の「都」は県下一円に広まり、それが伊藤音一の目に留まった、ということのようです。

その後「穀良都」は二〇世紀前半まで福岡県下で広く栽培されていましたが、欠点は栽

「穀良都」（みいの寿）の一升瓶のラベル。

培しにくいところでした。背が高く、ちょっと多めに肥料をやると収穫の前に倒れてしまいます。そんなわけで、戦後栽培面積は激減しましたが、大粒で酒造りには合う、ということで、山口県から福岡県の酒蔵では「穀良都」を使い続けてきたところが少なくなかったのです。京都は、米の生産では目立たない印象を持たれますが、「都」のような歴史に残る品種を生んだ土地でもあったのです。

旭という米の品種

本節では、京都生まれの米について書いておきましょう。「旭」という品種がそれです。「旭」といえば……、知っている人は知っているでしょう。「コシヒカリ」の祖先となった品種です。育成者は現在の向日《むこう》市物集女《もずめ》の山本新次郎（一八四九～一九一八）。記録によるとこうです。「一九〇八年秋のこと、新次郎は自宅そばの水田に植えた〈日の出〉の株がみな倒れてしまう中、ちゃんと立っている株を一株みつけた。この種子をとって翌年植えてみたらとてもよくできた。〈日の出〉の田んぼから出た新種なので〈朝日〉と名づけて府の農業試験場（当時は桂にあった）に持ち込んだ。試験場で試作の結果とても良い成績を上げたので新品種として登録したが、丹後地方に〈朝日〉という品種がすでにあったため、〈旭〉と改名することで新品種として登録した」（『向日市史』）。

「都」を試作してみた（左から二番目）。右側の早生三品種の背丈が高く見えるのは穂が出ているため。晩生の「都」は最終的にはこれら早生品種よりずっと草丈が高くなる。

山本新次郎の生まれは祇園・富永町。富永町は四条通の一本北の富永町通沿いの、大和大路から花見小路までの間に広がる東西に長い街です。ここは遊郭があったところ。通りの東端には、旧膳所《ぜぜ》藩（近江国）の藩屋敷があったのだそうです。新次郎が一歳半のときに、物集女の山本家に養子に出された、という経緯だそうです。ううむ、なるほど。新次郎は物静かで目立ったところのない人だったそうですが、その彼が還暦間近の一九〇八年に「旭」を見いだす幸運に恵まれたのでした。

旭のその後は飛ぶ鳥を落とす勢いでした。全国の栽培面積は一時一五〇万ヘクタールを超えます。今のコシヒカリにならぶほどの名声を博したのでした。それればかりか、旭はその後、品種改良の際の交配親にしばしば使われてゆきました。それは、一九三七年育成の農林8号の親となり（兵庫県農試）、農林8号は一九四三年育成の農林22号の親となります（農事試験場畿内支場）。そしてさらに一九五六年に育成された不朽の名品種「コシヒカリ」（福井県農試）へとつながってゆくのです。

二十一世紀に入り、各道府県がポストコシヒカリの品種の育成を始めます。その多くがコシヒカリの血を受けつぐ「コシヒカリ・ファミリー」でした。京都府も二〇二〇年に「京式部」という品種を出しましたが、両親ともにその数世代前までの間にコシヒカリの血を受け継いでいます。だから「京式部」は、「旭」の里帰り、というところでしょうか。

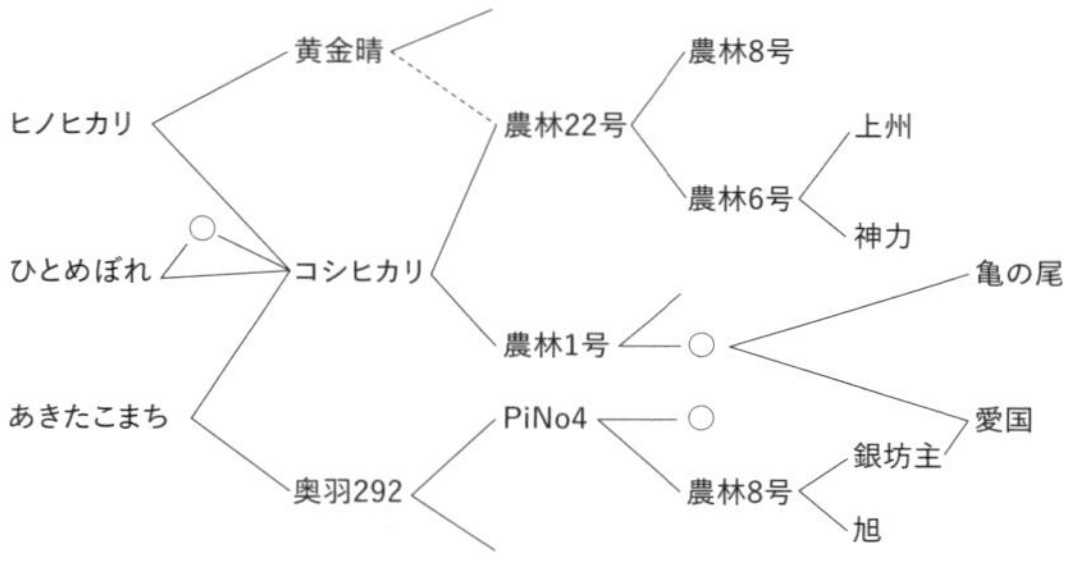

コシヒカリの系譜。「京式部」もこのネットワークに含まれる品種で、系譜的には特段の新規性はない。

丹後の赤米

平城京にものを収めていた荷札（木簡。このうちコメの種類を記したものを種子札といいます）の中に、「赤米」と書かれたものがみつかっています。その一枚には、「丹後国竹野郡芋野郷采女部古与曽赤舂」とあって、弥栄《やさか》町（現・京丹後市）から赤米が出荷されたものとみられます。「芋野」、あるいは「古与曾」という地名は、Google Earth上に今も認めることができます。そしてこの町には、「赤米研究会」という会があって、日本中の赤米品種を集めては栽培、種子の保存をしています。赤米とは、玄米の表面だけに赤褐色のカテキン系色素がつく米のことです。ただし、色がつくのは表面だけ。つまり、白米にするとこの色は消えてしまいます。

赤米は、半搗きの状態で炊くと、薄ピンク色の飯になります。これが赤飯の原型だ、というのが渡部忠世さん（農学者）の説です。なお、渡部さんは私の二人の師のお一人。ちなみにもう一人の師は岡彦一さん（遺伝学者、一九一〇〜一九九〇）。

なぜ、丹後で赤米が作られるようになったのか。その理由はわかりませんが、「丹」が関係しているのかもしれません。丹とは水銀の化合物のこと。水銀を含む鉱物は辰砂《しんしゃ》と呼ばれる赤い鉱物なのです。そもそも、丹の字は赤を意味します。例えば、丹頂《たんちょう》。頭（頭頂部）の赤い、日本を代表するツルです。松田寿男さんの研究によれば、「丹《に》」は水銀を生む土地

赤米（右側）と非赤米（左側）。赤い玄米は二組の遺伝子の作用でできるが、このうちの一方が突然変異を起こせば非赤米になる。なお、祖先となった祖先型野生イネはほぼ全部が赤米。

のこと。そして、丹波・丹後国はそうした国のひとつだったようです。ここで産した水銀は、仏像の金メッキに欠かせないものだったようです。丹の産地は、日本を仏教国にしようとした奈良朝には大切な土地だったのでしょう。

祝——京都生まれの酒米品種

「祝《いわい》」とは、京都産の酒米の品種です。育成されて世に出たのが一九三三年のこと。その後京都府下では盛んに栽培されていましたが、一九七四年に姿を消します。それが、伏見の酒造組合などの努力によって一九八五年に復刻、そしてこれを使った酒も一九九三年に世に出されています。京都の酒造業界には、ずっと、京都の水と米で造る酒を待ち望む声がありました。水は桃山の水、麹菌や酵母の産業は地場産業としてお手のもの。けれど米だけ府産ではない——そういう状況であったのです。

祝を育成したのは府の農業試験場の丹後分場というところ。ここは、すでに明治時代末には品種改良を始めています。当時の改良法は純系分離法という、もとの品種の株の中からよいものを選び出すものでした。祝もまた、「野条穂《のじょうほ》」という兵庫県生まれの品種からこの方法で育成されたのです。野条穂を育成したのは今の兵庫県加西市野条の蓬莱重吉という人でした。育成はやはり純系分離法によるものでした。そしてもとになったのは「奈

京丹後市弥栄町で作られている赤米品種の穂で作った生け花。赤米は玄米の色が赤い品種の総称で、穂の色やのげの色とは関係ないが、多数の赤米品種の中には多様な色ののげや籾の色をもつものがあり、組み合わせると生け花のように美しい。

「野条穂発祥の地」の碑。田んぼのただ中にその碑はある。

良穂」という品種です。一九二〇年のことでした。野条穂の「野条」は地名なのです。

野条穂のもとになったのが「奈良穂」。この「奈良」は地名ではなく「奈良専二」という人の名前からきています。奈良専二は香川県の生まれで、江戸時代の末におそらくは四国の霊場をめぐっていた修行僧が四国内のどこかで得た稲穂を今の高松港あたりでもらい受けて試作したものと言われています。ただし、奈良穂がどのようにして兵庫県に伝わったのか、そのあたりのことはまだよくわかっていません。

祝は京都の酒蔵のすべてで受け入れられているわけではありません。市内・佐々木酒造の社長佐々木晃さんは、祝は麹菌ですぐに溶けてしまうので、自分にとっては使いにくい品種だといっています。造り手によって、好みの米があるのですね。

京の大豆

京料理に欠かせない食材のひとつに大豆があります。煮てすりつぶした液体を濾すと豆乳。これを平たい鍋に入れてゆっくり加熱して作るのが湯葉《ゆば》。豆乳に、にがりやさらし粉などアルカリ性の液体を加えて作るのが豆腐。これを揚げると「あげ」になり、また凍らせて干せば凍り豆腐（凍《し》み豆腐）になります。大豆を乾煎りして粉にしたものが黄粉《きなこ》。煮て発酵させると、醤油や味噌ができます。納豆もまた大豆の発酵食品のひとつ。このように、

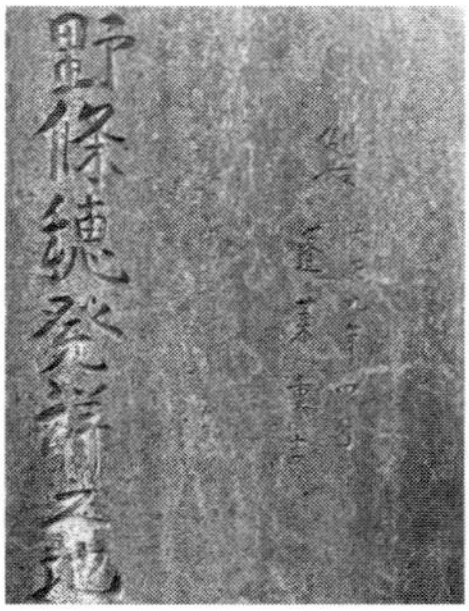

碑の表面には、育成者のとして蓬萊重吉の名がみえる。また育成が一九二〇年（大正九年）四月であることもみえる。

湯葉

大豆からできる和食材は実に多様です。

大豆の起源地は中国から日本にかけての地域。原産地は中国で、そこから日本に運ばれ、日本にもあった野生種のツルマメと交配して多様な品種になったという説もあります。けれど、現在の大豆の大産地はアメリカとブラジル。そして日本は消費量の約九〇%を輸入しているのです。和食の基幹作物だというのに、です。

京都には大豆の卸店がいくつかあるようですが、その大手の一つ「北尾吉三郎商店」で社長の北尾幸吉雄さんに聞いてみました。国産大豆への消費者のニーズは年々高まっていますが、問題は作り手だそうです。何しろ単位面積当たりの生産量が少ない。しかも、輸入品との価格差を小さくするために単価は上げられない。「そんなことで、誰が作りたいと思いますか?」と北尾さん。なるほど……。北尾さんは亀岡市に自社農場を開き、二つの品種を栽培しています。それでも輸入品の割合は七〇%くらいだそうです。北尾吉三郎商店が大豆を卸しているのは市内の豆腐店など加工食品の多くの店。ニーズに合わせ、相談しながら求められる品質になるよう、

上右：眞盛豆。表面の緑色は青のり。秀吉の時代以来のお茶うけだとか。金谷正廣製。上中：すはまだんご。黄粉に水飴などを加えて練ったものを串団子にしてある。豆政（中京区）の名品。上左：黄粉餅。類似の菓子は日本中に見られる。下右：亥の子餅。黄粉をまぶしてある。下中：今や海外でもあたりまえにみられる醤油の瓶。「キッコーマン」が醤油を代表している。パリの日本料理店で。下左：ダイズの種子

複数の種類をブレンドして届けているそうです。双方向の情報交換——いかにも京都らしい感じがします。ただ、北尾さんがやめてしまったら京都の大豆食品はどうなってしまうのか。そうしたことも考えておかねばなりません。京都の和食の裏方を支えるこうした地味な活動・生業の持続可能性についても考える必要があります。

豆腐屋

京都市内には豆腐屋さんがたくさんあります。ちゃんと調べたわけではないけれど、人口当たりの店数は他の都市よりずっと多いと思います。

どうして？　豆腐つくりには大量の水が必要ですが、京都盆地は地下に大量の地下水が蓄えられているのです。地の利がよかったということでしょうか。豆腐は精進料理に欠かせない食材ですが、京都は精進料理に接する機会が他の街に比べて多かったとも思えます。

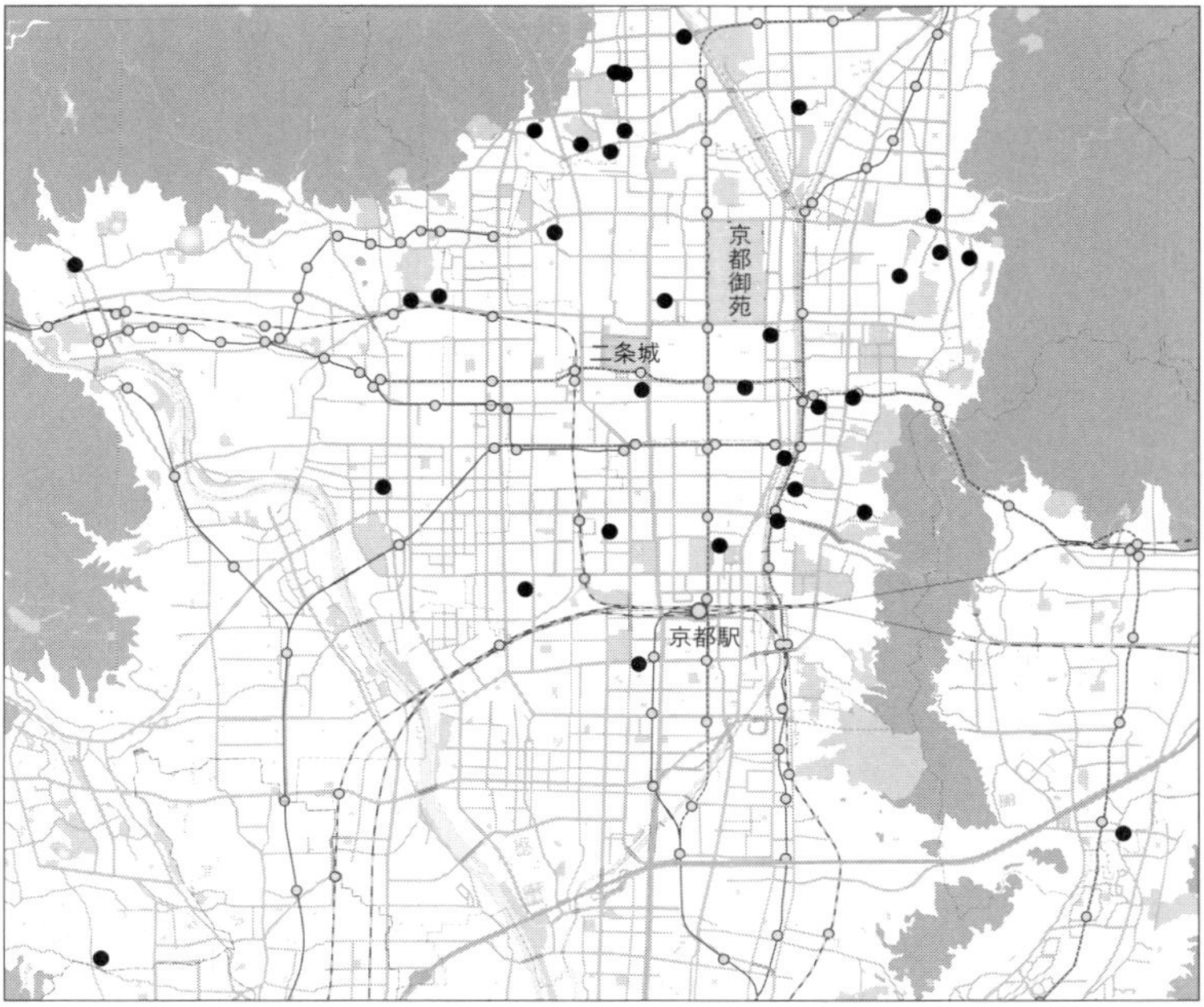

京都市内の豆腐屋の分布図

127頁の地図は京都府豆腐油揚商工組合に加盟している京都市の豆腐屋さんの位置を地図化したもの。印ひとつが豆腐屋さん一軒をあらわしています。

この地図を見て気づくことはありませんか？　まず、京都駅より南には豆腐店が少ないこと。駅の北側でも中京区から右京区にかけてと、上京区あたりに空白地帯が認められること。いったいどうしてでしょう？　豆腐屋さんの分布図と醤油、酒、味噌などの製造所の分布を重ねてみても面白いかも。こうしたことを考えながらこの地図を見るのも楽しいものです。

眞盛豆

西陣の一角に「金谷正廣《かなやまさひろ》」という和菓子屋さんがあります。上京区下長者町《しもちょうじゃまち》通堀川西入るの住宅街の真ん中にあり、地域に密着したお店なのだなとわかります。その看板商品が「眞盛豆《しんせいまめ》」と呼ばれる半生菓子（あるいは干菓子かもしれない）です。店の説明によれば「よく炒った黒豆（大豆）に幾重にも黄粉をまぶし青のりをかけたもの」ですが、黄粉の部分は甘く、またしっとりしているので洲浜《すはま》（黄粉を水飴で練ったもの）を使っているのかもしれません。店のパンフなどによると、もと（室町時代後期）は北野・上七軒《かみしちけん》の西方尼寺《さいほうにじ》で作られたもので、甘くはなく、かつ青のりではなく大根の葉がかけられていたようです。ど

眞盛豆。いかにも手作りらしく、よく見ると形はややいびつ。大きさは一個一個微妙に違うが直径約二・五センチ。

んな味だったのでしょうか。そしてそれが秀吉の大茶会に使われたことから、名声を博したようです。

黒豆は大豆の品種。黄粉も大豆製。つまり眞盛豆は豆菓子ということになります。室町時代の終わりから江戸時代にかけて、豆類は貴重な植物性タンパク質の供給源でした。中でも大豆はタンパク含量四〇％を超えています。それは味噌や醤油、さらには納豆の素材でもありました。小豆も、大豆ほどではないにせよ、高タンパクの食品です。それらは、古い神話に出てくる「五穀」にも登場します。おそらくは古くから人びとの食を支えてきたのでしょう。また大豆や小豆の利用は、海から遠く、また精進《しょうじん》料理が体系化された京の食文化だったのです。

さて、金谷正廣では、この眞盛豆以外にも、洲浜《すはま》、落雁《らくがん》（糒《ほしいい》を細かく砕いた粉に水飴か砂糖を混ぜて型で型抜きしたもの）なども作っています。「京の纏《まとい》」は中に大粒の栗と小豆の餡を詰めた落雁です。主菓子（生菓子）も作っておられるようで、この日は、青と黄色に染め分けられた練り切りの菓子がおいてありました。青と黄色、もう、おわかりですね？

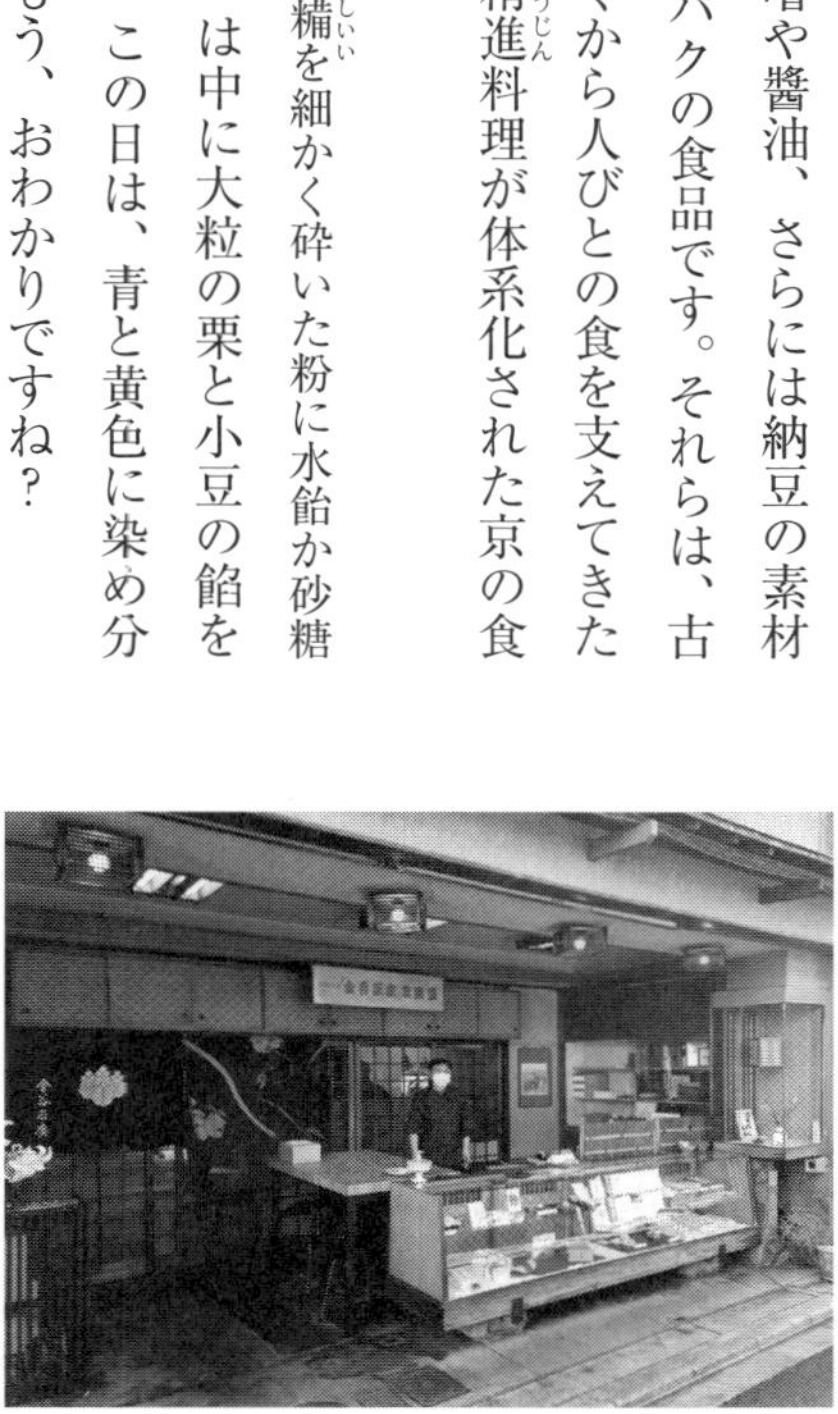

金谷正廣の本店。見えにくいのですが立っておられるのが六代目のご当主。京都には五代目、六代目という方がザラにおられます。ウクライナ支援の生菓子は右端のケースにありました。

丹波の豆文化

125頁で京都府下の大豆を取り上げました。じつは京都市北西部から亀岡市・南丹市周辺、以前「口丹《くちたん》」と呼ばれた地域は豆の栽培、加工の盛んな土地でもあります。豆と一口に言ってもじつに多彩ですが、口丹あたりはダイズとアズキが主力です。この地ではダイズの中でも種皮の表面が黒紫色の「黒大豆」、つまり黒豆が有名です。この黒色は、大豆の祖先型野生種であるツルマメの種皮色と同じです。つまり、黒豆の黒色は祖先種の色を受け継いでいます。ただし黒豆は大粒のものほど高値がつきます。「黒ダイヤ」と呼ばれる所以です。正月料理の黒豆煮は、大粒の豆にしわが寄らないように煮る腕前が試されます。京都府の試験場が黒大豆を品種改良してできたえだまめ用の品種が「紫ずきん」。枝豆は未熟な大豆ですので、紫ずきんの種皮も黒くならずに紫色になるのでしょう。ただし、豆の中（種皮以外の部分）は緑色です。枝豆としてはずいぶん大粒のダイズです。

京都の大豆料理でもうひとつ注目したいのが納豆餅。明智光秀考案ともいわれる食品で、冬ならば保存食になったのではないかと思われます。今、市内には納豆店は三軒ほどですが、昔はもっと多かったと、藤原食品の藤原社長（112頁）は言っています。京都の人が納豆を食べない歴史は意外と新しいかもしれません。

そしてもうひとつの京の豆が小豆《あずき》。「アズキ」と読みますが、大豆に対応して「ショウ

アズキ（右）とダイズ（左）。ともに中国原産ともいわれるが、日本列島にもそれぞれの祖先型野生種がみられる。ともに「五穀」に数えられるなど、古い時代から食べられてきたし、また様々に加工されて和食文化を支えてきた。

ズ」と読むことも。植物学的には属レベルで違っています。この祖先種がヤブツルアズキ。日本にも各地に自生しています。京都では丹波地方が「大納言」と呼ばれる大粒の品種の産地です。これも「赤いダイヤ」と呼ばれるほど高価。もちろん、和菓子の餡《あん》の素材には欠かせません。亀岡市の馬路町《うまじちょう》一帯には、「馬路大納言」という、大粒の品種があります。なかなか手に入らない幻の品種ですが、品種「大納言」との関係はよくわかりません。

京の豆餅

京都では大豆の料理が多くみられます。高タンパクであるがゆえなのでしょう。煮豆、煎って粉にした黄粉《きなこ》、味噌・醤油・大徳寺納豆、あるいは納豆などの発酵大豆、そして豆菓子。「米と大豆」というパッケージもできました。「豆腐の味噌汁に納豆かけご飯」などまさにその例。もち米と大豆というパッケージもあります。「黄粉餅」はその一例ですが、もう一つの好事例が納豆餅です。

右京区京北《けいほく》の産とも伝わる納豆餅は、保存食としても秀逸。いまは南丹市《なんたん》の道の駅などで売られているそうです。わたしの想像では、これは戦国時代の兵糧《ひょうろう》、つまり戦時の食だったのです。戦国時代も前半期の戦争は冬の農閑期の農民に対する失業対策事業のようなものでした。ただし兵士たちは城に着くまでの食を自前で調達しなければなりませんで

一品料理の納豆餅。飲み屋さんの一品らしくとても上品。

した。旅人も、旅の途中の食はしばしば自分で賄わなければなりませんでした。納豆餅は、宿が見つからないとき、路傍で焼いて食べればりっぱな非常食になったのでしょう。

納豆餅を一品として出す飲み屋さんを京都市内でみつけました。海苔で巻いて醤油をつけて食べるよう工夫されています。なお、岩手県の一関市一帯にも納豆餅という食品がありますが、これは搗きたての餅に納豆をつけて食べるもので、京のそれとはだいぶ違うものです。岩手県は秋田県や宮城県と違って米食文化がやや希薄な土地ですが、南部の一関のあたりだけは米どころです。平泉に近いことも関係しているのかもしれません。

ところで、豆餅という食べものもあります。茹でた大豆を餅に混ぜたもので、これも短期間なら保存に耐えます。豆と餅とは、意外と相性がよさそうです。錦市場の「幸福堂」でみつけたそれは切り餅になっていて、真空パック包装されていました。煮た黒豆を混ぜ込んで搗いた餅を伸《の》し餅にして切ったものと思われます。

麩という食品

麩《ふ》は、小麦のタンパク質でできた食品で高タンパク、精進料理の素材にしばしば使われます。強力粉を水に溶いて団子にし、ガーゼなどに包んで流水中でもむと、デンプンだけが流れ出て、グルテンというタンパク質だけが残ります。小麦には、品種によってタンパ

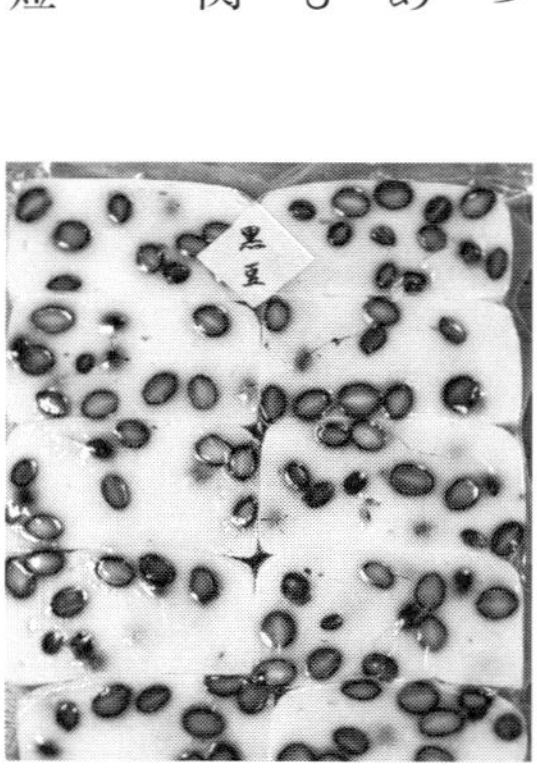

豆餅。54頁で書いた、出町（左京区）の「ふたば」の豆大福も豆餅の仲間といってよい。

ク含量の多いものと少ないものがあります。麩にするか、コシのある麺にするのは、もっぱらタンパク含量の高い品種の小麦粉（強力粉）が、反対にケーキやカステラのようにふわっと焼き上げる食品にはタンパク含量の低い薄力粉がよいのです。

　取り出されたタンパク質に餅粉を混ぜて蒸して作るのが生麩《なまふ》。そして、これを焼いたものが焼麩。こちらは保存が効きます。精進料理ということで和食の食材と捉えられがちですが、麩の発祥地は中国。西アジア生まれのコムギとインド生まれの仏教、それに中国の水という三者の「合同作品」が麩だといえるでしょう。

　生麩にも、アワの粒を混ぜ込んだ粟麩《あわふ》、ヨモギを混ぜ込んだ蓬麩《よもぎふ》などがあります。粟麩は生地に煮たアワの種子を混ぜたもの。タンパク質＋糖質の完全食品ですね。蓬麩は蒸したヨモギの葉を混ぜ込んだもの。色合いではっきりわかります。生麩は刺身で食べてよし、椀種にしてよし。ほかにも油で揚げたり、焼いたりして食べます。あるいは、柔らか目の蓬麩で餡を包めば「生麩饅頭」にもなります。

　精進料理の本場・京都には麩の専門店が市内にも何軒かあります。錦市場に支店を持つ麩嘉《ふうか》さんも、古くからのお麩屋さん。粟麩や蓬麩以外にも、いろいろな麩を作っています。下の写真は、そのような麩の仲間で左が梅麩、右が手毬《てまり》麩。いずれも直径二センチ足らず。冷凍で売られています。生麩は日持ちがしないのです。

　日持ちさせるためのもう一つの方法が焼いて焼麩にすること。日本各地に焼麩の産地があります。次頁の右写真は金沢の焼麩「車麩《くるまぶ》」。直径数センチ。金沢市内のあるホテルでは、

麩嘉の麩（左は梅麩、右は手毬麩）

朝食のメニューに、一センチ厚に切った車麩を使ってフレンチトースト風に調理して出しています。ほかにも、煮物の具材として、よく使われています。焼麩自体は淡白な味で、煮汁を吸っておいしくなります。

北嵯峨の歴史的風土特別保存地区

右京区のＪＲ嵯峨嵐山駅から北へ徒歩一五分くらいのところに「北嵯峨田園景観保全地域歴史的風土特別保存地区」があります。農地の景観がうまく保全されていて、地区内では、家を建てることも、大規模工事をすることもできません。電柱もありません。コンクリート製の側溝や舗装がなければ、はるか昔にタイムスリップしたかの感覚に襲われます。じっさい、一角にある大覚寺の「大沢池」周辺ではしばしば時代劇の撮影が行われてきました。

栽培される作物はじつにいろいろ。主なものはイネですが、酒米品種の「祝《いわい》」を植えた田もあります。また、キュウリ、トマト、ナスなどの栽培も盛ん。裏作では、キャベツ、コマツナ（小松菜）、九条ねぎ、ソラマメ、ダイコンなどじつに多様。春にはたけのこも出ます。

この地区の一つの特徴が、野菜の直売所の多さ。周辺のものをあわせるとわたしが知る

車麩（金沢市）

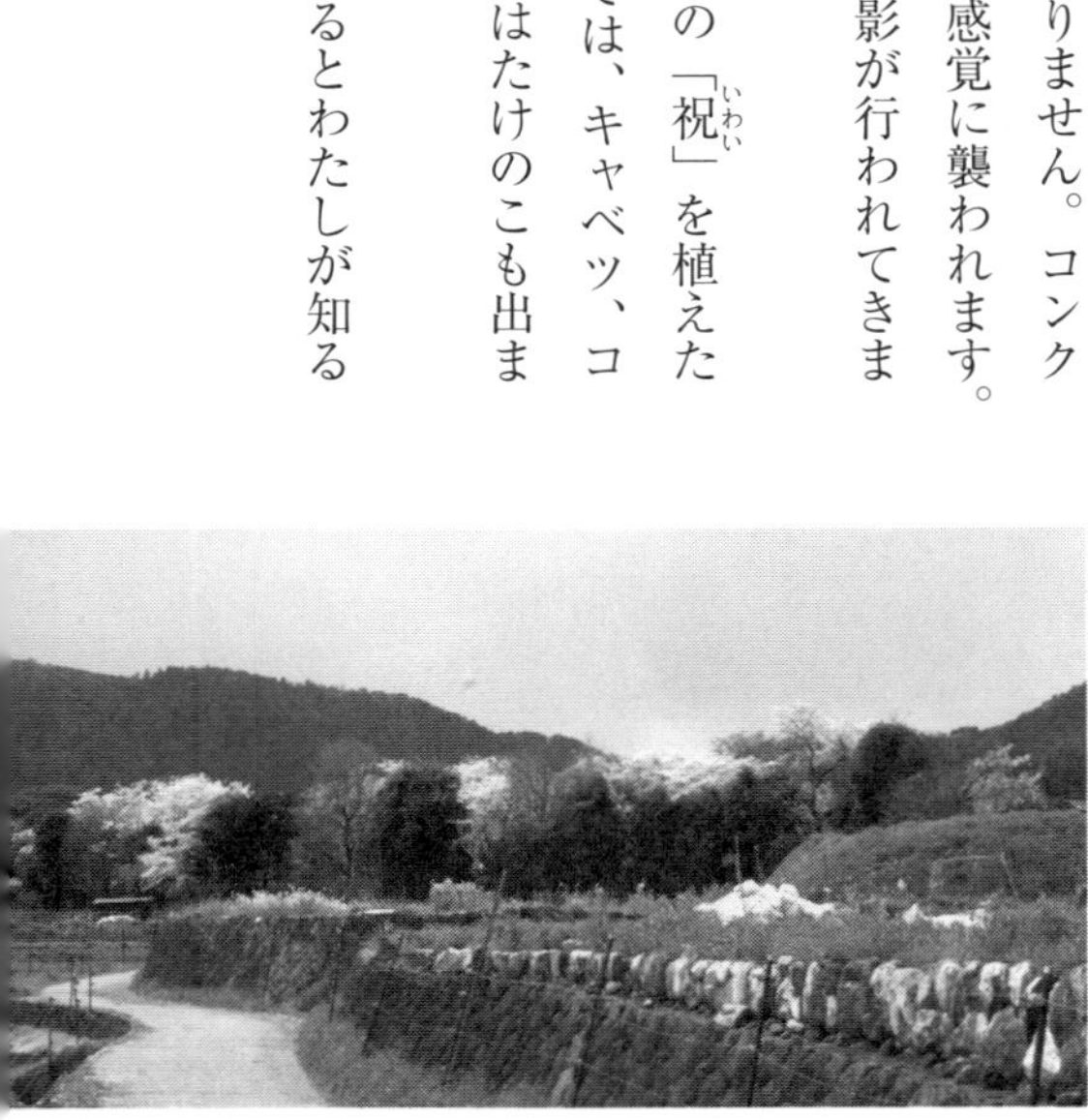

保存地区の景観。遠方のピンク色は大沢池の堰堤のサクラ（二〇一五年四月撮影）。

だけでも大小あわせて一〇カ所はあります。うち三カ所は有人ですが、他は無人。おしなべて商品の品質・コスパはよさそう。ただし、数年間推移をみてきた限りでは、いくつかを除き、他は淘汰されそうな気配。理由はいくつかありそう。ひとつは、近在のスーパーなどにも地場の野菜が置かれるようになり、その品質も向上してきていること。例えば夏のトマト。有人の「岡幸」さんのとれたてトマトは秀逸ですが、最近は他店のトマトの品質もぐんと向上。そうなれば、交通至便のスーパーのほうがぜん有利になります。いずれにしても、品質の向上は消費者にはよいこと。良好な競争関係が続くとよいのですが……。

無人の直売所。中には高品質の野菜を販売するところもある。

有人の直売所の一つ「岡幸」の店舗。季節ごとの新鮮な野菜が手に入る。

第七章

京の魚

京都の佃煮

佃煮《つくだに》というと、今では東京都中央区佃《つくだ》の名物料理。佃は、月島という島の北端にあります（なお、月島はもんじゃ焼きの店が多いことでも有名）。佃は江戸時代の大坂の地名（現・大阪市西淀川区）で、大坂の佃の漁民が徳川家康により江戸に呼び寄せられ、そこで開発した食品が佃煮のはじまりとも。東京の佃には今でも三軒ほどの店があり、佃煮を作っています。隅田川対岸の八丁堀（中央区新川）の住人であったわたしはこれをよくお土産にしていました。

佃煮は、魚介や植物性の食材を醤油や砂糖で煮詰めて作りますが、京都にも似た食品があります。ざっとあげてみても「椎茸昆布」「ごりの甘露煮」「筍の山椒炊き」などなど。ゴリが、稚鮎《ちあゆ》やモロコになったりもします。山椒炊きにも「昆布の佃煮」「ちりめん山椒」などさまざまなバリエーションがあります。トウガラシの葉の佃煮である「葉とうがらし」などという、いかにも「しまり屋（倹約家）」である京都人らしいものもあります。

佃煮は一種の保存食。「旬」の対極にある食品です。今のように冷蔵・冷凍、包装の技術や保存料などがなかった時代、多めにとれた食材を保存するさまざまな技術が発明されました。発酵のほか、味噌・醤油や塩に漬けるのもそのひとつで、佃煮もその一種です。では、京都の佃煮の特徴は？　一口でいうのは難しいのですが、川魚や山菜の多いことでしょうか。京は盆地の街でもともと食材には乏しかった。限られた淡水の魚介や周囲の里山の

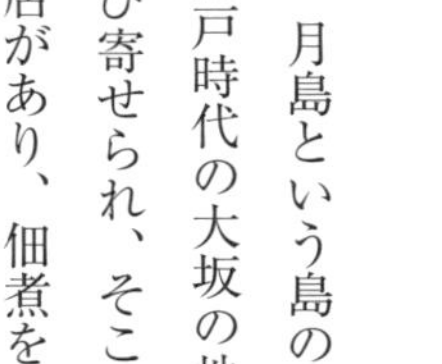

稚鮎（ちあゆ）の佃煮（甘露煮として売られている）。鮎独特の苦みがたまらない。

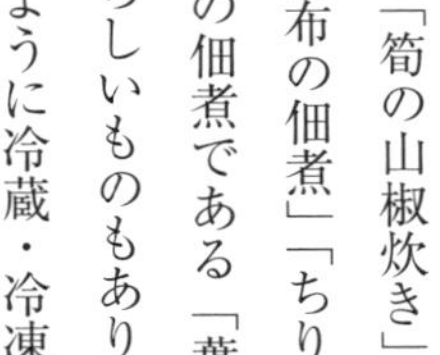

葉とうがらしの佃煮。色は黒くて食欲をそそるとは言い難いが、味が濃くてご飯のお供としては秀逸。

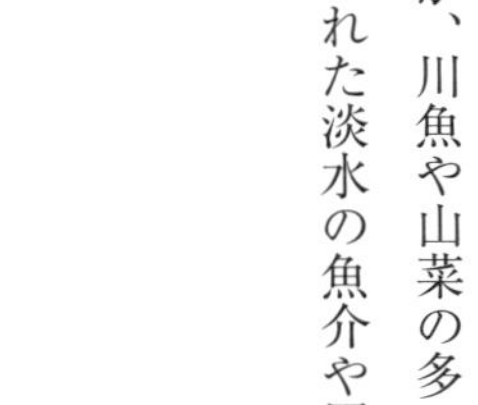

きゃらぶき。山菜の仲間であるフキの葉柄の皮をむき、灰汁を抜いて甘辛に煮たもの。

山菜を佃煮にしたのが京佃煮。それは京都人の「しまり屋」精神の結晶といえるのではないでしょうか。

京の魚は淡水魚

京はじつは川魚の街。川魚料理の看板を出すお店もたくさんあります。川魚は動物性タンパク質の補給に必須の食品でした。錦市場に「のと与」さんという川魚専門店があります。店の包み紙には「鰻鮒鯉鱒鮎蜆蛤」の文字が。全部読めますか？

さて、鯉《こい》。上京区の有職《ゆうそく》料理「萬亀楼《まんかめろう》」のご主人、小西将清さんによると、生間《いかま》流の庖《ほう》丁式《ちょうしき》に使われる魚の最高位にあるのは鯉だそうです。鯛《たい》でも鮭《さけ》でもありません。鯉は、今では琵琶湖が主生産地ですが、古くは自然河川や溜池《ためいけ》で育てられていました。右京区広沢にある広沢池《ひろさわのいけ》では毎年十二月に、池の魚を一斉に水揚げし、その一部を販売しています。ちなみに鯉は一キロ三〇〇〇円程度。溜池は、年一回水を抜いて、補修などをおこないます。一〇〇〇年の歴史のある広沢池も同じ。その機会に、揚げた魚の一部を販売するというわけです。灌漑用の池なので、この池の水はイネを育て魚を育てる水田漁撈の一つの姿といってよいでしょう。

淡水魚は独特の臭みや味があるといって嫌う人も多いですが、それは慣れの問題。淡水

「のと与」ロゴ

「のと与」の店頭の商品。今では多くが琵琶湖から来ている。

鯉の煮つけ。卵を持った輪切りにしたメス個体を甘辛煮にしてある。

魚を好んで食べる熱帯の国・タイの人たちに言わせると、「海の魚は臭みがある」のだそうです。

「のと与」で鯉を買ってみました。ただし広沢池の鯉ではないそうです。子持ちの鯉は輪切りにされ、甘辛に煮詰められています。身はごく淡白。臭みはまったくなし。卵は、たらこや鯛の子よりは大粒ですが、いくらよりはずっと小さい。コイ科の魚の小骨は先が二股に分かれる独特の形をしています。のどに刺さらないように！

アユ

京都は川魚の街であることは前頁にも書きました。川魚は川魚でも、今回はアユ（鮎）について。アユは、成長に応じて名前を変える出世魚ではありませんが、稚鮎から成魚まで、それぞれ食べ方があります。春先のアユは佃煮にして。すこし大きくなってくると魚臭さが出てくるので実山椒を加えて甘露煮に。成魚はシンプルに塩焼きにして食べるのが一番と思います。まだ骨の柔らかなうちは丸ごと素揚げにして食べさせる店もあります。聞けば、店主が朝、鴨川で釣ってきたものをそのまま出してくれるのだとか。それなので「お品書き」にはありません。

稚鮎で食べられるものはおそらくは琵琶湖産のもの。多くのアユは河口付近で産卵し、

広沢池の鯉揚げ。水はほとんど抜かれ、残った水にいる魚を捕まえて販売している。池は、10世紀に建てられた遍照寺とともに建造されたとも。（2020年12月19日撮影）

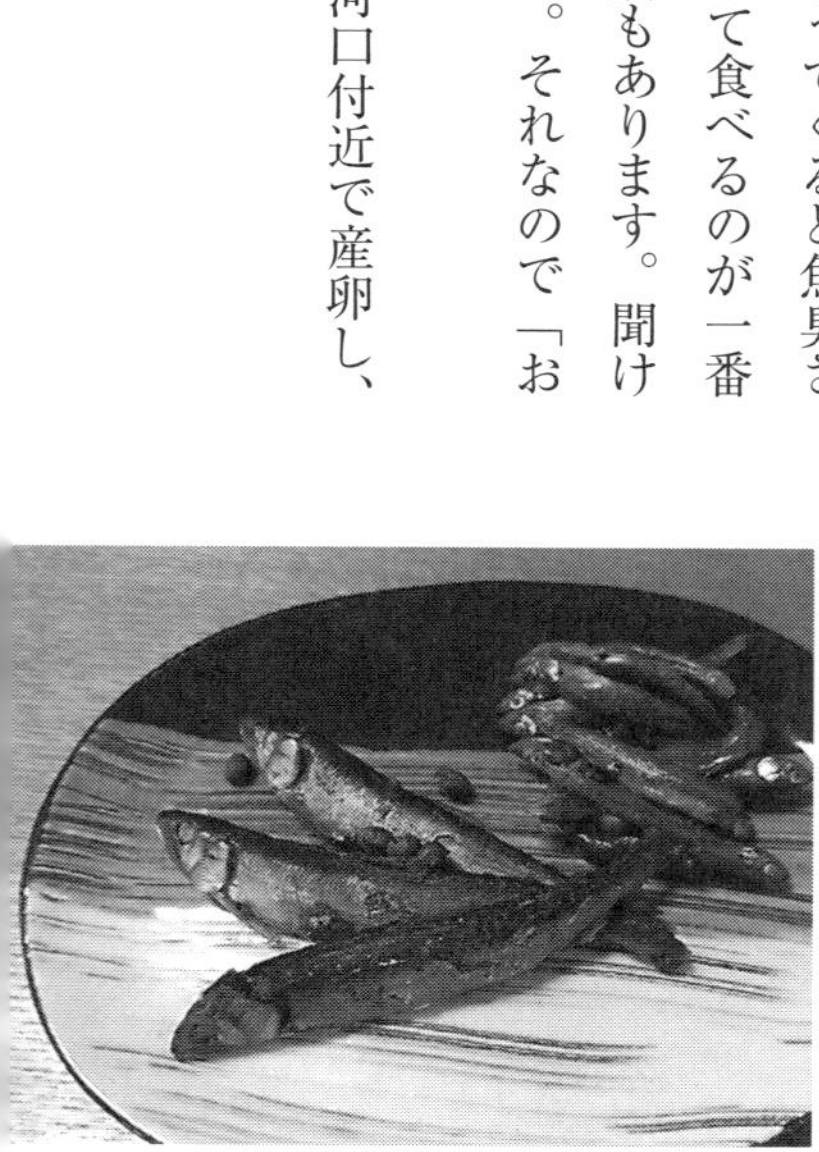

稚鮎の甘露煮・佃煮。いつもながら錦市場で買い求めた。春先に出回る。

川を遡上しながら大きくなります。ところが琵琶湖には琵琶湖水系の中で稚鮎から成魚になる琵琶湖固有のアユがいます。この稚鮎が佃煮や甘露煮になるというわけです。

成魚は、水系によって違うタイプのものがあります。京都では、桂川や鴨川の系統と、由良川の系統があるようです。前者は大阪湾に流れ、後者は日本海に流れますが、上流部分はごく近接しています。右京区や南丹市の山中でとれるアユも、どちらかの水系に属するもので、遺伝的には隔離されています。通の中には両者の味を区別できる人がいるのだとか。

さて、成魚の塩焼きは蓼酢《たでず》で食べることが多いようです。蓼酢に使われるのはヤナギタデ。葉や茎に独特の辛みがあり、葉をすりつぶして酢に溶きます。この辛み成分が殺菌や除虫になるともいわれます。寄生虫などが多い川魚を食べるのに、一種の毒消しとして蓼を使う文化が成立したのでしょう。タデは、藍染めの藍の原料でもあります。タデの搾り汁を発酵させて使います。その藍色が人気のもとですが、殺虫成分が布地を守っているのかもしれません。

なお最近では、アユを洋風に調理して出す店もあります。意外な感じがしましたが、なかなかにうまかった（下左）。考えつかないことをするのが、やはりプロですね。

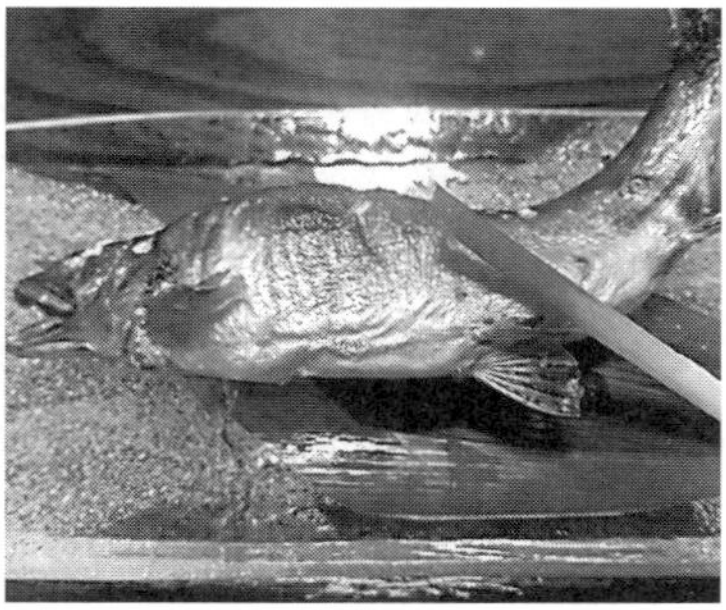

成魚の塩焼き。定番です。頭を外し、尾をもって上手に引っ張ると背骨がすっと抜ける。

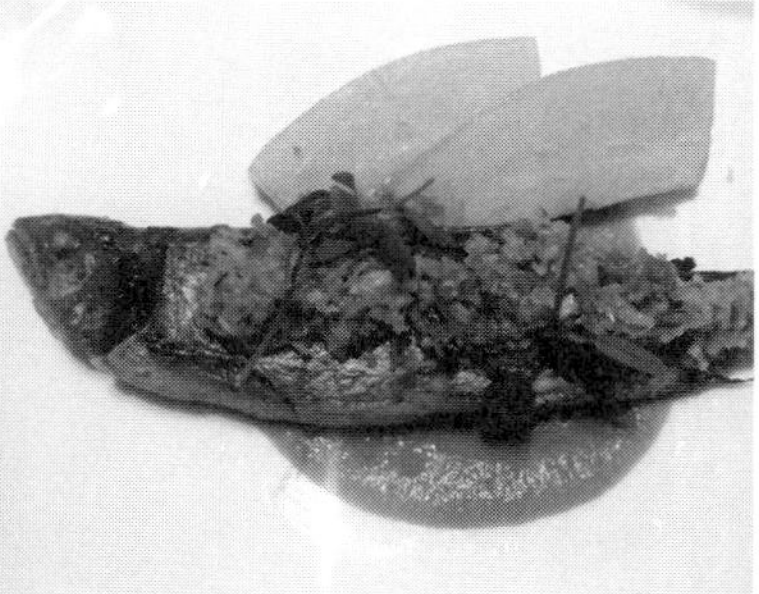

イタリアンのアユ。下に敷いたソースは蓼の風味がした。

京のカツオ

目には青葉　山ほととぎす　初鰹

江戸時代の俳人・山口素堂《そどう》の句だそうです。江戸をはじめ東日本ではカツオ（鰹）がよく食べられます。いっぽう京都でかつおというと「鰹節」。生のかつおにはあまりお目にかかりません。南紀に生まれ、高知に二年、静岡に二〇年住んだ私はかつおがだいすき！　とくにこの時期の初かつおには目がありません。なのに京都では生のかつおになかなかお目にかからない。週末ともなれば錦市場を歩くのですが……。最近では、とある老舗鮮魚店のお兄さんなど、私の顔をみると「かつおは今日は入ってないで」、と教えてくれるありさま。「かつおのおっさん」などと呼ばれているのかも。

スーパーなどでは、ときどき「たたき」にしたものを売っているのですが、切り口が黒っぽくなっていておいしそうじゃない。たたきは自分で料理してこそ！　そこでスーパーの魚店の人に、かつおの柵《さく》を生で売ってくれと頼むのですが、「アニサキス（寄生虫）が怖いので、生では売れません」、と言われてしまう。アニサキスくらい、自分で除くことができるのだけどなあ……。

やはり、京には赤身を食べる文化がなかったのでしょう。あの食の都・大阪でも、マグロはもうひとつです。赤身魚は関西ではやらなかった。白身魚はあんなにうまいのに。

かつおの背の部分をおろし生姜でづけにする。

と、この日、たまたま生のかつおを見つけた！　背のほうを皮つきで買って、半分は皮付きのままあぶってたたきに。たたきにするときは、皮のままを買うのがお勧め。塩をしたあと、まず皮目をこんがりと焼き、ついで血合《ちあい》の部分（色の赤黒い部分）をよくあぶります。最近はオール電化のマンションが増えて「あぶる」作業がしにくくなりましたが、そういう時はカセットコンロを使います。停電時など非常用にも一台あると便利。つけだれは地方色豊か。高知では、ゆず酢を多めにした二杯酢に、刻みネギや薄切りの生のにんにくを添えます。刻みネギやミョウガを添えてみてください。

柵の残り半分は、皮をはいで薄めに切って「づけ」にしてからお茶漬けにしました。これは、伊豆あたりの漁師の食べ方なのだそうです。コツは、づけのつけだれに、しょうがのすりおろしを多めに加えること。そして中が生煮えくらいのほうがうまいと思います。

そうそう、それから。魚料理には切れる庖丁が必須。皮をはぐのも、たたきをきれいに切るのも、切れる庖丁があってこそです！

鱧（1）

かつおの季節が終わったと思ったら、いつの間にか「鱧《はも》」の季節がやってきました。この日（六月十二日）は錦市場でも、何軒かの鮮魚店で鱧をみかけました。ここからは二話に

熱湯をかけて、かつおのお茶漬け。

分けて鱧を書きます。

「ハモとアナゴの見分け方」。東大医学部の教授であった多田富雄さん（一九三四〜二〇一〇）の「免疫学」の最初の授業のテーマがこれでした。なんで免疫学の講義にハモが？　などということなかれ。ハモとアナゴは見かけではなかなか区別がつかない。DNAを調べたら、というかもしれませんが、目の前のハモとアナゴの塩基配列の違いが、種の違いなのか個体の違いなのかをいうのは結構むずかしい。「泣く子も黙るDNA」などと揶揄されますが、DNA分析は、使い方を間違えると大変危険。

多田さんの答えは、「捌いてみればわかる」。ハモには、背骨から無数ともいえる小骨が出て肉の間にもぐりこんでいます。数が多くて、とてもではないけれど取りきれない。いっぽう、アナゴはそのようなことはありません。そこで、鱧の料理には、この小骨を肉ともども細かく切ってしまう作業、「骨切り」が必要でした。鱧の料理人ならではの特殊な技術だそうで、骨切庖丁という特別の庖丁を使います。頭と背骨をとった鱧の身を、皮を下にしてまな板におき、皮一枚を残して身に切れ目を入れます。庖丁目の間隔は「一寸（三・三センチ）に二四本以上」だとか。骨切が下手だと口の中に骨片が残ります。これが舌に触ったりすると、もう、台無し！

なぜ京都人はこんな面倒なことをしてまで鱧を食べるのか？　そう問うた人がいます。ある人の答えは「鱧は生命力が強く、生きたまま京まで運ぶことができた数少ない魚だったから」というもの。でも、私はそれだけではないと思っています。なぜなら、鱧は大阪

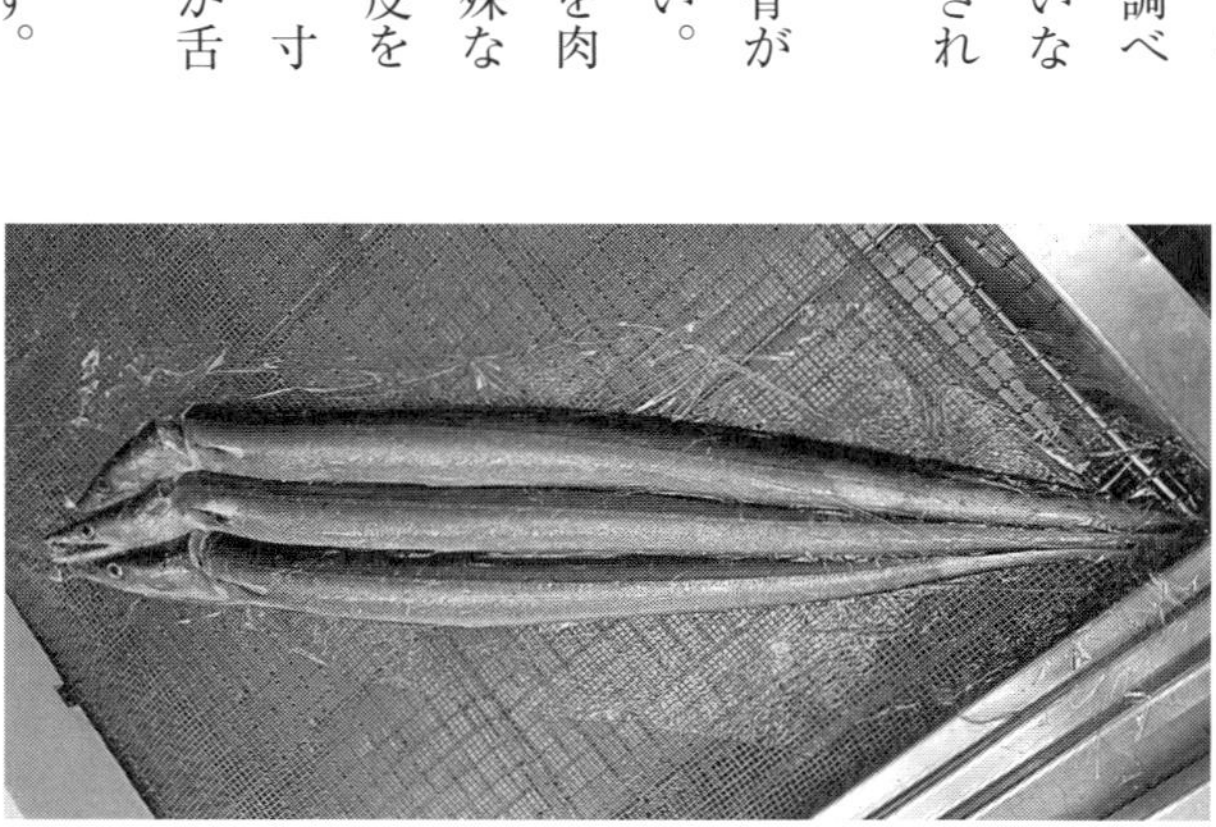

錦市場の鮮魚店でみかけた鱧。このあと、開いて背骨をとってから骨切りする。食べられるようになるまでにはまだ数段階の加工が必要です。

でも盛んに食べられているからです。あの、食に貪欲な大阪人が骨切してまで食べた鱧は、やはりとてもうまい魚だからではないでしょうか。

鱧（2）

夏が近づくと鱧が出回るようになってきます。骨切りした鱧の調理法はいろいろありますが、代表的なものが落とし、焼き鱧、鱧寿司、鱧吸いなどでしょうか。落としとは、三、四センチ幅に切った鱧をさっと熱湯にくぐらせただけのシンプルな料理。湯に落とした瞬間、皮目が縮まり、身が白い花のように開きます。湯をくぐらせる直前に葛粉をまぶすこともあります。また、熱湯に落とした直後に氷水にくぐらせて身を締めることも。これを、京都の人は梅肉（梅干しの実を酒、出汁などで溶いたもの）で食べますが、大阪の人は辛子酢味噌で食べることが多いようです。落としは自分でも簡単にできるので、骨切りしただけの鱧を買い求めやってみてください。その方がおいしく食べられます。

焼き鱧は文字通り焼いた鱧。白焼きと蒲焼がありますが、おすすめは蒲焼。これは出来合いを買うことを勧めますが、串うちの技と魚焼き器があればなんとかなります。つけだれを二、三回、身の側に塗りながら焼きます。鱧寿司はそれを棒寿司にしたもの。身の側を上にして、鱧と飯の間に山椒の佃煮を散らして棒寿司にします。酢飯の酢は強めに。そ

鱧の落とし。この時期の鱧はまだ出始め（走り）だが、秋の鱧は「名残り」といって松茸に合わせて「土瓶蒸し」にしたりもする。

して巻き寿司のときより飯をずっと強く締めるようです。八月のお盆のころにはあちこちで作られ、中元などにされます。

鱧はあっさりした味わいがいのち。ちょうど祇園祭の頃に旬を迎えるので、祇園祭は別名を鱧祭とも呼びます。祇園祭は七月いっぱいをかけておこなわれる祭り。二十四節気でいえば一年で一番暑い季節。盛夏の頃には食欲もなくなり、人びとは体力を落としていました。体力を奪われたところに襲い来る疫病。祇園祭が疫病退散の祭りなのもこのことと無関係ではないでしょう。なお二〇二二年、コロナ禍の祇園祭。山と鉾の巡行こそありませんが、一部の山は山建《やまたて》という組み立てだけはおこなわれました。二年も続けて建てないと立て方の継承ができなくなるのと、装飾品の虫干しのため。山や鉾の維持も大変なのです。

京の寿司屋二軒

生魚の少なかった京都にはいわゆる江戸前のような、生魚の寿司は発達しませんでした。鯖寿司は数少ない例外といってよいでしょう。京都では、寿司といえば、丹後半島の「ばら寿司」や、大阪由来の大阪寿司を指しました。市内には七十五年ほど前にできた「京都寿司のれん会」に加盟する一〇余りの店はじめいくつかの寿司店がありますが、多くが鯖寿司や箱寿司、蒸寿司などのいわゆる「大阪寿司」系統の商品を出しています。その中の

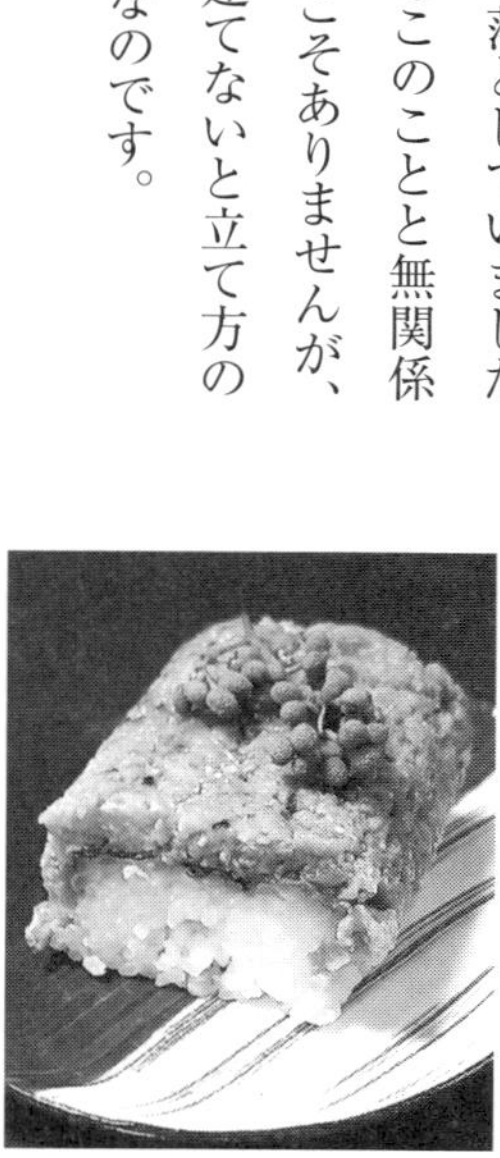

鱧寿司は誰が考えたか山椒の佃煮を合わせます。写真では、買い求めた鱧寿司の上に、この春手に入れた実山椒をのせたもの。一〇年ほど前に閉店してしまった左京区浄土寺の「山月（さんげつ）」のそれは逸品でした。

「末廣」の京寿司。大阪寿司の系統。

老舗の一つが寺町通二条上るにある「末廣《すえひろ》」です。天保年間（一八三〇〜四四）の創業というから二〇〇年ほどの歴史を持っていることになります。

このように書くと失礼ですが、以前は開いているのか閉まっているのかわからないようなお店でした。それがここ一、二年、急にお客が増えたようです。ときには店の前に行列ができていたりもします。多くの人がガイドブック持参であるのをみると、観光客用のガイドブックにでも載ったのでしょうか。店の構えは昔のまま。店内は狭くテーブル、椅子もお世辞にも美しくないのに、です。

そのヒントはやはり味にあるようです。お客さんがいたので落ち着いてインタビューできなかったのですが、飯は合わせだしで炊くようです。仕事は丁寧。稲荷寿司は、すし飯に黒ゴマと人参の細切りを混ぜてあります。箱寿司は「京風」とうたっていて、穴子、鯛と海老、卵焼きと鯛、それにでんぶの四種類。甘みもしっかりしていて、うまい。

最近、市内にも江戸前の寿司屋が出てきました。組合などはないようですが、ここでは一軒、大徳寺そばの「鮨長《すしちょう》」を紹介しておきます。以前は大徳寺のそばに「いちま」という京寿司の店がありましたが今はもうありません。鮨長は北大路からだいぶ上がったところにあるオーベルジュ風の店で、構えは町屋風。ここは完全に江戸前で、流通の改善でよい魚が手に入るようになったのが大きな理由とのことでした。大将は静岡県伊豆の出身で、東京の赤坂で修業されたそうです。数年前まで、こういう店は京都市内にはほとんどなかったように思います。京都にも生の魚の文化が浸透してきているということでしょうか。

「末廣」の店構え。旧態依然としている。見栄えなどお構いなしといったところか。

「鮨長」の炊きあわせ。赤い魚のキンメダイを使っているところはやはり江戸前。

鯖食文化

サバ（鯖）といえば昔は大衆魚の代名詞で、漁獲も豊富でした。一九七八年には、太平洋のマサバだけで一二〇万トン獲れたこともあったとか。サバに限らず、海の魚は獲れる時と獲れない時の落差が大きいようです。天然資源ならではです。それにしても一二〇万トンという数字、相当な量です。今の米の収穫高が七〇〇万トンほどなので、サバだけで一二〇万トンという量の多さがわかります。漁法の進化もあるので一概には言えませんが、昔から漁獲量にはムラがあったことになります。

けれどこれだけ獲れると到底食べきれません。何らかの方法で保存することになります。今ならば缶詰にしたり、冷凍・冷蔵して輸出したりと、いろいろな方法があるでしょうが、これら保存法のなかった時代は塩蔵、発酵くらいしか手はありませんでした。そしてそれらが各地の郷土食として今に伝わっているわけです。宮津市にある京都府立丹後郷土資料館（ふるさとミュージアム丹後）では岸岡貴英館長を中心に、西は香住《かすみ》（兵庫県）から東（北）は富山にいたる日本海側の地域の鯖食文化の調査を進めています。結果は公表されることを待つとして、鯖食の文化は近畿地方の全域に及んでいます。

京都市内にいると、鯖と言えばまずは鯖寿司。これについては150〜152頁で「いづう」さんを取り上げました。これと似た料理が大阪の「ばってら」で、製法の面でも味の面でも

祇園の寿司店の鯖寿司。上に酢昆布がのっている。

柿の葉寿司（奈良県五條市）。本来は鯖寿司だが、いまではアナゴ、タイ、サケなどのバリエーションがある。

京の鯖寿司との違いはほとんどなさそうです。唯一違っているのが塩サバの輸送経路です。ばってらでは、サバは香住漁港に上がったものが多く使われ、丹波篠山《ささやま》（兵庫県）を通って大阪に運ばれていました。奈良県の「柿の葉寿司」も鯖寿司の一種。こちらのサバは、和歌山から来ているともいわれます。そして熊野灘の紀伊長島もまた、かつてはサバの水揚げの多い港でした。こちらで上がったサバは塩をすると、旧伊勢街道、紀州街道を通って奈良県の宇陀地方に運ばれていました。

　このようにいくつもの鯖街道があったということは、サバの水揚げが不安定であったことを示すものでしょう。大量に上がったところでにわか産地ができ、取れなくなると衰退する。そんなことを繰り返してきたようにも思えます。

　丹後郷土資料館のお膝元、丹後の鯖食と言えばなんといっても「ばら寿司」です。「まつぶた」と呼ばれる浅い木箱に酢飯を薄く延ばし、その上に具材を散らしますが、必ず加わるのが鯖のおぼろ。鯖の身をほぐして甘辛く味付けしたものです。この上にさらに酢飯をのせ、再び具材をのせて二段にすることもあります。祭事には必ずと言ってよいほど登場

近畿各地の鯖街道

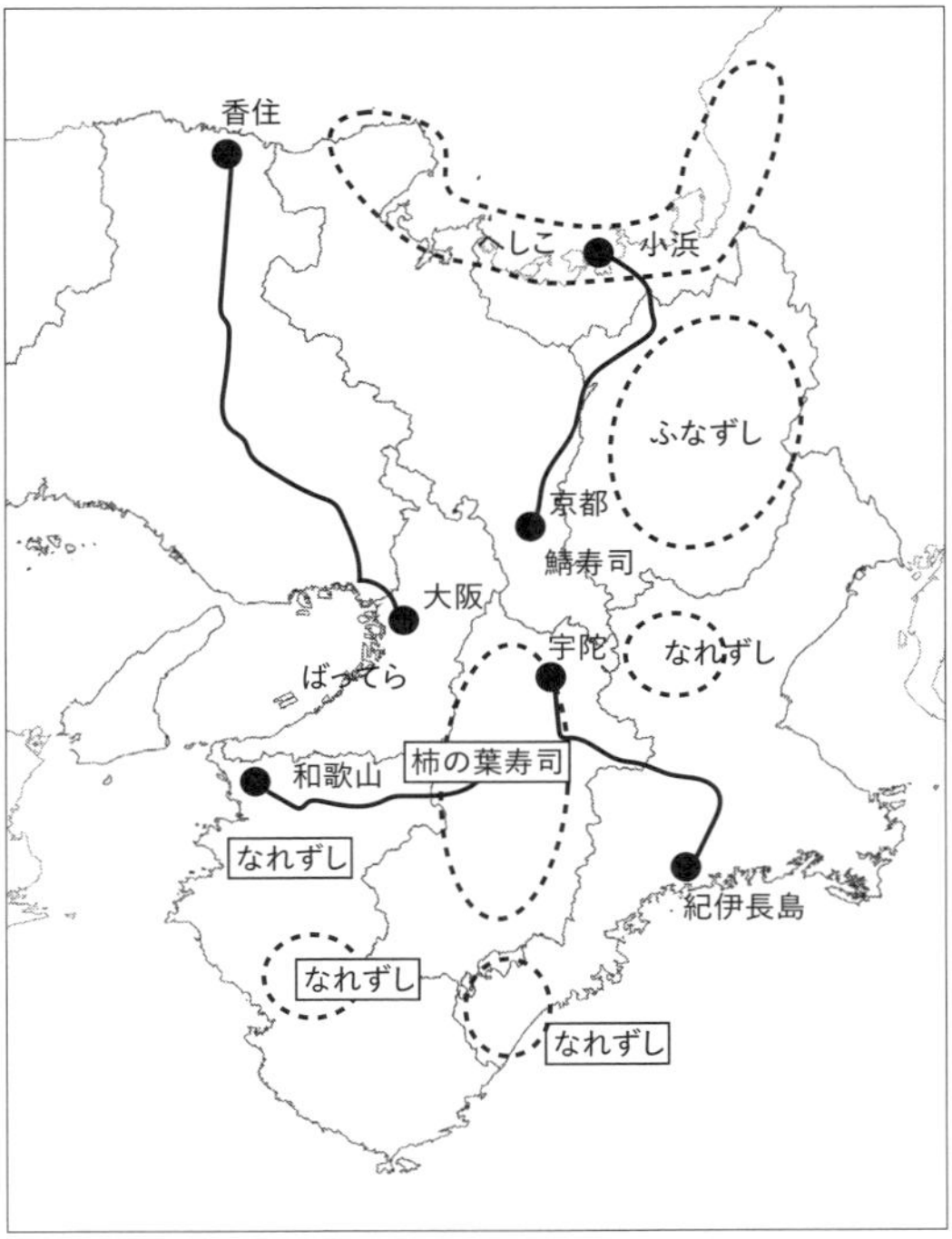

するもので、家庭ごとに味や製法に微妙な違いがあるそうです。

サバの不漁などもあって、丹後ではばら寿司に使う鯖も地元で獲れなくなっているといいます。そこで今はやむなく欧州から輸入した「北大西洋サバ」が使われるそうです。それも、いったん青森県の八戸に上がったものを、そこの缶詰業者が缶詰にしたものを使っているのだそうです。「何だ、丹後の鯖じゃないのか」という声も聞かれますが、面白いのはこの缶詰、ふつう市中で見かける鯖缶（一九〇グラム）にくらべて倍の容量（三七〇グラム）があるのだとか。つまり、丹後向けの鯖缶は、ほとんど丹後でしか流通しない特別なものなのです。それにしても、三七〇グラムもの鯖を使うとは……。いったい、どれほどの量の寿司を作るのでしょうね。

いづうの鯖姿寿司（1）

京の魚料理のひとつが鯖寿司。京都では数少ない海魚の料理です。福井県の小浜《おばま》あたりに上がった鯖はすぐに頭やワタを抜き、塩をして竹かごに詰めて京に運ばれました。その距離約七〇キロ。複数の運び手がリレーで運んだといいます。

塩鯖の終点は祇園（東山区）でした。寿司屋の一軒が、これをおろして半身にし、軽く酢に漬けたものを酢飯にあわせ棒寿司にしたのです。それが「いづう」さんです。十八世紀も末のことでした。酢の力で保存性がさらにたかまりました。いづうさんではこれを昆布で巻いて乾燥を防ぎました。二センチほどの厚さに切り、お茶屋さんに配達したようです。やはり特別の人が特別の日に食べるごちそうだったのでしょうね。寿司はハレの食だったのです。

当主の佐々木さんは、「両手の内の商い」を心掛けているのだとか。商売は自分の目の届く範囲で、ということだそうです。とはいえ、店内では分業の体制が敷かれていました。たとえば、ご飯を炊くのは専門の職人さん。その日の天候によっても水加減が変わります。それらを勘案していつも同じ飯にするのは長い経験と習熟が必要。いくつもある工程それぞれにプロを置く、たいへんな気遣いを感じました。

京都には、鯖寿司の店がほかにも何軒かあります。また寿司屋さんも、鯖寿司を作ることがあります。酢にする時間も、食べごろも、切るときの厚さも、店によりさまざま。上に酢昆布をのせたり、のせなかったり。それに、江戸前の握りが握ってすぐに食べるものなのに対して、こちらは二、三日ならば保存が効きます。何日目の鯖寿司がうまいと感じるかは人によるといいます。このような楽しみ方ができるのも、「早鮓《はやずし》」ならではでしょう。

なお鯖寿司は大阪でも有名。さらに奈良には「柿の葉寿司」と呼ばれる、塩鯖の切り身を酢飯にのせて柿の葉で巻いたもの。また南紀（和歌山県南部）には、鯖に変わってサンマを早鮓にした「サンマ寿司」があります。鯖寿司、柿の葉寿司、サンマ寿司。これらの成立には何か関係があるのでしょうか。

「いづう」の店構え。祇園の白川筋・祇園新橋の南側にある。

当主の佐々木勝悟さん。

いづうの鯖姿寿司（2）

二〇二一年の九月、祇園の「いづう」さんに行きました。以前のインタビューの際、鯖姿寿司のお酢について聞き逃していたので、改めて酢についてお尋ねしたのです。

鯖寿司とは、日本海でとれた鯖の頭やはらわたを取り去り塩をしたもの（塩鯖）が京や大阪に運ばれ、そこで酢飯に合わせて作られる寿司のことです。江戸前の寿司とは違って出来てから二日くらいはおいておけます。いや、その方が味がしみてうまくなるという人もいるくらいです。

ここで酢が、鯖を締めるにも、酢飯にも使われます。さらにいづうさんでは寿司を酢をした真昆布《まこんぶ》で巻きます。その酢は、新たな酢をつぎ足しつぎ足して使われ、味が凝縮しているそうです。その酢は、六角《ろっかく》通の齋《いつき》造酢店のもの。創業は三〇〇年にもなるといいますから、たぶんいづうさんよりも古い。言葉を替えれば酢があったから鯖寿司ができるようになったのでしょう。「人びとの強いつながりが京料理を生んだ」という原理はここにもみられます。

今もそうですが、関西の寿司はもともと出前で頼むもの。いづうさんでもそうだったようです。お客はお茶屋さんの芸舞妓やお客たち。配達は輪島塗の「おかもち」。福井県の小浜に上がる鯖、器は北前船が運んだ能登の名品というところでしょうか。いっぽう、寿司

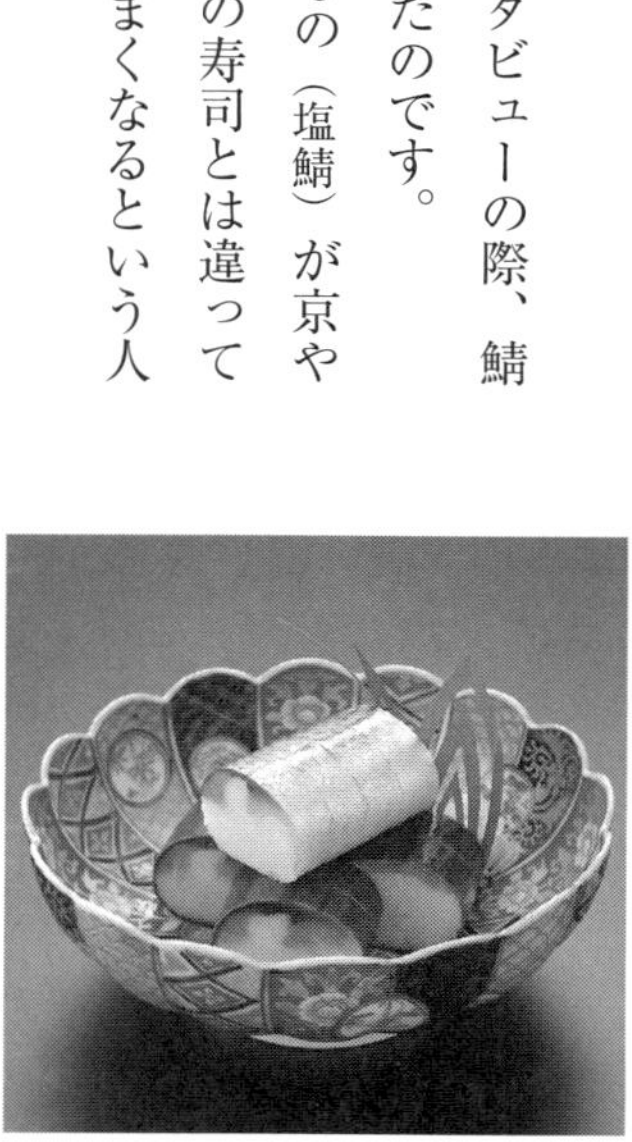

古伊万里の皿に盛られた鯖姿寿司。器が、食文化の大きな要素であることを実感。

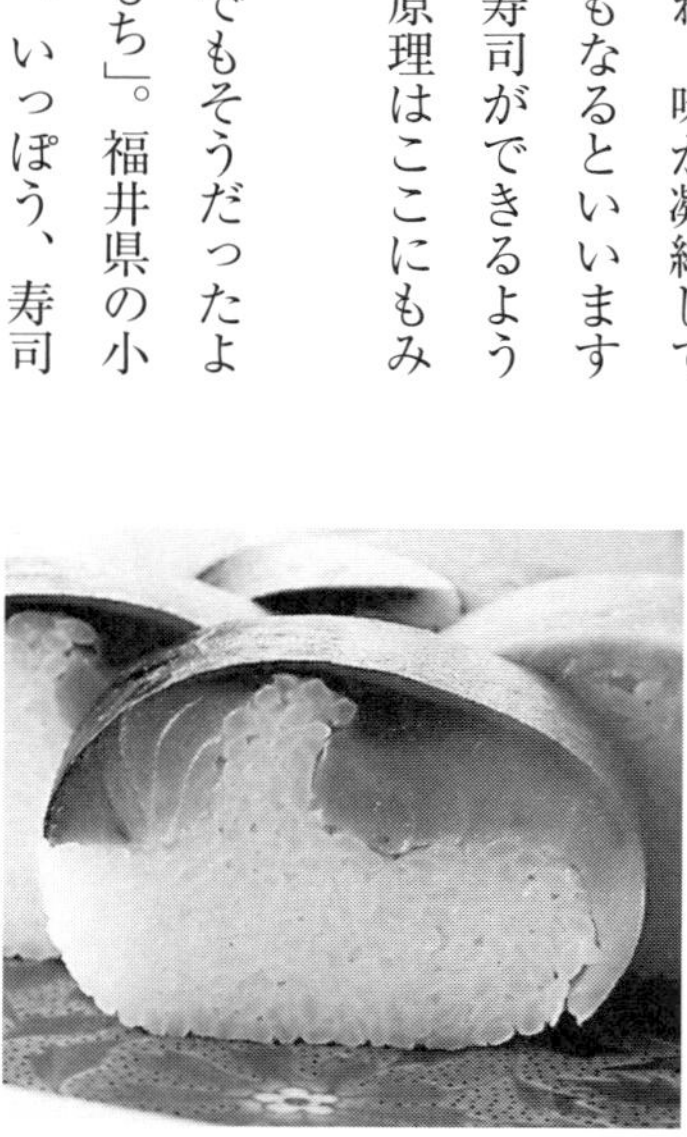

断面がうさぎの姿に見えるのは職人の技か、遊び心か。

を盛る器は古伊万里《こいまり》だそうです。「何ゆえ？」とお尋ねすると、「当時、家庭料理であった鯖寿司に付加価値をつけるため、豪華絢爛な色絵金彩の古伊万里の器に盛り付け、金蒔絵の輪島塗のおかもちで運ばせたのです」とのこと。輪島塗のおかもちで運ばれてきた寿司が古伊万里の器にのって……、なんという奥深さ、遊び心でしょう。

遊び心と言えば、いづうの鯖姿寿司は切り口はウサギの姿をしています。初代「いづみや卯兵衛」の名前に因むものだとか。そういえばいづうの名前も「いづみや卯兵衛」から来ているそうです。そのホームページに、うさぎの絵がさりげなくあしらわれているのも、そしてお店の箸置きにも「卯」の字が刻まれているのも、やはり「卯」からきているもののようです。

鯖寿司 花折

鯖寿司は本書でも三回、取り上げました。本節は、56頁で少し触れた「鯖寿司 花折《はなおれ》」を取り上げます。花折はもともと地名で、左京区の「花折峠」にその名を留めます。峠は厳密には滋賀県内にありますが、実質的には京都府と滋賀県の境に位置しています。かつて福井県の小浜に上がったサバは一塩されてこの峠を通り、京都に運ばれました。その距離は約七〇キロメートル。店の正面にある「京まで十八里」の看板がそのことを示します（一

「花折」の玄関。鯖寿司の「地方発送」はコロナ禍で脚光を浴びることに。

里は約四キロメートル）。なお花折断層は直下型地震で最近とみに注目を集める断層で、その南端にあるのが吉田山です。このあたりの山は断層でできていて、西側斜面が急で東側が緩い特徴があります。

さて、鯖寿司の店「花折」は、一九一三年創業だそうです。店は下鴨中通が下鴨本通（河原町通）に合流する交叉点のすぐ南側にあります。テイクアウトが主のようですが、店で食べることもでき、たたきに続く細長い小あがりに三卓の席卓があります。「花折膳」を頼んでみました。鯖寿司三切れと炙《あぶ》り鯖寿司二切れ、これにきずし（締め鯖）と昆布の小鉢、おすましがつきます。ちなみに「学割」があって、学生証を見せれば割引してくれます。

鯖寿司の表面は透明な酢昆布で覆ってありました。炙りは、文字通り鯖寿司の表面を炙ったもの。酢飯は固く締まって、食べ応えがあります。以前、花折膳に付いていた出汁巻には鯖のおぼろ（そぼろ）が入って、鰻《うま》巻きにも似た味わいでした。鯖のおぼろは丹後の「ばら寿司」にも使われるもので、若狭から丹後一帯の海がサバの名産地であることをあらためて教えてくれます。

関西には、鯖寿司に類する食品がいくつかあります（149頁）。これを書いたのち、三重県の紀伊長島で上がった鯖が旧伊勢街道などを通って奈良県の宇陀《うだ》に運ばれていた第四の鯖街道があったのを見つけました（田村勇、『サバの文化誌』、雄山閣）。腐りやすいサバですが、昔の人たちは「塩蔵」、あるいは発酵の技を駆使してその欠点を克服し、固有の文化を生み出したのです。

「花折」の花折膳。量は少なめにみえるが、実際食べてみるとかなりの量であることがわかる。

宮津の寿司店「なみじ」

丹後半島にある「府立丹後郷土資料館」の岸岡貴英館長に宮津市内の寿司店「なみじ」に連れて行ってもらいました。店名の由来は、その場所「波路＝はじ」にちなむものだそうです。ここのご主人は船から魚を直接買い入れるとのこと、岸岡さんいわく、定置網にかかるいろいろな魚の中から気に入ったものだけをその場で選んで買うのだそうです。いろいろな魚種を知り尽くしていなければできない芸当です。店長の岸本佳久さんは言います。「今は寿司ネタは知っていても魚の姿を知らない時代。だから、うちでは、魚のカタログを作って見てもらえるようにしている」。何十という種類の魚が、その特徴などとともに写真つきのカードとしてアルバムに綴じられていて、店内には今日上がった魚のカードだけを貼り出す工夫がしてありました。

伊豆半島にもこうした「尖った」寿司屋さんがあります。伊豆半島はリアス式海岸の半島で、小さな漁港がいっぱいあります。トロ箱に詰めて東京の市場に送れるだけまとまった量の漁獲があればともかく、同じ種類でも大きさが不ぞろいな個体が混ざったとき、あるいはこの種類は一個体だけ、というようなものはなかなか売れません。尖った寿司屋さんならばそのような魚を調理して出すわけです。今日はあっても明日もあるかわからない「一期一会」の寿司になります。下田の寿司店ではメニューに「地魚セット」の名前があり

刺身の盛り合わせ。七点盛りにしてもらった（なじみ）。

店長のお父さん作の箸袋。絵にあるように店はカニを出す。関西では冬の味覚はカニという人が今も多い。

ましたが、うまいやり方だと思います。

魚は、養殖を別として天然資源です。いつどこで何がどれだけとれるかはわかりません。それに少量多品種なことも多いのです。「いついつ●●の種類をいくら」と言われても、その通り手に入るかはわからない。「今日は▲▲フェア」という回転ずしチェーンのような品ぞろえは本来できないのです。▲▲フェアのような商売は、大量の●●を集めるのに必死で、遠くからの魚でも無理して買い集めなければなりません。結局は環境負荷を大きくするリスクが高く、それに、特定の魚種だけがもてはやされて他はないがしろにされることになって、生物多様性を損ねることになると思うのです。それなので、あまり勧めたくありません。

かといって責任は売る側ばかりにあるわけではないと思います。問題は消費者の方にも。「あのすし店、せっかく予約して行ったのにマグロがなかった」とSNSに投稿するようなお客ばかりが増えると、無理してでもマグロを出す店、フェアでお客を集める店ばかりになってしまうでしょう。そうなるとマグロやサーモンばかりが流通することになって、その地域ならではの、その季節（旬）の魚を楽しむ文化が失われてしまうのではないでしょうか。

結局、売る側にも食べる側にも欠かせないのが魚についての知識。今、社会全体の「知」のレベルが問われていると感じます。それと、「ごめん、売り切れ」と言う勇気、それとそう言われた時、「ああ残念、また今度」といえる態度も身につけたいものです。魚とは、も

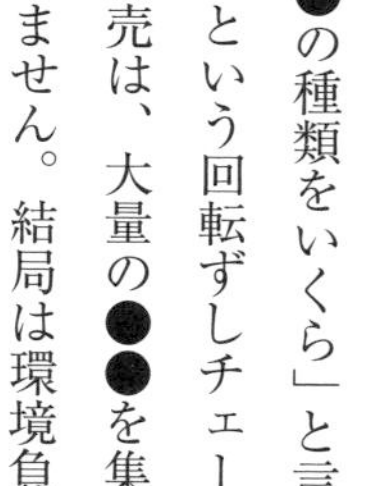

魚種ごとのカードを収めたファイルについて語る店主の岸本佳久さん。

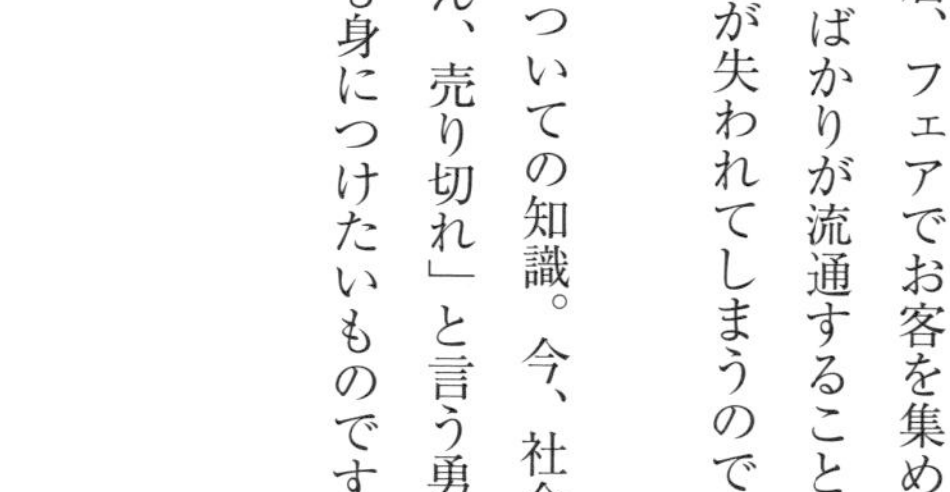

岸本夫妻。太巻き寿司を巻いているところ。お寿司屋さんに行くとたいがい翌日の朝食用に一本巻いてもらう。宮津は米もうまく、また富士酢で有名な飯尾醸造もある。魚も一級なので、ここで寿司屋をやらない手はない、と飯尾さんに語ったことがある。

ともとそうしたものだったはずです。いや、食そのものがそうだったのではないでしょうか。

丹後のばら寿司

海の遠い京都に届けられた海の魚に夏の鱧《はも》、冬のグジ（アマダイ）などがあることはよく知られますが、通年獲れる魚にサバがあります。といっても獲れるのは「海の京都」、つまり日本海側の地域です。それらは塩鯖として都に届き、そこで鯖寿司にされていましたが、「海の京都」の一部である丹後地方では「ばら寿司」というサバを使う料理が知られています。一種のちらし寿司ですがサバのおぼろ（炒り煮）にしたものを使うところが必須条件です。

ばら寿司が今に伝わるのは、この料理がハレの日の料理として、地域の家庭や店で作られ、食べられてきたからです。もちろん、具材や味つけは店により、家庭により、少しずつ違います。また、これを専門に出すお店もあって、丹後の名店になっています。また販売所が京都駅の新幹線コンコース、京都駅前の伊勢丹、四条通の大丸などのデパートにもあります。お店の一つ「とり松」の社長さんによると、「味はそれぞれ好みがあり、各家庭のそれに序列はつけられないが、商売なので外見はうちが一番と自負している」のだとか。

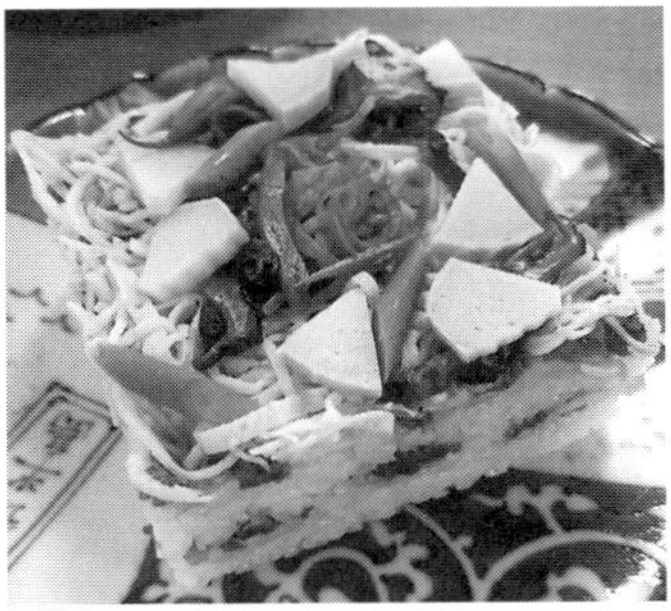

「とり松」のばら寿司。ご主人が市内でデモをされたときに撮影。二段になっていて一段目と二段目の間にサバのおぼろが挟んである。

サバのおぼろを作るのは時間がかかって大変。で、最近では「鯖缶」を使って作るのが一種の流行だそうです。大量の鯖が使われるので、丹後には他の地域にはない大きな鯖缶が売られています。聞けばこの鯖缶、青森県で作られているのだとか。北前船《きたまえぶね》の名残りなのかもしれません。そういえば丹後は北前船の寄港地でもあり、またそれよりも前の時代から朝鮮半島との交易の窓口だったところでもあります。

京都府の丹後から福井県の若狭にかけての地域には、鯖寿司やばら寿司の他にもまだサバの料理があります。それが「へしこ」。若狭の郷土料理で、サバなどを塩と糠《ぬか》で漬けた食品で、糠などに含まれる乳酸菌や酵母菌による発酵食品です。

農水省「うちの郷土料理」のＨＰに掲載されたばら寿司。トッピングされた具材が前頁のものとはだいぶ違う。

第八章

京の野菜

祝だいこん

京都の雑煮が丸餅の白味噌仕立てであることは以前にも書きましたが、具材にも特徴があります。ダイコン、ニンジンもそのひとつ。ニンジンは金時にんじんという、赤みの濃いニンジン。そしてダイコンは、「祝《いわい》だいこん」と呼ばれる特別なダイコンを使うことが多いようです。主産地は奈良県や岐阜県。十二月も二十六日を過ぎないと市場にも出回りません。そして正月が明けるとパタッと消えてなくなる。栽培するのも、日を切って出荷するのも大変なことと思われます。生産性も低い。けれど、どうしてこんなダイコンが今に伝わってきたのでしょう。

関西には、むかしから験《げん》をかつぐ人が多いといいます。お正月も、「正月早々角の立つのはかなわん」ということで、この細い大根が使われるのだそうです。青首《あおくび》だいこんのようなダイコンは輪切りにすると太すぎるし、かといって切れば角ができるから。「雑煮に入れるための大根で、切り口が丸くなる」という理由で作られたダイコン。ただし「祝」という品種があるわけではありません。「四十日だいこん」と言われる細身の品種を早採りしたものが使われるそうです。なお、このダイコンは奈良県で奨励されている「大和野菜」に含まれています。大和野菜の「祝だいこん」は、京都で見かけるそれよりもだいぶ長いようにみえます。

白味噌の雑煮。ニンジンは金時にんじん、ダイコンは祝だいこんと、青首だいこんの芯の部分を使った。ユズは、水尾産の柚子にこだわってみた。

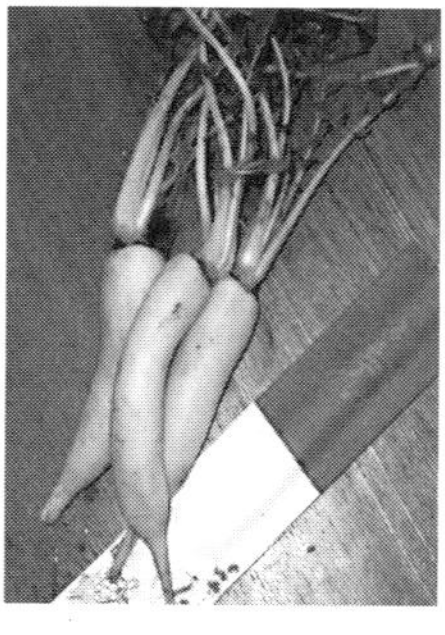

祝だいこん。錦市場の八百屋さんで購入。脇に置いた箸袋と比べると、そのサイズがわかる。

今は絶滅してしまった京野菜の中に「郡大根《こおりだいこん》」という品種がありました。西京極（右京区）あたりで栽培されていた、やはり細いダイコンであったようですが、根の下部が異様にねじれることがあること、輪切りにしたとき切り口に見える文様が美しかったことが品種として成立した要件であったようです。おそらくそのせいでしょう。記録がみえるようになった十六世紀末以来、長く宮中に献上されてきた歴史を持つようです。なお、私は雑煮用に、この祝だいこんのほか、大根膾《なます》を作るために桂むきした芯の部分を使うようにしています。

仏手柑

柑橘《かんきつ》の仲間に「仏手柑《ぶしゅかん》」という種類があります。両手を合わせて祈る仏の手にも見えるからこの名があるのだとか。主には正月の装飾用に使われるのだそうで、年末にはあちこちの果物屋さんで見かけます。

むろん食べることもできます。といっても、皮をむいて口に放り込む、というわけにはゆきません。中を割ってみると、果実全体が白いスポンジ状のものになっていて、いわゆる「みかん」の部分がないのです。あの白い部分、苦いですよね。最初にこれを口にした人は偉かった！

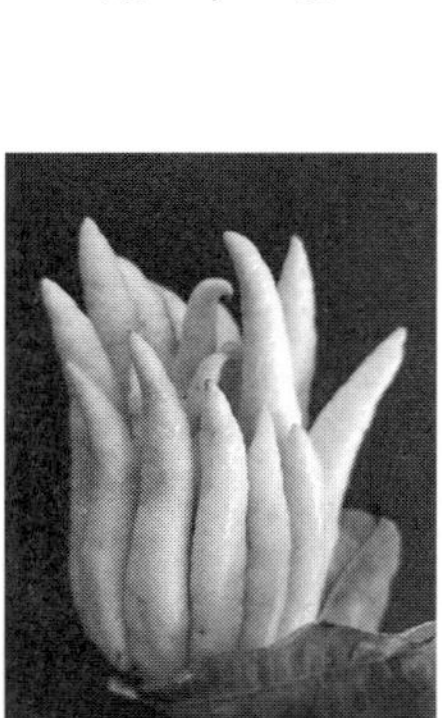

錦市場の八百屋さんで買い求めた仏手柑。「指」は10本以上ありますが…。指先までの長さ約16センチ。

和歌山県の高野山には、これを砂糖漬けにした菓子があります。一果三、〇〇〇円ほどもする高級品で、グラニュー糖を敷き詰めた杉の小箱に入れて売られていたりもします。果実は脱水して硬く締まり、色もわずかに透明感のある深緑色。薄く切って口に入れると不思議と苦味はなく、独特の香りが鼻腔に広がります。

年末に錦市場で一つ買い求めて、半日かけて蜜煮にしてみました。取り上げて半分に切ってみたのが下の写真。さて、このあとどう料理するか……。砂糖漬けにするかな？

現在の主産地は南九州だとか。京都で実際に栽培されているところがないかと思っていたところ、先日、天龍寺（右京区）のとある塔頭《たっちゅう》の庭にあるのを偶然に発見！資源保護の立場から塔頭の名前は明かせませんが、やはり仏と切っても切れない関係にあるということでしょうか。もちろん売り物ではないでしょうけれど、思い切って言ってみようかな？

「一つ、いただけませんか？」

たけのこ（1）

たけのこの時期がやってきました。「府立大学前」バス停の前にある古い八百屋さん「マルヤ」で、奈良県産の小ぶりなものを三本九八〇円で買い求めましたが、この日（二〇二二

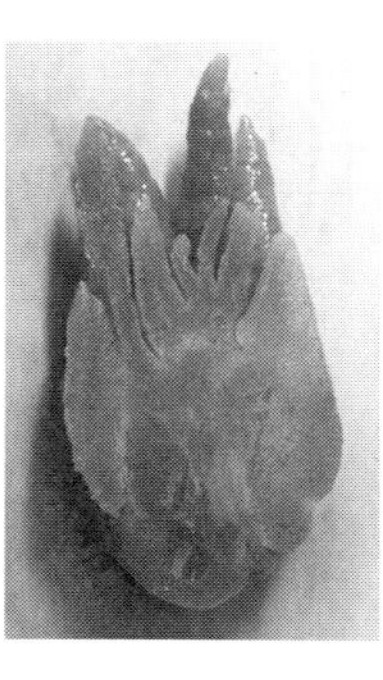

仏手柑を蜜煮にしてみた。半分に切ったところ。さらにこれを砂糖漬けするつもり。砂糖漬けも食品保存法のひとつ。

天龍寺塔頭の庭にあった仏手柑。実はまだ青い。

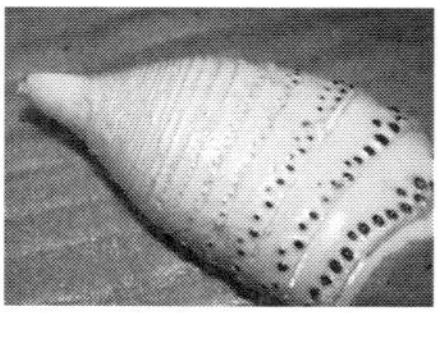

モウソウチクのたけのこ。右京区北嵯峨産。赤く見えるのは根の原基。

年三月二十五日)、中京区の八百屋「八百廣《やおひろ》」(185頁)の店頭に西京区の塚原産の少し大きめのものが並んでいました。もう、たけのこの旬《しゅん》が来ているようです。なお塚原とは、京都の中でも有名産地である西山の地区の一つです。

日本で食べられているタケは、おもにモウソウチク(孟宗竹)とマダケ(マダケ属)です。なお東北地方などでよく見かけるネマガリタケはササ属。モウソウチクは江戸時代に中国から薩摩藩に持ち込まれたもの。それが、主に株分けで日本中に伝わり、今のような分布を示すまでになったようです。

京都のたけのこ産地の分布にはある特徴があるそうです。京都大学元総長の尾池和夫さんは「大地震の繰り返しで破砕された山の麓は崩れやすい。人々は竹を植えて災害を防いだ。活断層が盆地と山地の境にあるおかげで、おいしいたけのこが京都盆地の名産となった」、「(明治の)地図を見ると、竹林の列と活断層がみごとに対応している」と書いています。京都人は地震災害と引き換えにおいしいたけのこを手に入れた、ともいえるようです。

さて、買ってきたたけのこ。わたしは、なるべく時間をおかずに、先端を切り落として米糠《こめぬか》を加えて皮のまま茹でます。たけのこ料理は数あれど、イチオシは木の芽和え(下右)。ベランダのわが家のサンショウの樹から出たばかりの新葉をふんだんに取り、すり鉢でよくすって味醂と白味噌を加えてペースト状にします。これに賽《さい》の目《め》に切って出汁で煮たたけのこを和えれば出来上がり。独特の香りが鼻腔をくすぐり、舌にぴりっと来るところが最高。この時期だけのごちそうです。

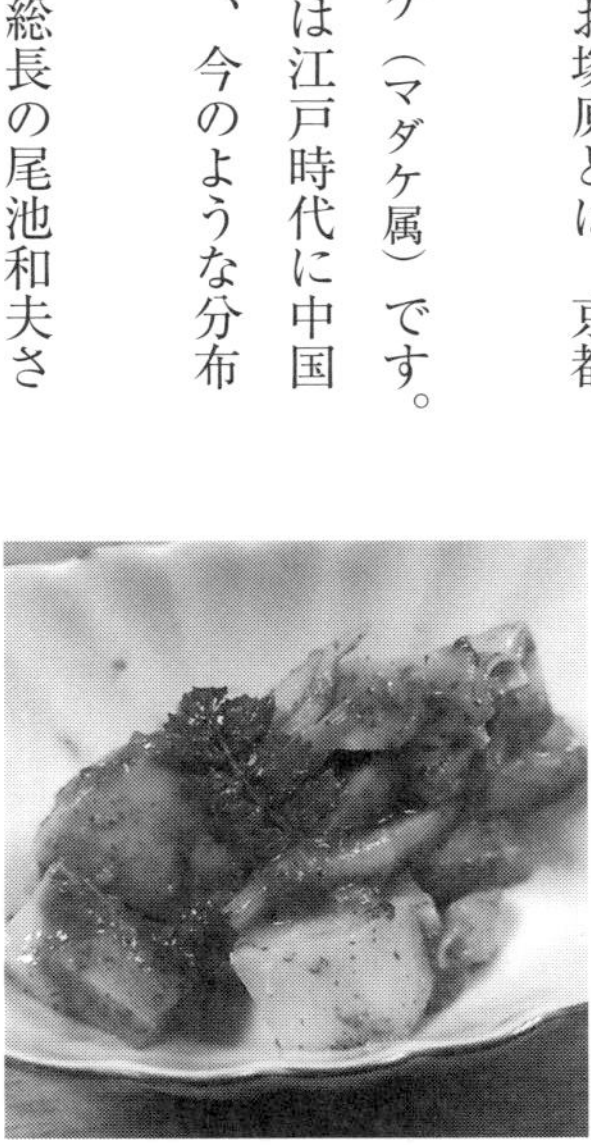
たけのこで作った木の芽和え。年一回のたけのこと山椒の「逢瀬」。

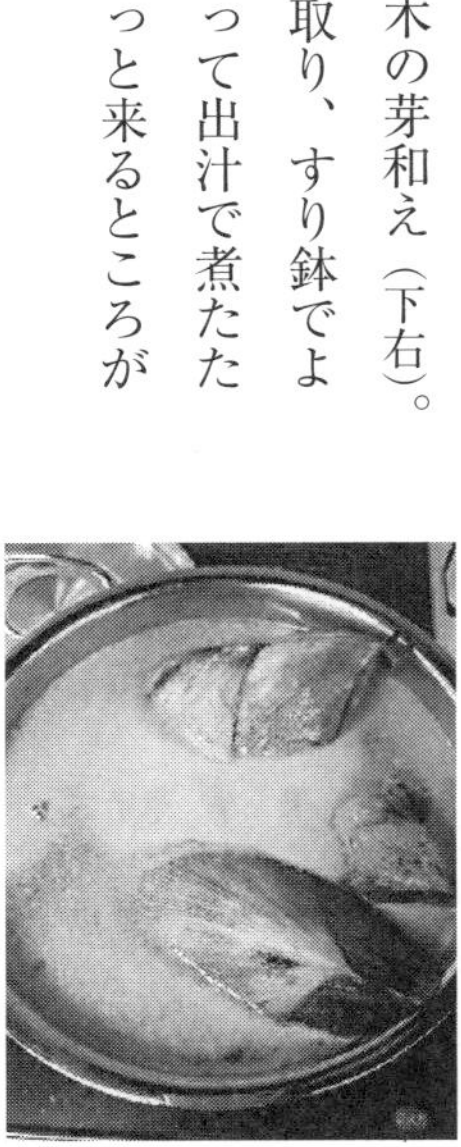
先端を切り皮のついたまま茹でる。米糠を加えて。コツはただ一つ、手に入れたらなるべく早く茹でること。皮付きのまま茹でるなと書いたものもあるが、先に茹でると皮が剥きやすい。

たけのこ（2）

二〇二二年はたけのこが豊作なのでしょうか。よいものが、割と安価に手に入ります。

ところで、たけのこというのは植物学的にはどの部位か、ご存知ですか？　正解は茎。一部葉の原基《げんき》も含まれます。下の写真はたけのこを縦割りにしたものですが、下のほうのひだ状の部分が節《せつ》（ふし）。この外側に、葉の原基と根の原基がついています。たけのこの赤いぶつぶつが根の原基です。

節と節の間が節間《せっかん》。たけのこは数日も経つと急激に背が伸びますが、それは節間が下から順番に伸びるのです。この性格はイネ科植物に共通です。むろんイネも同じ。余談ですが、私の博士論文のテーマは節間の伸長を決める遺伝子について、でした。

ひだの部分は上に行くに従って、節間の部分の間隔が詰まり、幅もせまくなって、茎が三角形にみえます。この三角形の先端が成長点と呼ばれる部分で、ここからあらゆる器官が分化するのです。

三角形の茎の外側上部、いわゆる「姫皮《ひめかわ》」の部分が葉の原基。これが成長したものが竹皮になります。葉とはいうものの、葉身と呼ばれる葉っぱの部分は退化していて、葉鞘《ようしょう》と呼ばれる部分だけが残っています。

たけのこの伸長は植物の組織としては例外的にとても速いのですが、茎の部分は成長す

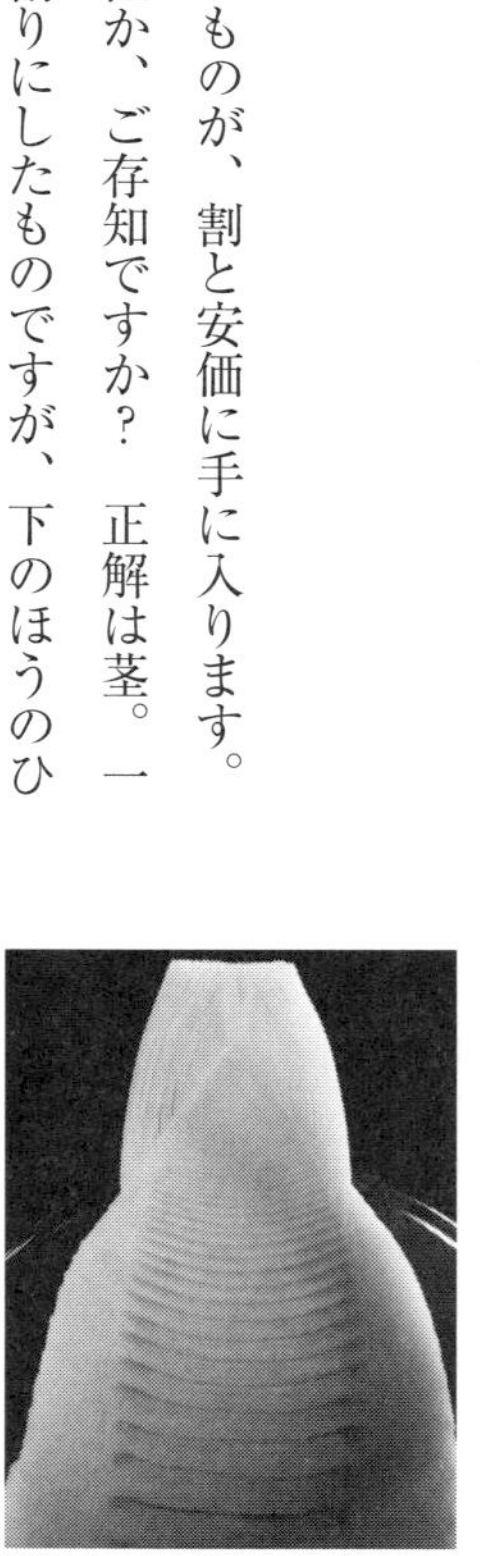
たけのこの縦断面

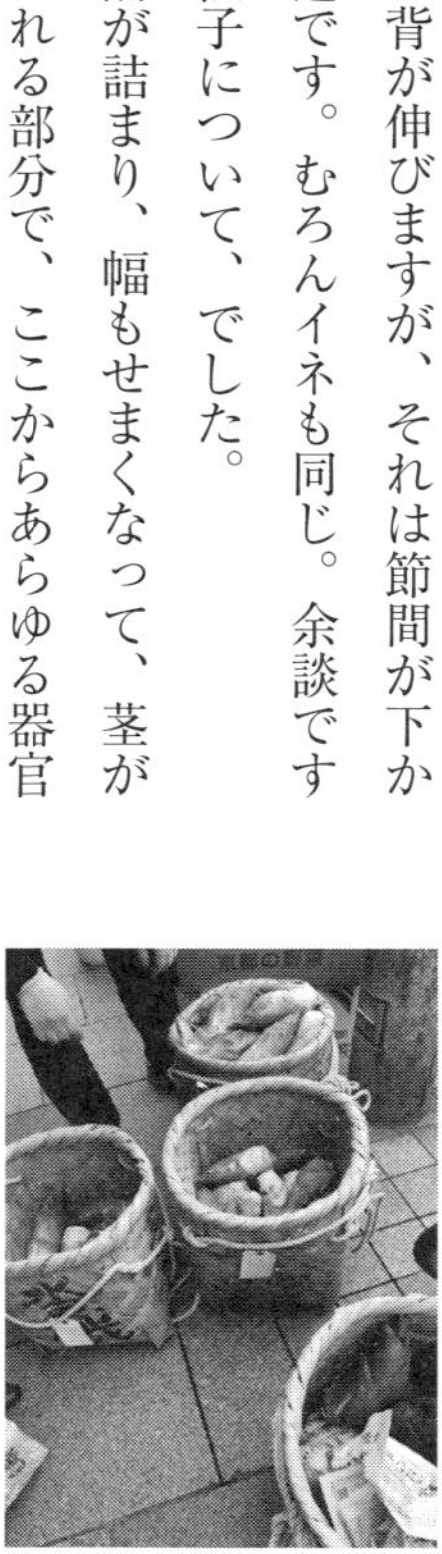
この日も「八百廣」に行って、掘りたてのを買い求めました。すぐに茹でて、夜には食べてしまった。

たけのこご飯（筆者作）

るにつれて固くなり食べられなくなります。だから、たけのこ掘りの名人は、先端が地面に出るか出ないかのうちに掘り当てるのです。

さて、前日もまたたけのこを買い求め、たけのこご飯にしてみました。出汁は昆布とかつおの合わせ出汁。きれいな色を残すために醤油は白醤油を使ってみました。サンショウの葉は、わが家のもの。一〇年ほど前に一鉢三五〇円で買った苗木が、今は茎まわり数センチになるまで成長しました。

山椒（1）

いずれも京の名産品である柚子と山椒《さんしょう》の共通項はわかりますか？　答えはどちらも「ミカン科」に属するところ。それと、山の恵みであるところです。だだっ広い平野には、元来これらは適さないのです。

京都で山椒といえば、「ちりめん山椒」でしょうか。それとも、「たけのこの木の芽和え」でしょうか。「衣笠丼」あるいは「木の葉丼」と答えた人もいるかもしれません。

ちりめん山椒は、ちりめん（「ちりめんじゃこ」、あるいは単に「じゃこ」とも）と山椒の未熟果（実山椒）を甘辛く煮詰めたもの。ただし、味も色も薄めで、佃煮のような濃厚さはありません。ちりめん山椒のお店は市内にもたくさんありますが、味は店それぞれ。料理屋さ

サンショウの葉。複葉で、鋭いとげがあって刺さるととても痛い！　新葉はじつに香り高い。

んなどでは香の物として出されることが多いようですが、ふりかけのように暖かなご飯にかけて食べるのもなかなかのもの。山椒のぴりりとした辛味が食欲をそそります。ということで市内にはいったい何軒のお店があるのでしょう？　それに、ちりめん山椒の起源は？　だれか調べてみませんか？

実山椒がたくさん手に入った時は、実から軸をきれいに取り去り、数分茹でてからよく水を切って冷凍にします。これは晩春から初夏に出回る稚鮎《ちあゆ》など、川魚の甘露煮を作るのに欠かせません。実山椒は淡水魚独特の臭みを消し、味にアクセントを加えます。そして、川魚に多い寄生虫よけにもなっていたのではないかと推察されます。京都は川魚料理が発達した街ですが、山椒はまさにその「であいもん」の役割を果たしていました。

木の芽和えは国内いたるところで食べられる春の味。すり鉢ですりつぶした山椒の若葉のペーストを味醂や酒で伸ばして白味噌に加え、これを茹でるか焼くかした筍《たけのこ》などと和えたもので、筍の旬のときだけに味わえるメニューです。サンショウの若葉は、ほかにも、煮物、刺身などさまざまな料理のトッピングとして使われます。買うと、とても高価なものになりますが、ベランダに山椒の樹を一株鉢植えにしておけば、家で消費するくらいの量は簡単に賄えます。ただし、アゲハチョウの幼虫には注意。うっかりすると幼木一本丸裸にされてしまいます！

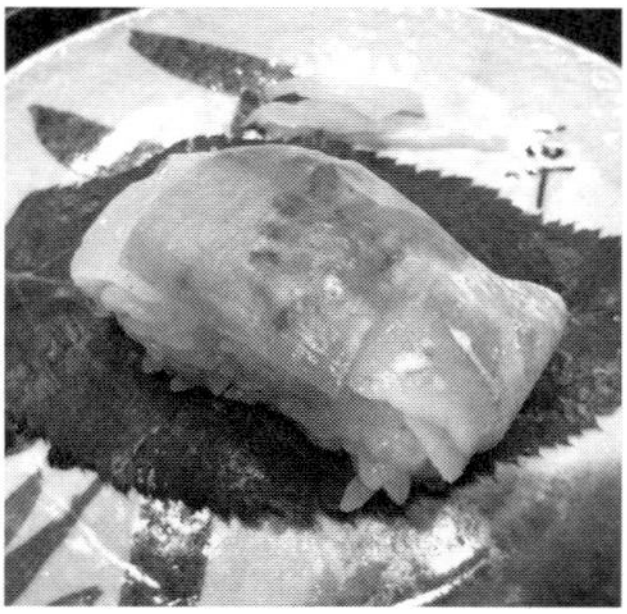

山椒の葉の料理。右：木の芽和え。鯛の焼き物やタコなども盛り込まれている。左：鯛の寿司。酢昆布の下に山椒の葉が透けて見える（いずれも「畑善」）。

山椒（2）

　さて、山椒にはもう一つ使い方があります。完熟した実の果実の部分だけ（中に入っている黒い種子は取り除き）を粉にしたものが香辛料として使われます。これが狭義の「山椒」です。「粉山椒」として流通しています。写真右は東山区祇園にある「原了郭《はらりょうかく》」の粉山椒。狭義といいましたが、この使用法が一番ポピュラーかもしれません。鰻の蒲焼には欠かせませんし、京都の丼である「衣笠丼」や「木の葉丼」の上にかけたりもします。親子丼にもかける人がいるので、案外、卵固有のくさみを消す効果があるのかもしれません。あと、変わったところでは、山椒の材がすりこぎに使われたりもします。毒消しなのでしょうか。それとも香が移るのでしょうか？

　山椒は中国でもよく使われます。南西部の四川省から湖南省にかけての地域では、「麻《ま》辣《ら》」という考え方があります。日本語ではどちらも「辛い」と言いますが、辣は痛みを感じるトウガラシの辛さ、麻はしびれを感じるサンショウの辛さです。「山椒は小粒でピリリと辛い」。麻辣は二種類の辛さを調和させているのですね。麻の字は「アサ」という植物の名をあらわす字ですが、同時に麻酔、麻痺の「麻」で、しびれるという意味もあります。日本で有名な「麻辣」の料理は「麻婆《まーぼー》豆腐」ですが、私の中国人の友人は「麻辣豆腐」といいます。なお、山椒は山椒でも、中国のサンショウは日本のそれとは種《しゅ》のレベルで違うよ

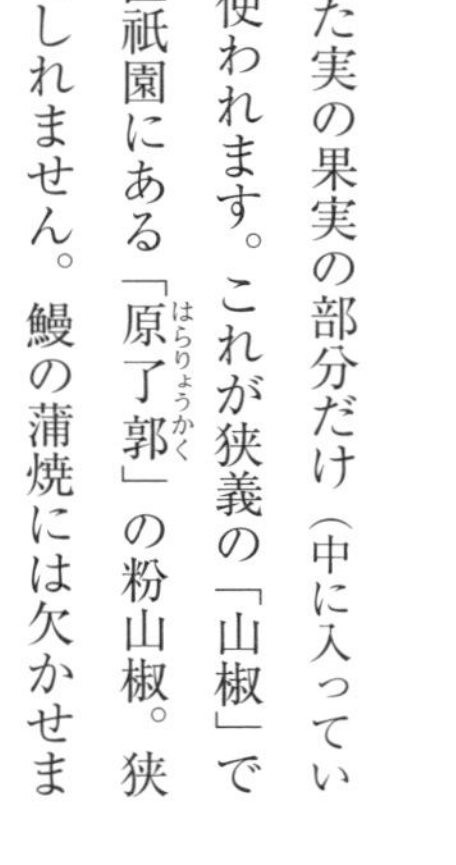

粉山椒の豆袋（原了郭）
原了郭のこの商品は0・2g入りの使い切り。

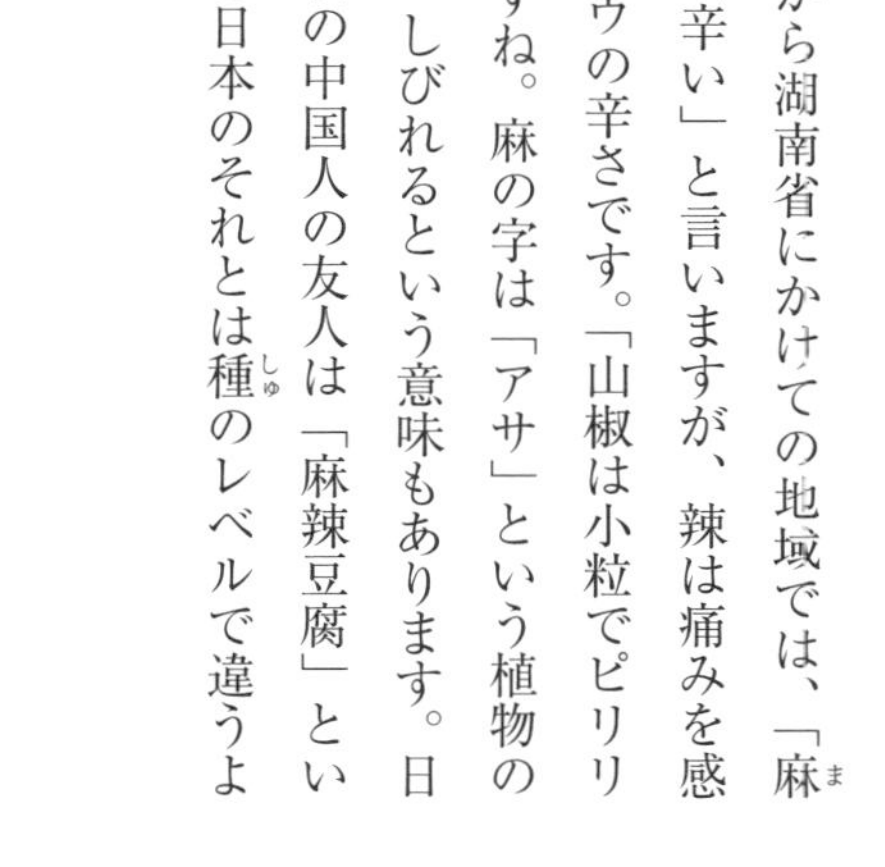

中国・雲南省景洪の市場のいろいろな香辛料

うです。

中国もまた、香辛料の国の一つです。湖南省、四川省、貴州省、広西壮族自治区、雲南省などの南部諸州では、トウガラシ、サンショウのほかにもいろいろな香辛料があって、よく使われています。雲南省景洪《ジンホン》の市場では、ここはインド圏かと勘違いするほどに多様な香辛料が売られているさまをみることができます。ここからラオス国境までは当時（一九九七年）でも車で八時間余り。そこはもう、熱帯アジアの入り口です。

京のキュウリ

京のキュウリ、といわれて祇園祭を思い出す人はかなりの京都通。そう、祇園祭の関係者は、祭りの期間「胡瓜封じ」といってキュウリを食べないそうです。因みに七月十七日は前祭《さきまつり》の巡行の日。「数日間キュウリを食べなくたって困らない」と思われるかもしれませんが、祇園祭は七月いっぱいかけて行われる宗教行事。この暑い時期に一ヵ月もキュウリを食べない？

キュウリは古い時代には飲み水代わりにされてきました。下の写真は、ラオスの焼畑地でみた球形のキュウリ。農家の人に分けもらって食べて（飲んで？）みましたが、あまりの青臭さにびっくり！　それでも、生水が飲めなかった場所・時代には重宝されたことで

焼畑地（ラオス・ルアンナムタ）でみた球形のキュウリ。

しょう。

そのような貴重な食材なのに、なぜ封じたのか。この風習は各地にありますが、祇園祭の場合は、「八坂神社の神紋が胡瓜の断面に似ているから」とも。似たような話はいくつもあります。郡だいこんは「その断面が菊の紋章に似ているから宮中に納められていた」。

キュウリの断面、本当に神紋に似ている？　ううむ、微妙です。キュウリの花は五弁なので果実の断面に五角形の模様が表れてもよいのですが、それほどクリアではない。それに五弁の花を持つ夏の野菜や果物は他にもたくさんあります。なのになぜキュウリなのでしょうか。京都府が定めた「京の伝統野菜」（一九八八年）にある「聖護院きゅうり」。ほとんど絶滅危惧種ですが、切り口は三角形。円形の紋章を連想させるのはちょっと無理かも。

ところでキュウリは以前、苦かったのをご存知ですか？　ウリ科植物には「瓜毒」といわれる毒の成分があり、食べすぎると中毒を起こします。私もウズベキスタンでハミウリを食べて食中毒を起こし、ひどい下痢をしたことがあります。体重が五キロほども落ちました。昔のキュウリはこの（あるいは類似の）毒を持っていたらしい。江戸時代には「味よからず小毒あり」（貝原益軒）、「毒多くして能なし」（徳川光圀）と酷評されています。この毒にあたる人が続出して、それでキュウリを「封じた」のではないかと私は思っています。むろん今では品種改良が進み、苦みを感じることはまずなく、キュウリは安全な野菜になったのです。

八坂神社の神紋「五瓜に唐花紋」

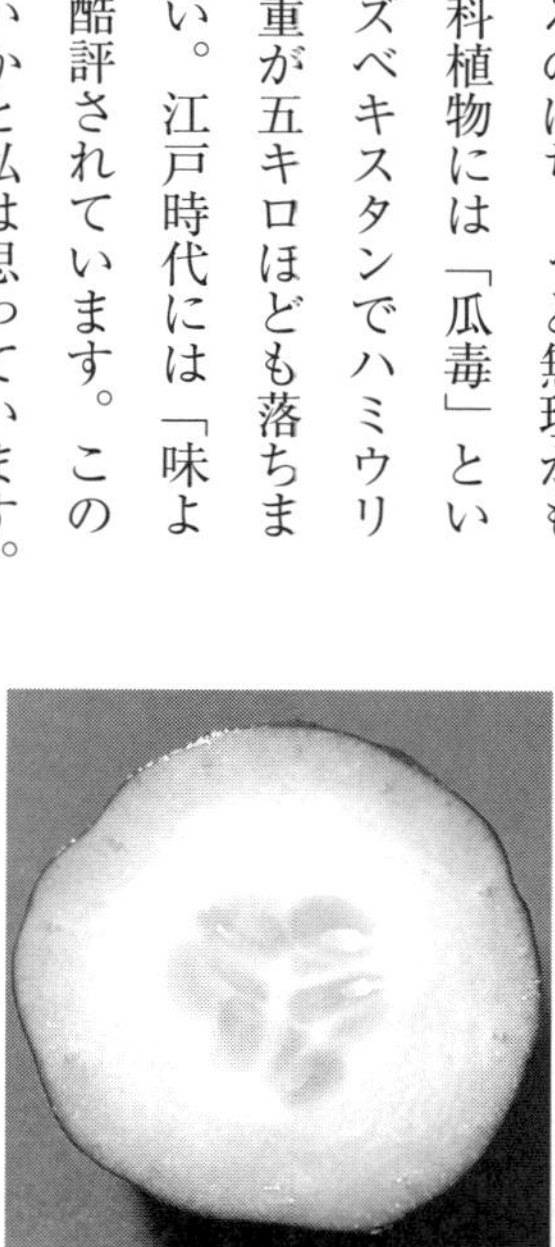

府下産のキュウリの断面。八坂神社の神紋を連想させる？

京のウリ

ウリとは、ウリ科キュウリ属（ククミス属＝*Cucumis*）に属する野菜の総称です。168頁に書いたキュウリ以外は、最近はめっきり見かけなくなりましたが、それでもお盆が近づくと八百屋さんの店頭にも並ぶことがあります。キュウリ（学名：*Cucumis sativus*）やシロウリ（*Cucumis melo*、メロン）に割り箸を刺して馬の形にした飾り（精霊馬《しょうりょううま》）も盛んに作られてきました。ご先祖の魂はこの馬に乗って帰ってくるのだそうです。

シロウリは、縦半分に切り、中の種子を除いて半円形に薄切りして薄切りのキュウリとともに酢の物にしたり、厚めに切ったものを椀種《わんだね》にしたりします。マクワウリはほのかな甘みを持ち、半世紀くらい前まではスイカとともに夏のおやつの定番でした。なお、meloらしいウリは滋賀県守山市の下之郷遺跡（二一〇〇年前）からも出土しています。また漢方ではこのmeloの種子には沈痛・消炎の効果が認められ、二〇〇〇年前の中国湖南省馬王堆《まおうたい》の墳墓から出土した女性の胃からは一〇〇を超えるmeloの種子が見つかっています。

京都はウリ、とくにシロウリをよく食べます。八月十六日の「送り火」の日には精進料理を出す家庭が多いようですが、シロウリはそのときの食材にもなってきました。シロウリの仲間である「桂うり」は奈良漬の素材としても使われてきました。綾小路通室町東入るの「田中長《たなかちょう》」は奈良漬の老舗ですが、ここの看板商品が桂うりの都錦味醂漬け。清酒の

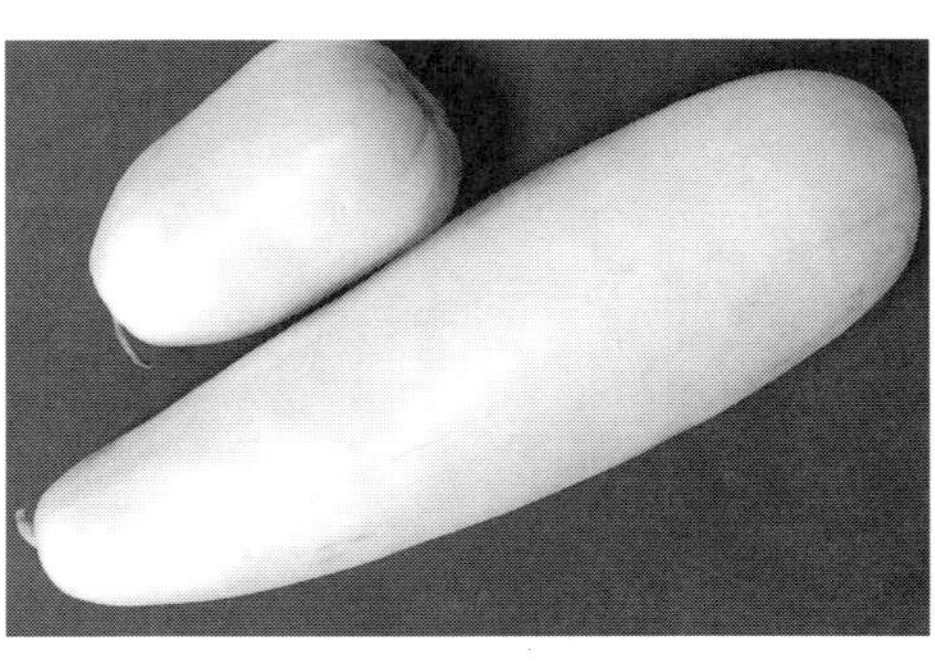

桂うり（下）とマクワウリ（上）

酒粕ではなく、味醂を醸すときにできる粕を使うので、甘い。桂うりは一時、絶滅が危惧されていましたが、今は数軒の農家が栽培していて当面の危機は回避されたようです。

奈良漬の「奈良」は地名です。本来は「粕漬け」と呼ぶべきものでしょうが、奈良が名産地であっただけにそう呼ばれるように。その奈良にある「森奈良漬店」の評判商品が「ひょうたん」の奈良漬。数センチ長の小さな果実が使われますが、ヒョウタンには「ウリ毒」をもつものが多いのです。奈良漬にされるヒョウタンは無毒の特殊な系統。有毒系統の花粉が飛んできて受精することがないよう、細心の注意を払って自家栽培しているそうです。

さて、八月十六日は「五山の送り火」。二〇二二年は三年ぶりに五山すべての火床《ひどこ》に火が点されました。この一年に亡くなった親類縁者、仲の良かった人、お世話になった人を想って手を合わせたいですね。

鹿ケ谷かぼちゃ

いわゆる京野菜のひとつ、「鹿ケ谷かぼちゃ」。ヒョウタンのような形を持ちつつカボチャそのものの色合いと肌触りの皮をまとうカボチャです。京都以外の土地では、この種のカボチャをみることはほとんどありません。京野菜の歴史に詳しい高嶋四郎博士（一九

市内のスーパーで見かけた盆のお供えの野菜。ササゲは柊木野ささげ（のはず）。下の赤いのはホウズキ、下のサトイモはいわゆる小芋。

一七～一二〇〇三）によれば、江戸時代の後期に、現在の京都市左京区粟田口《あわたぐち》の農民が津軽に旅をした際に種子を得て、鹿ケ谷（吉田山と東山の間の谷あい）の農家に分けて栽培したところ、このような形になったと記録されているといいます。味は、昔の和カボチャ同様あっさりして甘みにも乏しく、やや青臭さを感じます。今流通している西洋カボチャの味に慣れた舌には物足りません。加えて、とても高いのです。一個三、〇〇〇円近い価格がつくこともあります。

どうして、おいしいとは言えないのにこのように高価な野菜が作り続けられてきたのでしょう。その秘密は、「安楽寺のカボチャ供養」にあるようです。鹿ケ谷の安楽寺では、毎年七月二十五日に供養をおこないます。檀家や参拝者に鹿ケ谷かぼちゃの煮物をふるまうもので、これを食べるとその年は「中風《ちゅうぶう》」（脳血管の障害）にならないという言い伝えがあります（カボチャ供養の詳細は43頁参照）。今も昔も、食べ物が健康に深くかかわると考えられてきたことがわかります。

鹿ケ谷かぼちゃの形はとても変わっていますが、高嶋博士によると、もともとは菊座型、つまり横から見ると楕円の形をしたものだったようです。それが、栽培を続けるうちに写真のような、ヒョウタンにも似た形に変化したといいます。何が起きたのでしょう。考えられることは、突然変異が起きたか、または縁の遠い品種との間で交配が起きたかのいずれかです。原因の追究は、今後の研究にまつしかありません。

形の変化が起きた時期や原因を知るうえでヒントになりそうな画像が、「京都府京都学

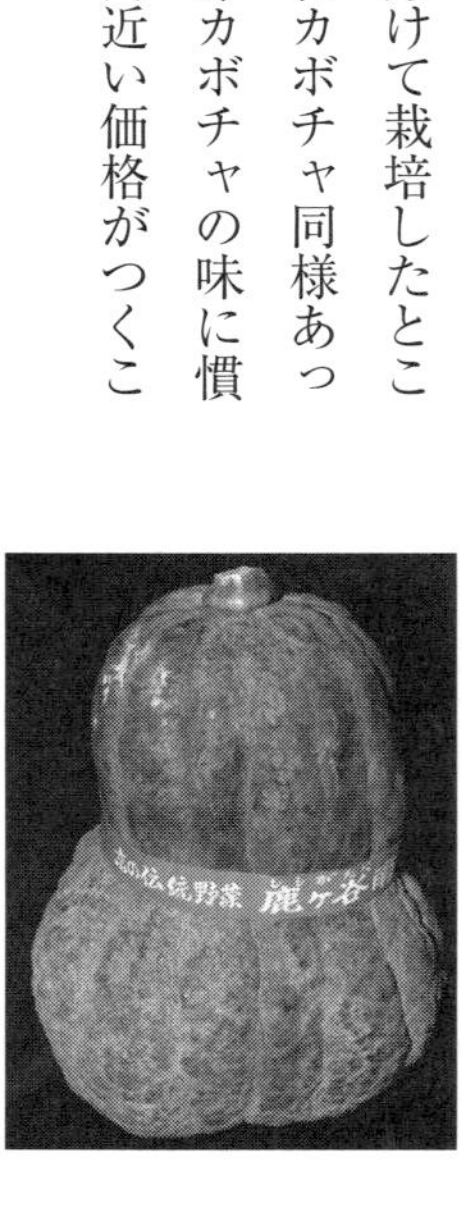

鹿ケ谷かぼちゃ

歴彩館」に保管されています。詳細は不明ですが、振売《ふりう》りの女性を撮影したもので、彼女が天秤棒でかついでいるのは鹿ケ谷かぼちゃのようです。ただし、このカボチャは先がそれほど尖っておらず、菊座型に近い品種のようです。撮影されたのはおそらく大正時代（一九一二〜二六）。一〇〇年以上前ということになります。ということは、一〇〇年前には、先がそれほどとがっていない菊座型に近い鹿ケ谷かぼちゃがあったという可能性があるということになります。津軽から持ち込まれたカボチャは菊座型をしていたようですから、このカボチャの形は時代によりさまざまに変化していた可能性もあります。

野菜の多くはアブラナ科やウリ科、セリ科に属しますが、これらの多くは他家受粉植物です。他家受粉するということは、毎世代違う個体の遺伝子を受け継いでゆくということなので、ある特定の性質を長く維持するのが難しくなります。これらの種類の野菜は、年月とともにその姿、性質を変えてゆくのだということを知っておくことは大事なことと思います。

京のとうがらし

いわゆる京野菜は、京都府と府内の各市町がそれぞれ定義を設けて栽培を奨励し、その保護継承につとめていますが、この中にトウガラシの仲間がいくつかあります。そういえ

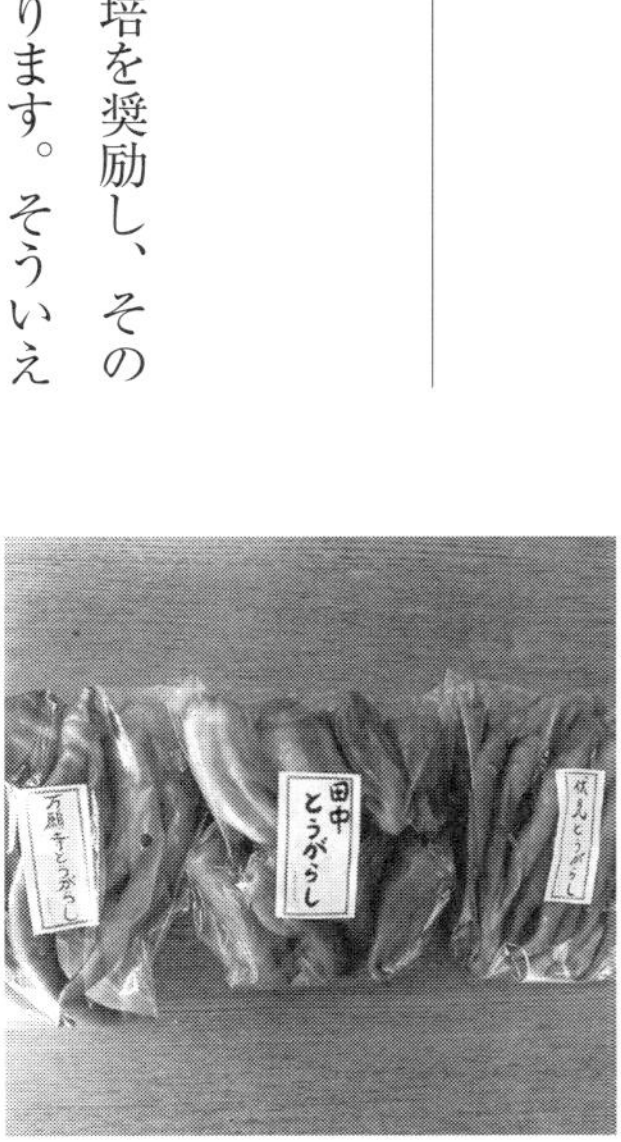

京の甘とう三種。甘いとうがらしなので、「甘とう」とか「甘と」などと呼ばれている。左から、万願寺、田中、伏見とうがらし。

ば京の食にはとうがらしがよく出てきます。トウガラシはもともと中米原産で、いわゆる「コロンブスの交換」で欧州へ、それから日本などアジアにも伝わりました。わずか四〜五〇〇年前のことです。

多くの品種は果実の胎座《たいざ》と呼ばれる部分にカプサイシンをもち、独特の辛み（実は痛み）をもたらします。けれど品種の分化が盛んで、中にはカプサイシンを作らない（つまり辛みのない）品種もあります。京野菜のとうがらしにも辛くない品種が多く、伏見とうがらし、万願寺とうがらし、山科とうがらし、田中とうがらしなどがこれに属します。どれも夏が旬。いずれも地名を冠しています。「田中」は、鴨川とその支流である高野川の東岸にある左京区田中のこと。京都大学のある吉田の西隣の地域です。吉田や田中の南隣の地域が聖護院で、この名を冠したダイコンやカブで有名です。三条以北の鴨川の東側は近世から二〇世紀初頭までは農村地帯でした。なお万願寺も地名ですが、こちらは府北部の舞鶴市です。

京都のトウガラシといえば、もうひとつ「七味《しちみ》唐辛子」を忘れるわけにはゆきません。うどん、鍋物、やきとりなどに欠かせない薬味の一つです。市内にも一〇軒以上の生産者がいます。使われる七種の薬味の中で、とうがらし、山椒、麻の実、白ごまなどはどの店の製品にも共通していますが、あとは店により青のり、柚子の皮、陳皮《ちんぴ》（ミカンの皮）などその店固有の薬味が加わります。伏見とうがらしの若い葉を佃煮にした「きごしょう」もまた、京の郷土料理の一つです。

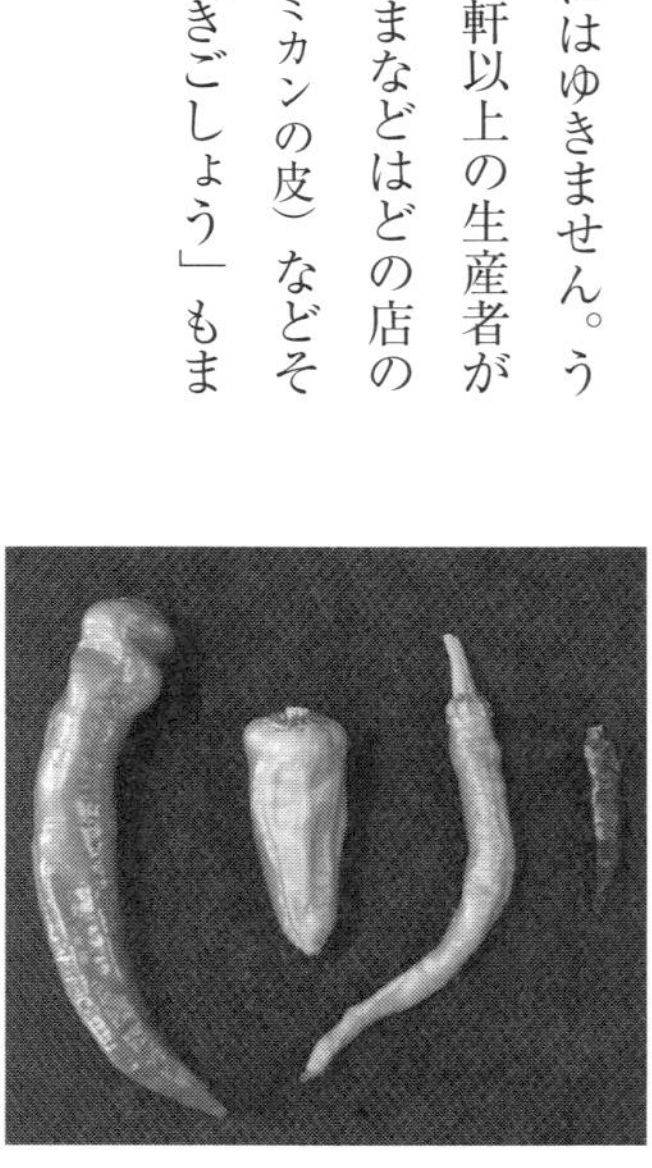

とうがらしのいろいろ。右端が辛味のあるとうがらし（品種名は不詳）。左端から、万願寺と田中は肉厚、伏見はやや薄い。田中は実の上の部分が獅子の顔にも見えるので「ししとう」とも呼ばれる。日本中でみられる「ししとう」もこの系統。なお、山科とうがらしはこの田中とうがらしからの派生系統らしい。いずれも、強火であぶり、鰹節をまぶし醤油をかけて食べるのがシンプルでうまい。万願寺は、ゴマ油で強く焼いたところにちりめんじゃこを加え、酒と醤油で味を調えた「万願寺とじゃこのたいたん」がおばんざいの定番。万願寺・田中・伏見の三者とも辛味がないので、胎座ごと食べられる（つまり、種子の部分をとらずにそのまま調理できる）。

上賀茂トマト

この数年、トマトがおいしくなったと思いませんか。燃えるような赤色を呈し、それも、甘いだけではなく、酸味も青臭さもあるトマトらしいトマトが増えたように思います。京都市内では、トマトは北区上賀茂地区から鷹峯《たかがみね》にかけての北山の山麓で栽培されてきました。以前はなかなか品質がそろわず、いわゆるB級品と呼ばれて安価で取引されたものも多かったそうです。ところが最近は栽培技術の向上のためか、質の高いトマトが増えています。

木の上でよく熟させ、真っ赤になってから採ることも大事。かつては青いうちに採って輸送中に赤くなったものを売るのが普通でした。でも、それでは味はのりません。樹上で完熟させれば味はのるが、遠くへは運べません。地産地消がトマトをうまくした、ということだと思われます。鷹峯にある樋口農園のトマトも見事。ヘタの際まで燃えるような赤、トマト固有の青臭さ。直売もやっておられますが、場所がわかりにくいかも。市バス「土《ど》天井町《てんじょうちょう》」下車すぐ。最近では市内のスーパーにも卸しているそうですので、見つけたら手に取ってみてください。

トマトは、今ではビニールハウス内で育てるのが普通です。農業は元来、大地（土）と水と太陽光を使う生業《せいぎょう》なのですが、トマトは雨にあたると実が割れてしまいます。水が多

上賀茂トマト。色鮮やか。

すぎるのでしょう。そこで、ハウス栽培になる。ハウス内で水を制限して栽培すると、濃厚な味のトマトができます。トマトの木は水を求めて根を地中深くに伸ばします。結果、地中深くのミネラルを吸収できるというわけ。反対にたっぷりと水を与えると、文字通り水っぽいトマトになるのだと思われます。農家によっては土に塩を撒くところも。植物は塩を嫌います。浸透圧の関係で水分の吸収が妨げられるのです。めちゃくちゃな方法にもみえますが、これによってトマトの木は十分に水を吸えず、それで味が濃くなり、また甘みも増すというしかけのようです。

似たような話は、フランス・サンテミリオン地区のブドウ農家でも聞いたことがあります。ぎりぎりまで水を絞ると、根が地中深くにある石灰質の地山《じやま》にまで伸びて、それがサンテミリオンのブドウを作り、世界に冠たる風味をもつワインを造るのだそうです。同地区の、誇り高いブドウ農家兼ワイナリーの受け売りでした……(笑)。

柿(1)

京都府立大学二回生の授業「茶懐石」の中で柿の話題が出てきます。太田達さんは上京区の老舗菓子店「老松」の社長さんです。京都広しと言えど彼ほどの菓子通、文化通はそうはいません。本節では柿の話をします。長くなるので二回にわけて致します。

ジロンド県サンテミリオン地区のブドウ畑。石灰岩台地にある。

柿は和食材としても重要で、干し柿は正月飾りになります。干すことで渋《しぶ》が抜けて甘みが濃厚に。むかしはきっと甘み源として貴重だったのでしょう。干し柿を細かく切って膾《なます》に入れるのは昔からの調理法です。また秋、富有柿《ふゆうがき》の実を、へたを断ち切るように二つに切り分け、中の実をスプーンでくりぬいて白和えを作り、入れます。すりごま、豆腐、柿の実、だしを混ぜたものを、季節の野菜に和えて作りますが、ほのかな、柿の上品な甘みが絶品！　もちろん、くりぬいてできた外側は容器に！　秋満載の一品です。

柿には甘柿と渋柿があります。渋みはタンニンという物質のせいで、これを変性させて渋みを感じなくすると甘柿になります。渋柿と甘柿を交配させてできた雑種第一代は渋柿になりますが、その種をたくさん集めて雑種第二代を作ると、渋柿と甘柿が三対一の割合で出現します。メンデルの法則のとおり！　つまり渋柿：甘柿の違いは一個の遺伝子に支配されていることがわかります。

なあんだ、などと言うことなかれ！　カキは種子から芽が出て花を咲かせ、実をつけるようになるまでに平均八年。そう、「モモクリ三年カキ八年」というくらい。だから、この実験をするには十六年の年月が必要！　そしてこの十六年を耐えに耐えてデータをとった研究者がいるのです！　まさに、人生をかけた大仕事でした。

富有柿の柿膾

柿（2）

柿は、酢にもなります。柿酢がそれです。米酢のような穀物酢とは違う、まるい酸味を感じます。果物はおいておくと表面にいる酵母によって糖分がアルコールに変化しますが（アルコール発酵）、このアルコールをさらに酢酸に変えるのだと思われます。工業的にはワインの酒母を加えてアルコールを作り、さらに酢酸菌を加えて作っているようです。

柿は食用にする以外にもさまざまな使い道があります。その一つが「柿渋《かきしぶ》」です。まだ青い渋柿の実を発酵させて作る一種の塗料兼医薬品。漁網や壁板の腐り止めなどに使います。また日本酒の製造過程で、清酒にする（濁りを取る）にも柿渋は使われます。柿渋を塗った紙は撥水性もあって、かつては和紙製の番傘の表面に塗ったりもしました。柿渋と漆《うるし》は、和の塗料としてきわめて古い歴史を持ちます。とくに漆塗りの製品は、縄文時代の福井県の鳥浜貝塚の出土物からも見つかっています。

伝統工芸の街・京都では、古くから柿渋産業が盛んでした。山城国名産の渋柿である「天王柿」を使った柿渋屋さんが、今も府下に何軒かあります。柿渋は京都が産地であったわけです。そのうちの一軒、中京区河原町通二条上るの「渋新老舗」。市役所前の近くなので一度覗いてみてください。

柿の葉は、奈良県の「柿の葉寿司」にも欠かせない素材です。伝統的には、鯖寿司を大

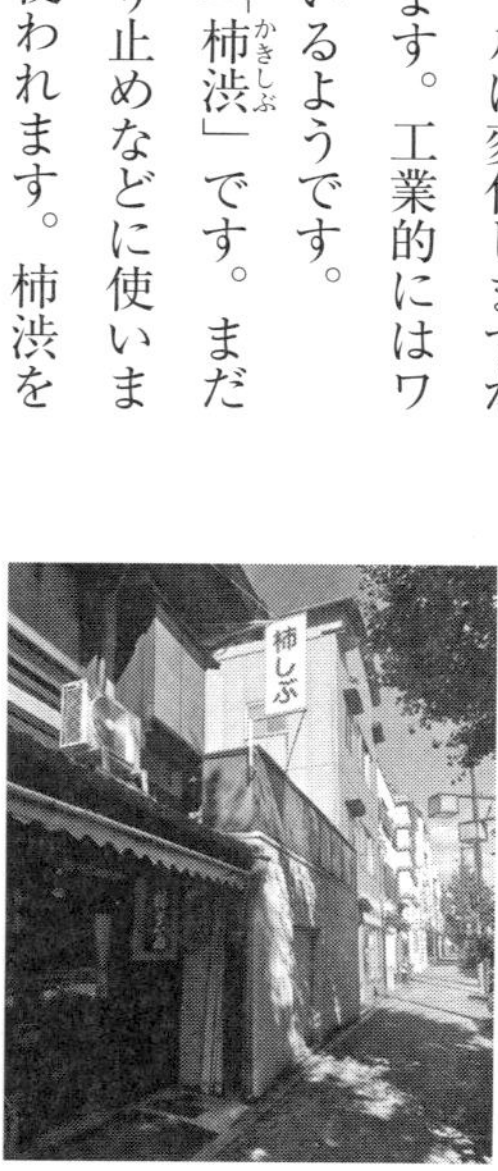

河原町丸太町にある柿渋の店「柿渋店水谷」

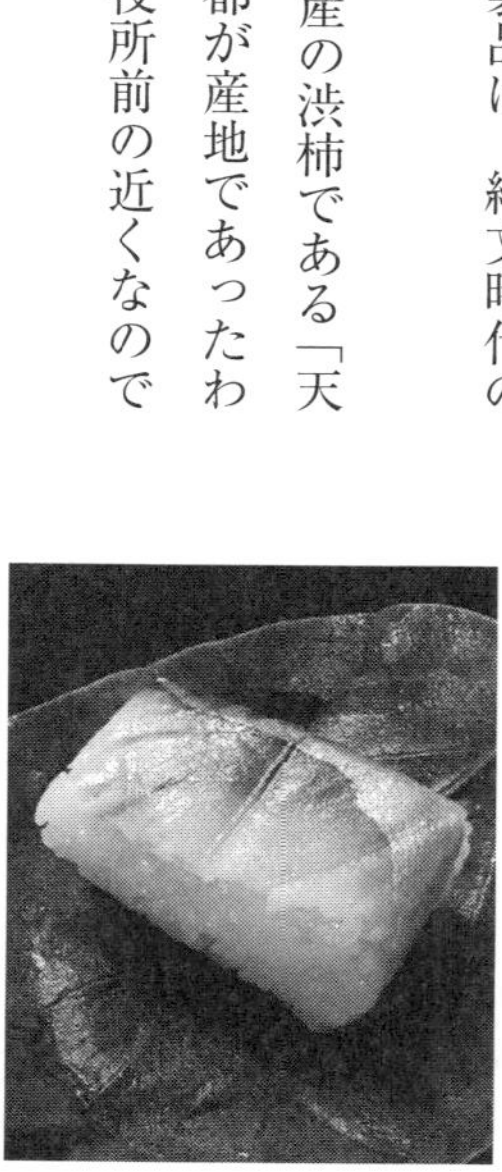

柿の葉寿司の柿の葉をめくったところ

きな柿の葉で巻いたものとみてよいようです（今はサーモン、鯛、あなごなどの種類がある）。柿の葉に含まれるタンニンの殺菌作用を利用したものとも。日本はじめモンスーンアジアには、葉で巻いた食品がいっぱいありますね。どのような食品があるか、調べてみてください。でも、いったいなぜモンスーンアジアなのでしょうか？ その理由も考えてみませんか？

水尾の柚子（1）

中京区姉小路《あねやこうじ》東洞院《ひがしのとういん》の交差点を西に行ったところ（京都ではこれを「西入」と表現し「にしいる」と読む）に、「八百三《やおさん》」という柚子味噌専門店があります。白味噌に柚子の風味をつけたもの。この店では、「柚味噌」と書いて「ゆうみそ」と読んでいます。白味噌のうまみと甘みに柚子の香りがのった、何とも上品な調味料です。田楽《でんがく》やふろふき大根の上に厚く塗れば、柚子の香りが際立ちます。

ユズの存在意義はその香りにあるといって過言ではありません。しかも香りの強いのが皮。柚子皮の黄色い部分だけを薄くむいて、あるいはそれを千切りにし、焼き魚や膾《なます》の上にのせると料理のランクが一段上がった感じがします。茶碗蒸しの上にのせても、よし。皮まで食べられる柑橘《かんきつ》類は珍しくありませんが、皮だけを単品で使えるのはユズだけでは

八百三の外観

ないかと思います。

柚子の香りを生かした食品はまだあります。柚子の中身をくりぬき、中に膾《なます》や酢のものを入れて作る「柚子釜」。膾などの代わりに味噌やくるみの実を砕いたものなどを入れて乾燥させたものが「ゆべし」。保存食として重宝されました。ユズの実はまだ青く小さなうちから使われます。皮の部分だけを澄ましの椀に入れたりします。ぜいたくな食べ方ですね。

ところで、京都がユズの名産地のひとつだということ、知っていますか？　生産量からいえば、西日本では高知県の馬路《うまじ》村などが有名ですが、京都の産地は右京区の水尾地区。鎌倉時代からの産地だそうです。京都盆地の西の端にある愛宕山（九二四メートル）の南西の谷沿いにある集落です。不便なところなので、車がないと行くのは大変。でも、保存会の人に頼めばキロ単位で送ってもらうこともできます。先の八百三も、水尾の柚子を使っているそうです。

水尾の柚子（2）

柚子ではありませんが、京都は柑橘《かんきつ》類とかかわりの深い街です。京都御所の紫宸殿の前の「左近桜《さこんのさくら》、右近橘《うこんのたちばな》」は、雛飾りのモデルにもなっています。この右近橘の「橘」もまた柑橘類の一種です。もう一つは梶井基次郎《かじいもとじろう》（一九〇一〜三二）の小説『檸檬《レモン》』。小説に出て

店のショウウインドウにおかれた「柚味噌」の容器。もちろん柚子の果実をモチーフにしたもの。

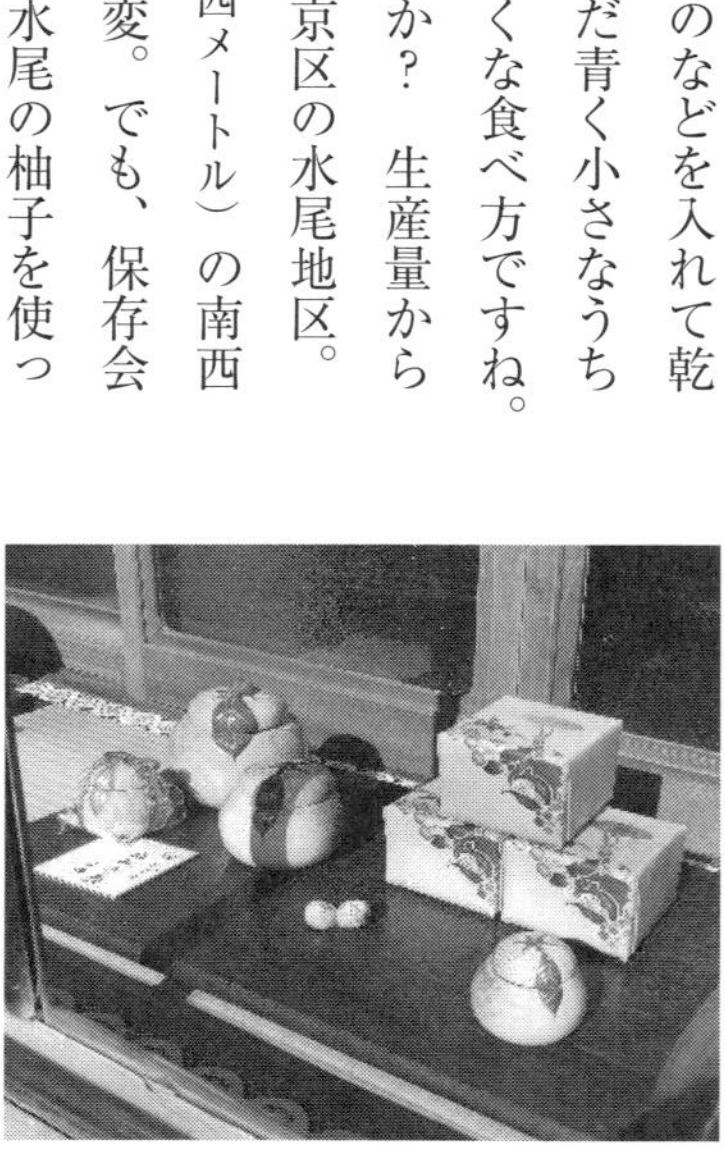

寺町二条南東角の「八百卯」があったビル（右側の四階建て）は閉店当時のまま残っている。

くるのが寺町二条角に実在した果物店「八百卯」でしたが、一〇年ほど前に閉店。

　レモンというと、わたしはイタリアのアマルフィを思い出します。イタリア・ナポリの南、海岸沿いの断崖絶壁にへばりつくようにできた街です。中世にはアマルフィ公国という海洋国家でした。この時代の船旅の脅威のひとつがビタミンC不足による壊血病《かいけつびょう》。レモンがこの危機を救いました。その名残りでしょうか、アマルフィには多くのレモン畑が棚田状に展開しています。そしてそのレモンといったら、まるで文旦《ぶんたん》か晩白柚《ばんぺいゆ》のように大きい！　とてもレモンとは思えない！　そして、黄色の皮（外果皮）も硬く、スポンジ様の部分（中果皮）も分厚い！　なるほどこれなら何カ月も保存が効くのかもしれません。ひょっとすると、海洋国家が船乗りの壊血病対策にレモン栽培を奨励したのではなかろうか……。もっとも、このお話はまだちゃんと確認されてはいないのですが、どなたか調べてみてくれませんか？

　アマルフィの段々畑を支えているのが石垣です。その景観が水尾のそれとどことなく似ているのはやはりこの石垣のせいでしょうか。石垣には、ひとつには土留めの意味がありますが、もうひとつの意味は蓄熱。昼間の太陽光に温められた石が、レモンの生育を促すのだそうです。

アマルフィ海岸（二〇一五年九月）

アマルフィのレモン畑の石垣

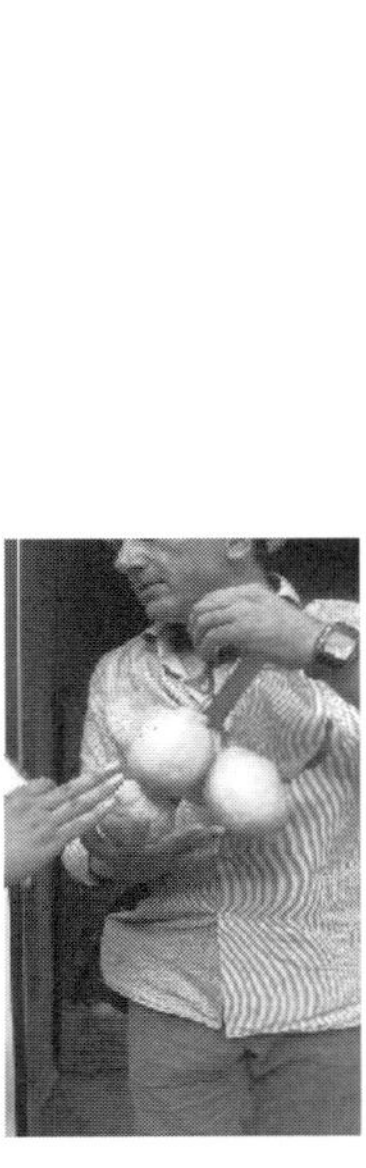
アマルフィのレモン。何とでかい！

聖護院かぶ

京野菜のひとつに「聖護院かぶ」があります。むかし聖護院あたりで栽培されていたカブで、日本列島にある二つの亜種の一つ「和カブ」に属する品種です。和カブとしては大きなカブになります。大きなものでは直径二〇センチほどあります。「和カブ」としては、と書きましたが、もうひとつの亜種である「洋種カブ」の中にはロシア民話「おおきなかぶ」に出てくるような、大きなカブもあります。以前、京都駅の新幹線コンコースで、漬物屋さんが聖護院かぶのデモンストレーションをしていました。

聖護院は、今では街中の土地で、畑などどこにもありません。しかし二〇世紀に入るまで、三条通の北では鴨川の東側はほとんどが畑の広がる農耕地でした。ここには聖護院かぶのほか、聖護院だいこん、聖護院きゅうりの名産地でした。かつて市街地は今よりずっと狭く、いわゆる京野菜の多くが、今は市街地となってしまった近郊の農地で栽培されていたようです。

聖護院かぶの最大の需要者が、京都三大漬物のひとつである「千枚漬け」です。この大きなカブの皮をむき、赤道面に平行に二ミリ強の厚さ（高嶋四郎博士の説によると四ミリ）にスライスし、塩を振って木の樽の中で三日ほど下漬けします。この過程で、脱水とおそらくは殺菌が進みます。想像するに、千枚漬けが薄くなってきているのは、漬ける時間を短

京都駅コンコースに登場した聖護院かぶのデモンストレーション（二〇二二年十一月）

くするためかと思われます。

このまま漬けておけば乳酸発酵が進んで「すぐき」のような漬物になることでしょう。千枚漬けは本来そのような漬物であったと考えられます。カブの葉には植物乳酸菌が生息していると考えられます。しかし江戸末期ごろに、下漬けした後、酢や昆布、唐辛子などを加えて作る即席の製法が発明されます。薄く切るのはそのためだと思われます。こちらの千枚漬けは、保存は効きませんが、すっきりした味わいで人気になりました。

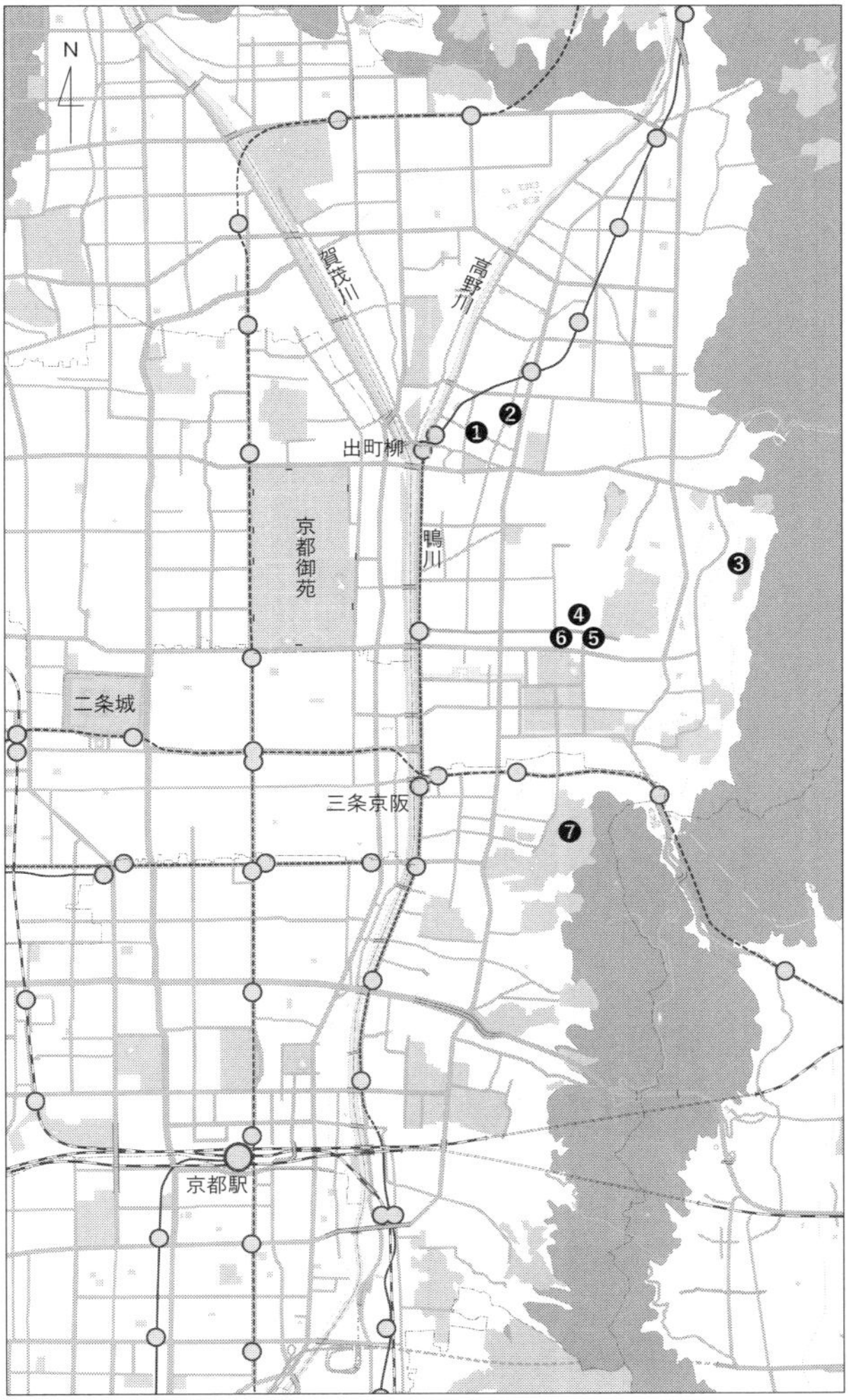

一八八九年（明治時代中期）の京野菜の産地。聖護院かぶ・聖護院だいこん・聖護院きゅうりは❹〜❻。❸は鹿ケ谷かぼちゃ。❶・❷は田中とうがらし、賀茂なす、❼は海老芋の出生地。

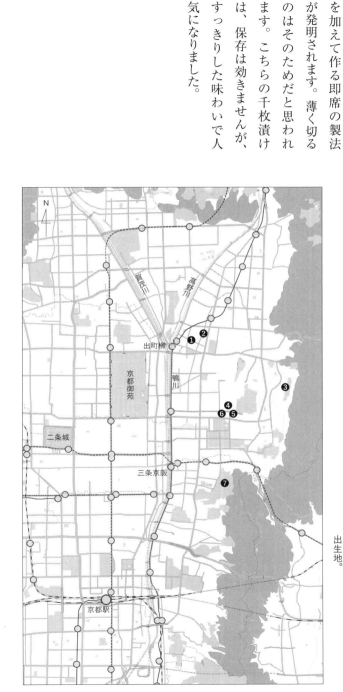

賀茂ねぎ

京都でネギといえば「九条ねぎ」。よく株分れし、青い部分の多いいわゆる葉ネギの系統です。この時期のうどんや丼ものなどには欠かせません。ネギにはもうひとつ、白い部分が多い白ネギの系統があります。関東や甲信地方以北の人はネギといえばこちらを思い起こすかもしれません。群馬県の下仁田《しもにた》ねぎなどが有名で、白い部分は土寄せされて土中に埋もれ、日が当たらないので白くなったのです。この部分は糖を蓄えており、とても甘いのです。糖を蓄えるのは組織を凍死させないためといわれます。植物の知恵、といったところでしょうか。いっぽう青い部分は硬くて食べにくい。

九条ねぎの中に、白い部分が太く長いタイプのものがあります。まるで白ネギのよう。緑の部分もちゃんとあってそれなりに柔らかいので、九条ねぎの系統だという説明にもそれほどの違和感はありませんが、こうなると今度は、白ネギと葉ネギの違いが何なのか、はっきりしなくなりますね。

このタイプの九条ねぎは北区の西賀茂あたりで栽培されてきたので「賀茂ねぎ」と呼ばれています。鴨がねぎを背負って来るという話である「鴨ねぎ」を思い出して思わず笑ってしまいました。西賀茂のさらに西の北区玄琢《げんたく》あたりにもこの系統のネギがあったようで、こちらは「玄琢ねぎ」と呼ばれていました。玄琢のすぐ西・北にある鷹峯《たかがみね》は、市内でも寒

賀茂ねぎ。太く、株分かれはせず、白い部分が多い。

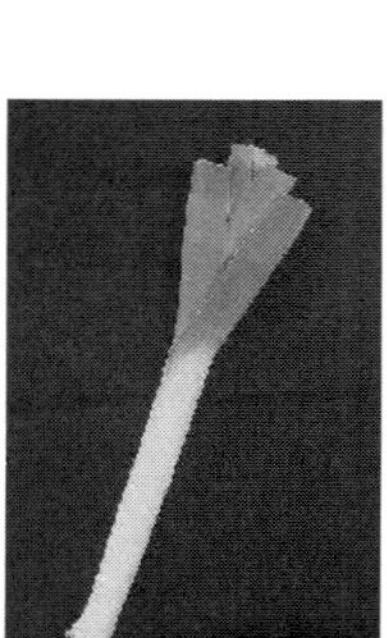

ポロネギ。パリ・モンパルナスのマルシェで（二〇一八年一月）。賀茂ネギより小さく写っているがこちらの方が大きい。

いところ。白ネギのような栽培方法もうなずけます。

どちらもスーパーなどではほとんど見かけませんが、寺町通丸太町下ルの「八《や》百《お》廣《ひろ》」では、冬には賀茂ねぎをよく見かけます。ご主人いわく「寒くなると甘くておいしいよ」。青い部分は青ネギとして使い、白い部分はすき焼きに入れるといいですよ、とのこと。

さて、ネギはヨーロッパでも食べられます。ポロネギ（ポワロネギ）とかリーキ（leek）などと呼ばれます。白ネギの系統なのでしょうか。白い部分も、一番外側の部分は結構硬く、薄皮のようにむいたもので豚肉を巻いて串揚げにしてもうまいのです。

京野菜を盛りたてた人びと（1）

京の食といえば「京野菜」を思い浮かべる人も多いのですが、それはずっと注目され続けてきたわけではありませんでした。高度成長期の頃にはジャガイモや西洋ニンジンに押され、また和野菜でも大産地で大量に生産される品種に押され消滅の危機に瀕していたものも多かったのです。

そうした京野菜を盛りたて今の姿にした「影の功労者」がいることをご存知でしょうか。それを調査するため、下鴨神社近くの「下鴨《しもがも》茶寮《さりょう》」を訪ねました。現社長は放送作家の小山薫堂さん。薫堂さんにお願いしてお店に保存されている資料をみせてもらいました。

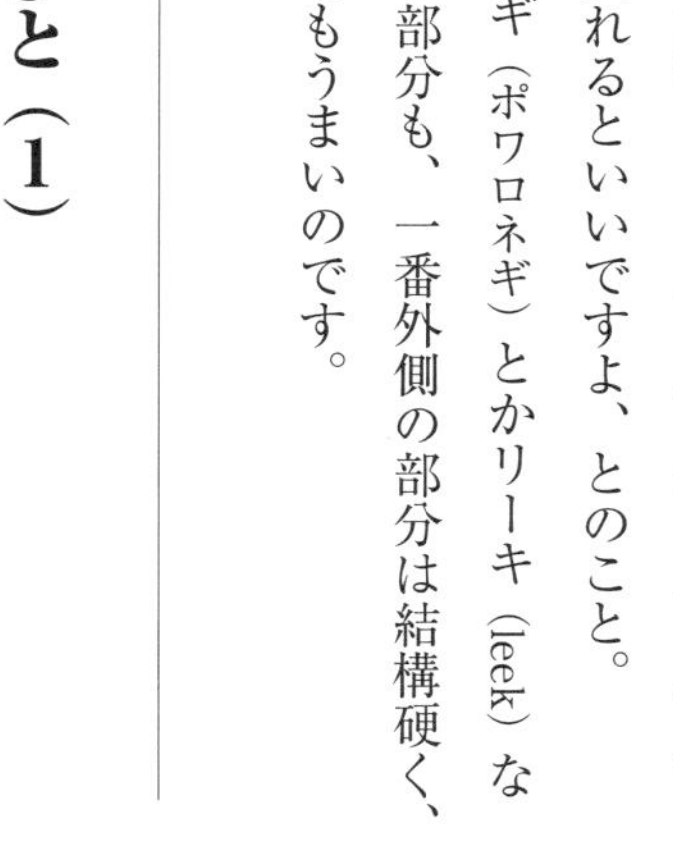

寺町通丸太町下ルの「八百廣」。ときどき変わった野菜が手に入る。寺町通にはいろいろな商店があって歩くだけで楽しい。

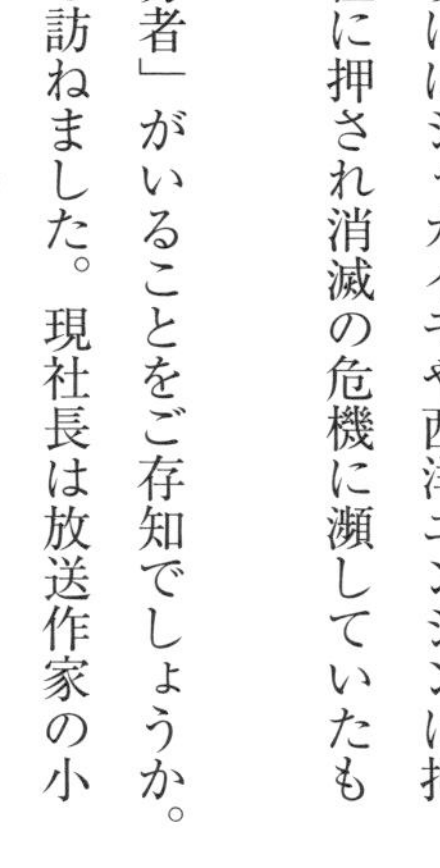

「京野菜を育てる会」の記録を残した資料（下鴨茶寮蔵）

その資料を紐解いてわかったことがひとつありました。それが「京野菜を育てる会」という会の存在です。一九八九年にこの会を立ち上げたのが第四代社長で女将だった故・佐治政子さん。政治家や京都を代表する企業の社長たちを説得して会を立ち上げたのです。年二回の現地見学会・勉強会には会長をつとめた大物政治家自らも出席しました。顔ぶれの多彩なことに注目し、新聞や雑誌が繰り返し記事にしたことで、活動は徐々に知られるようになってゆきました。

政子女将亡きあと、妹の八重子さんが次代の女将として活動を引き継ぎます。筆が立った八重子さんはJR東海の社内誌「ひととき」に京野菜の連載記事を書き続けます。記事に彩りを添えたのが政子女将の油絵でした。車内で記事を読んだ東京の人びとが下鴨茶寮に注目するようになり、店と京野菜は、京都の外の人びとにも知られるようになってゆくのです。

今では京料理店の大将自らが野菜生産者を訪ねて品物を吟味するのは当たり前のことになっていますが、下鴨茶寮ではその仕事は女将さんの仕事だったそうです。いな、この作業を約三〇年前に始めた政子、八重子女将が、今の京野菜を作った立役者だったといってよいでしょう。そして、政子女将が京野菜に目覚めるきっかけを作ったもう一人の「仕掛け人」がいることもわかってきました。

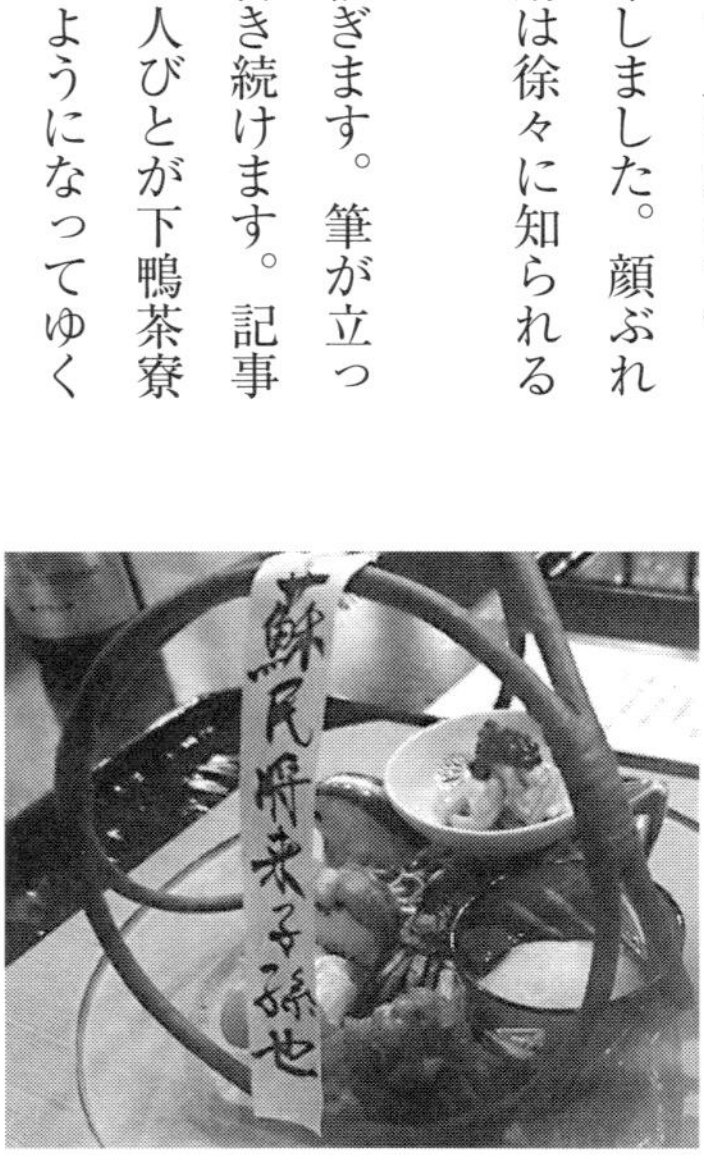

下鴨茶寮の「八寸」。祇園祭の直前だったので「茅の輪（ちのわ）」を模した飾りと「蘇民将来の子孫也」の護符がついていた。

京野菜を盛りたてた人びと（2）

下鴨茶寮の政子女将が京野菜に目覚めるきっかけを作ったもう一人の「仕掛け人」がいると書きましたが、その仕掛人が、京都府立大学の教授であった高嶋四郎博士（一九一七〜二〇〇三）でした。『おいでやす、おこしやす――老舗の女将が語る京都の老舗商法』（誠文堂新光社、一九八五年）には、一九六〇年代ごろに客として店を訪れた高嶋博士に野菜についてアドバイスを受けたくだりがでてきます。それがきっかけで政子・八重子両社長は今の植物園の近く（つまり京都府立大学の近く）に畑を借りて野菜づくりを始めたのでした。今その畑がどこにあるかはわかりませんが、彼女らがそこで野菜をみる眼を養ったことは確かなようです。

高嶋博士の名前は右京区嵐山の料亭「嵐山吉兆」の主人だった徳岡孝二さんの『最後の料理人』（二〇一九年）にも出てきます。同じく六〇年代半ばごろ、東京吉兆から嵐山吉兆に赴任した徳岡さんが、うまい野菜を入手するのに協力を仰いだのが、やはり高嶋博士だったというのです。高嶋博士の紹介で野菜農家を訪ね歩き、よい野菜を手に入れる作業を、このときに始めていたのです。吉兆でも、そこからたけのこ、賀茂なすなど、今京都でもてはやされている京野菜や生産農家との付き合いが始まったようです。

それから半世紀余り。その後いくつか絶滅した野菜は出たものの、多くの京野菜は何と

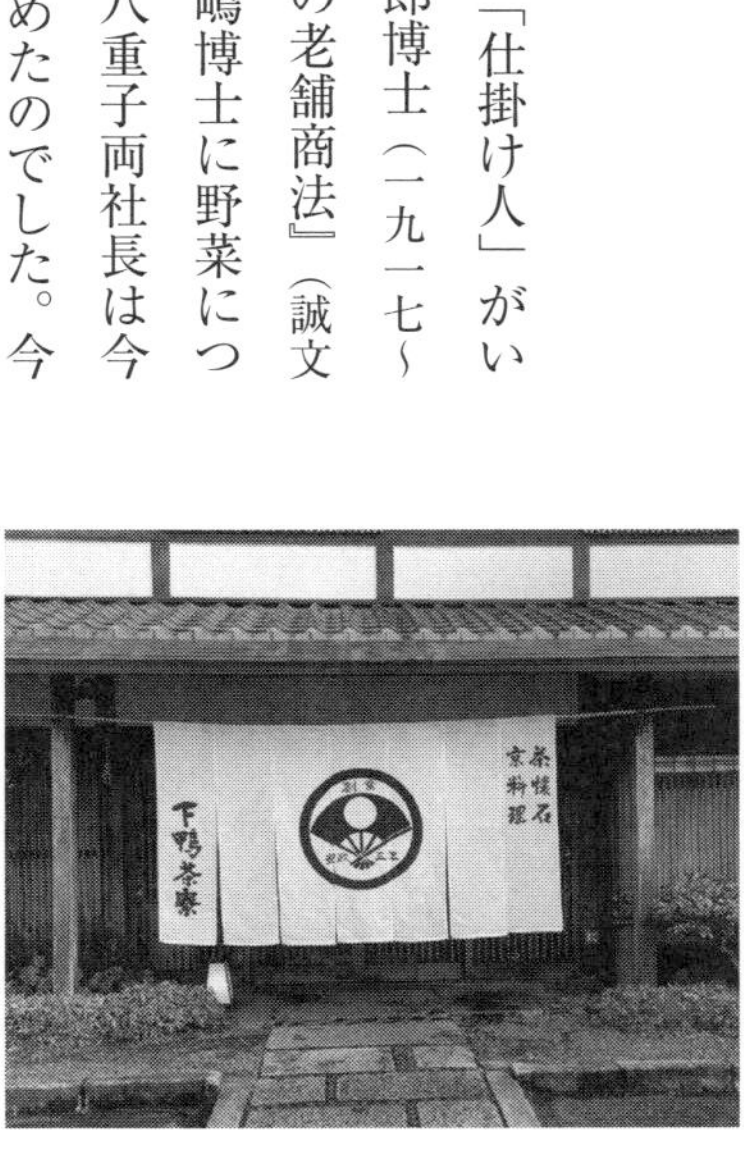

下鴨茶寮の玄関

賀茂なす（上奥）と万願寺とうがらし（北区の「萬川」で）。

か生きながらえ今に伝わってきました。京野菜の今あるその礎を築いた高嶋博士という人の功績がいかに大きかったかが改めてよくわかります。京野菜たちが今後も生きながらえられ人びとに愛されてゆくかは、今を生きるわたしたちがそれを大事に思い、食べ続けるかどうかにかかっています。

［註］京野菜には京都府、京都市がそれぞれ「定義」を与えて認証していますが、ここではそれらには触れませんでした。

石割さんの野菜づくり

これまで京野菜の話題を取り上げましたが、本節では南区の石割《いしわり》照久さんに登場してもらいます。鴨川沿いに土地を持つ先祖代々十代を超える農家の生まれ、いったんサラリーマンになりましたが一念奮起して家業を継ぐことに。石割さんが目指したのは「とにかくいい野菜を作ること」だったそうです。当時は市場の野菜には、品質の面でまったく満足できなかったといいます。悪戦苦闘するうち、市内の有名料亭「瓢亭《ひょうてい》」から「かぶを作ってほしい」と頼まれます。これがきっかけとなってプロ向けに野菜づくりを始めました。店が求める品質のかぶを作れるようになるまでには三年の時間がかかったそうです。

コロナ禍前には全国三〇〇軒の料理屋さんやデパートなどと取引があったそうです。宅

石割輝久さん

配業者の車がひきを切らず訪れ、とれたての野菜を引き取っていったとか。市内の常連さんには石割さん自ら車で配達します。店の人と会話をかわすためだそうです。さりげない会話から相手のニーズをくみ取り、意見を聞き、次の野菜づくりに役立てるためでした。こうして築き上げた強い信頼関係が、石割さんの野菜の質を高め、評判を呼び、やがては「京野菜」というブランドを育てるきっかけになったのです。

もちろん研究には余念がありません。「有機」栽培にも独自の視点で挑戦しています。料亭などから出る出汁《だし》がらを集めて畑に播いてたい肥にする試みは、店にも農家にも環境にもよい三方よしのうまいやりかたです。植えている作物の種類は一五〇種にも上るとか。

石割さんの話を聞いていると料理屋さんとの深いつながりがみえてきます。このつながりが品質を守り、技術を高めてきたのです。それを可能にしたのが、街のサイズでした。街が小さすぎると商売として成り立たない。大きすぎれば関係が希薄にならざるを得ない。京野菜が今の地位を獲得するに至った背景には、こうした要素が関係していると思われます。

石割さんのもう一つの関心事が次世代への京野菜の継承です。京都大学農学部の間藤《まとう》徹《とおる》教授（当時）が主宰していた「石割塾」では野菜の作り方のノウハウを週一の割合で院生・学生たちに伝えていました。巣立った院生の中には「のれん分け」してもらって野菜農家になった人もいるそうです。

和食文化学科開設前、京都府立大学の学生の有志がビニールハウス内でトマトの栽培法の講義を受けたときの様子。

田鶴さんのすぐき

すぐき――誰が呼んだか京都三大漬物のひとつです。スグキナ（酸茎菜）というカブの仲間で作られる漬物で、上賀茂一帯でのみ作られます。かつては神社の社家《しゃけ》の人びとだけが栽培、製造、販売を許されていたようです。初夏に播いたスグキナは晩秋に収穫の時期を迎えます。葉をつけたまま下ごしらえし、塩水につけた後に皮をむき、形を整えて塩とともに丸木桶にぎっしりと詰めてゆきます。むろん葉はつけたままで。てこで重石をして水を絞り出した後、炭火で加温した室《むろ》で発酵を進めて出来上がり。発酵は、葉についた乳酸菌によるもの。

上賀茂の田鶴均さんのところでは、冬のメインの野菜はほぼスグキナです。その栽培はむろんのこと、次代の種子採りもまた自分の責任でやっておられます。これはと思う個体は漬物にしてしまわず、畑の一部に残して囲いをして大事に育てて花を咲かせ、その種子を次世代用に保存します。囲いをするのは、畑においたままだと鹿に食べられてしまうから。獣害はここにも及んできています。カブの仲間は他家受粉します。近くにアブラナ科の植物があればその花粉が混じる危険性があります。以前、賀茂川河川敷にハナナ（花菜）か何かのエスケープ（雑草化し自生するようになった植物）がはびこり、その花粉が飛んでくるのでとても困ったそうです。

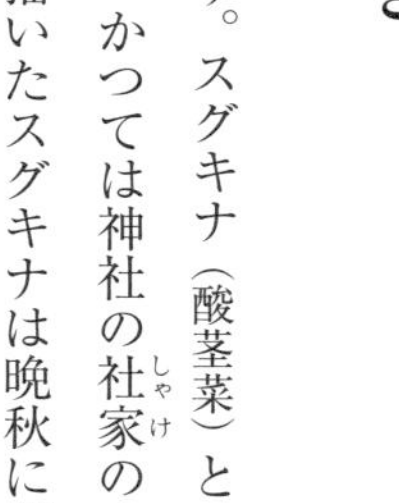

田鶴均さん。少年のような笑顔が印象的。

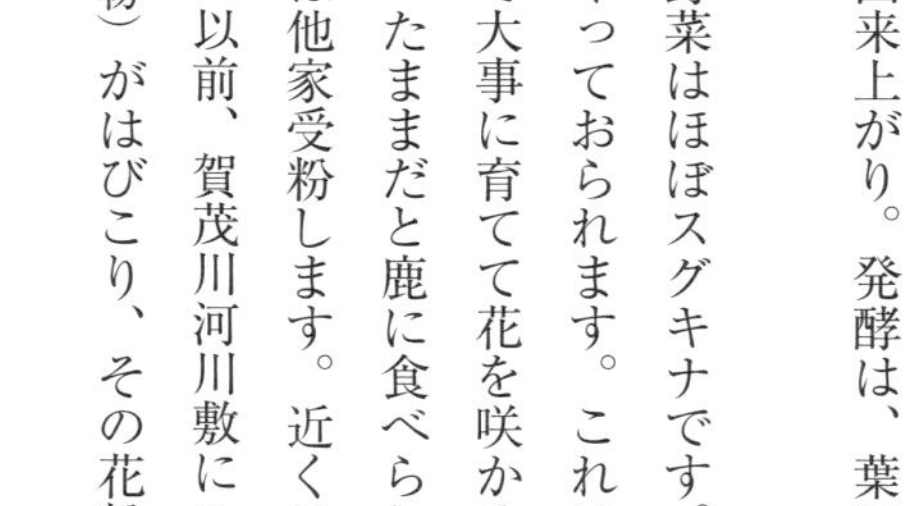

重石をして室に入れる手前のすぐき。右にみえる棒を天秤棒のようにして重しをかける。

すぐきづくりは種子採りから漬物の完成まで一人の生産者の手でおこなわれています。上賀茂地区で田鶴さんのような生産者は二〇軒そこそことか。それも確実に減っていっているそうです。

田鶴さんに、高嶋四郎博士（一九一七～二〇〇三）との関係を聞いてみました。京野菜の育ての親ともいうべき人ですが、その名前を出した途端、田鶴さんは堰を切ったように話し始めたのです。田鶴さんたち、まだ若かった京野菜の農家たちがいかに高嶋博士の影響を受けたか、どれほど多くを学んだかを。高嶋博士が作った研究会に出て、仲間たちと知り合いに。やはり高嶋博士が京野菜の今ある姿を作りあげた功労者の一人と言ってよさそうです。

森田農園の試み

「森田農園」は京都市内に二軒ありますが、そのうちの一軒、左京区の森田農園さんは今年（二〇二一年）、府の農政課とコラボして、京都府立大学一回生の授業の一環で府下六カ所の生産者たちを訪問するプログラムを開発しました。

十一月、森田農園さんではお正月の「春の七草」の生産におおわらわ。人日《じんじつ》の節句（一月七日）に食べる「七草粥《ななくさがゆ》」の素材です。いずれも葉もの。今では、葉野菜と言えばサラ

室。いまは電気で加温するところが多いが、田鶴さんは今も木炭を使う。

ハコベの花

ダしか思い浮かばない人が多いのですが、日本では生野菜はそれほど多く食べられませんでした。主力はおひたしや漬物、あるいは粥といったところでしょうか。

見せてもらったのは、はこべらの畑。植物名としてはハコベ。学名はコハコベ（*Stellaria media*）。ただし分類などは未確立のようです。

ご主人の森田啓子さんに「気を遣うところは？」と聞いてみました。すると「七種を同じだけ生産しないとならないところ」でした。七草のうち、すずな（カブ）とすずしろ（ダイコン）は種子の生産者もたくさんあるし、栽培技術も確立しています。しかし他の五種はどれも半栽培植物。種子も自家生産、栽培法も手探り状態。だから分類も確立していない、ともいえます。それも五種とも似たような状態。加えてこれらの種子はどれも、とても小さい。

「そういうの、ほんとは大学の仕事やね」と聞くと、

「そうそう、そうや、こんな仕事、大学でやってほしいわ」。

今、こういう地味な研究をする人がほんとに少ないのです。百年前の農学者・横井時敬《ときよし》（一八六〇～一九二七）の有名な言葉、「農学栄えて農業滅ぶ」を思い起こしました。どなたか「七草の種子生産法の確立」の研究をやってみては？　京の和食を守る、とても大事な仕事だと思いますが……。

森田農園ではすぐき（酸茎）に使うスグキナも作っていました。スグキナはカブの仲間。すぐきは京都三大漬物のひとつ。冬に漬けられ、乳酸菌の働きで独特の酸味があります。

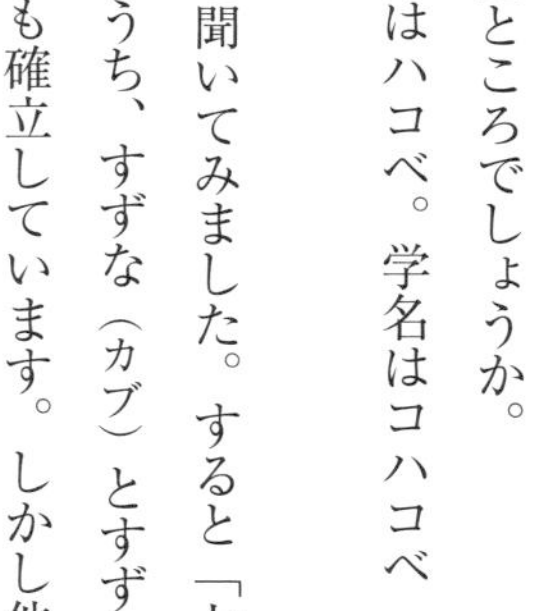
ハコベの畑（温室）

根も葉も一緒に漬け、食べるときは両方を一緒に細かく刻んで食べることが多いようです。手間のかかる漬物なので、今では大きな生産者が近所の農家で栽培されたスグキナを集めて漬けているそうです。

第九章

京の洋食・中華・コーヒー

京都の珈琲文化

「京都にはなぜ喫茶店が多いのだろうか。しかも昔ながらの喫茶店が」。これがわたしの問題意識の原点でした。あらかたのことは田中慶一さんの『京都 喫茶店クロニクル』（淡交社）で知ることができます。調べるうち、コーヒーの焙煎文化が深くかかわっているらしいことがわかってきましたが、まだ腑に落ちないところがあります。で、わたしの知恵袋の松本隆司さんのご紹介で「玉屋珈琲店」の門をたたきました。

　京のコーヒー文化は一〇〇年前までさかのぼります。多くの喫茶店は第二次大戦中（一九四一～四五）に「贅沢」「敵性文化」ということで休店を余儀なくされましたが、戦後すぐ復活します。真っ先に復活したのが猪田七郎さんの「イノダコーヒ」。ついで玉本さんの玉屋珈琲店、小川珈琲などが焙煎専門店として開業、その後の喫茶店のコーヒーとその文化を支えてきたのです。

　で、最初の問題意識。答えは出ませんでしたが、手掛かりのようなものはみつかりました。理由はいろいろですが、理由の一つは意外にも缶コーヒーにありそうです。一缶一〇〇円前後の缶コーヒーの爆発的普及がコーヒー人口を増やし、それでコーヒー愛好家が増えたからではないか。でもそれは全国どこも同じ。では京都では？

　ここからは仮説の域を出ませんが、西陣の旦那衆や、映画関係者、文化人たちの交流の

玉屋珈琲店と二代目玉本久雄社長（堺町通錦上ル）

焙煎機とロースターの職人さん。焙煎機は大阪の会社の特注品。

拠点を喫茶店が担っていたのではないか。一杯の濃いコーヒーとタバコを介して彼らは意見を交わし、文化を論じ、ときには商談もこなす……。大学周辺では学生や教員たちの憩いの場として、あるいは議論の場としての役割を担ってきました。

バブルがはじけ文化人がいなくなった今、ケータイやスマホが普及し、喫茶店は「拠点」の役目を失いました。代わって喫茶店を支えているのは若い人たち――玉屋珈琲店の吉川博之さんはそう考えています。そして今は、愛好家の中から生まれ育った若いコーヒーマニアたちが、尖った喫茶店を盛り立てようとしているのだそうです。

le café 338 ――自家焙煎する喫茶店

ノートルダム女子大学の正門前に小さな喫茶店があります。その名は「le café 338」。御粽司「川端道喜《かわばたどうき》」の店主、川端知嘉子さんに教えてもらいました。そういえば、川端道喜のお店もここから歩いて二～三分のところにあります。店の入口にさりげなく置かれているのがコーヒーの焙煎機。四〇年近くにもなる器械のようで、「壊れたところを直しながら、だましだまし使ってます」とのこと。なるほど、取り外しのきく煙突、取り換えた跡のあるハンドルなどなどに歴史の長さを感じ取ることができます。

京都の喫茶店には生豆を買って自家焙煎する店が多いと言われます。「le café 338」も、

焙煎した豆の説明をする吉川部長。知恵袋のような人です。

「le café 338」の看板。話を聞き終わったころにはとっぷり日が暮れていた。

そうしたお店の一つです。焙煎機は専門店のそれに比べればはるかに小さく、おそらく一キログラム単位の少量の豆でも焙煎できそうです。なるほど、店によって味が違うのもうなずけようというものです。「le café 338」のような小さな店が続けていられるのも、その店ならではの味を持ち続けているからなのでしょう。

「生チーズクリームのケーキがおいしい」というので食べてみました。これも自家製。ホールで焼いて一二等分か一六等分して出しておられるようです。こちらも無条件でうまかった。きめ細かな舌触りは癖になりそうです。隠れた名品、というところでしょうか。

この店のもう一つの特徴が、池田知嘉子さんの絵が飾られているところでしょうか。それもかなり大きな絵が二枚。池田知嘉子さん？　そう、川端道喜の十六代の奥様の川端知嘉子さんです。本業は絵描きさんで、川端家にお嫁に来たときは「絵を描いているだけでよい」といわれたので結婚したのだとか。それが、ご主人がなくなって、「やむなく」菓子作りを継ぐことになったのだそうです。それでも知嘉子さんは絵を描き続けました。「川端道喜」の菓子にはどこか一本筋が通っていますが、——そしてだからこそ世紀を超えて伝わってきたのでしょうが——それも、知嘉子さんの性格が関係しているのでしょう。

「le café 338」のご主人は、知嘉子さんの同級生なのだそうです。ひとつの小さな喫茶店物語を発見した気がしました。

名物のチーズケーキ

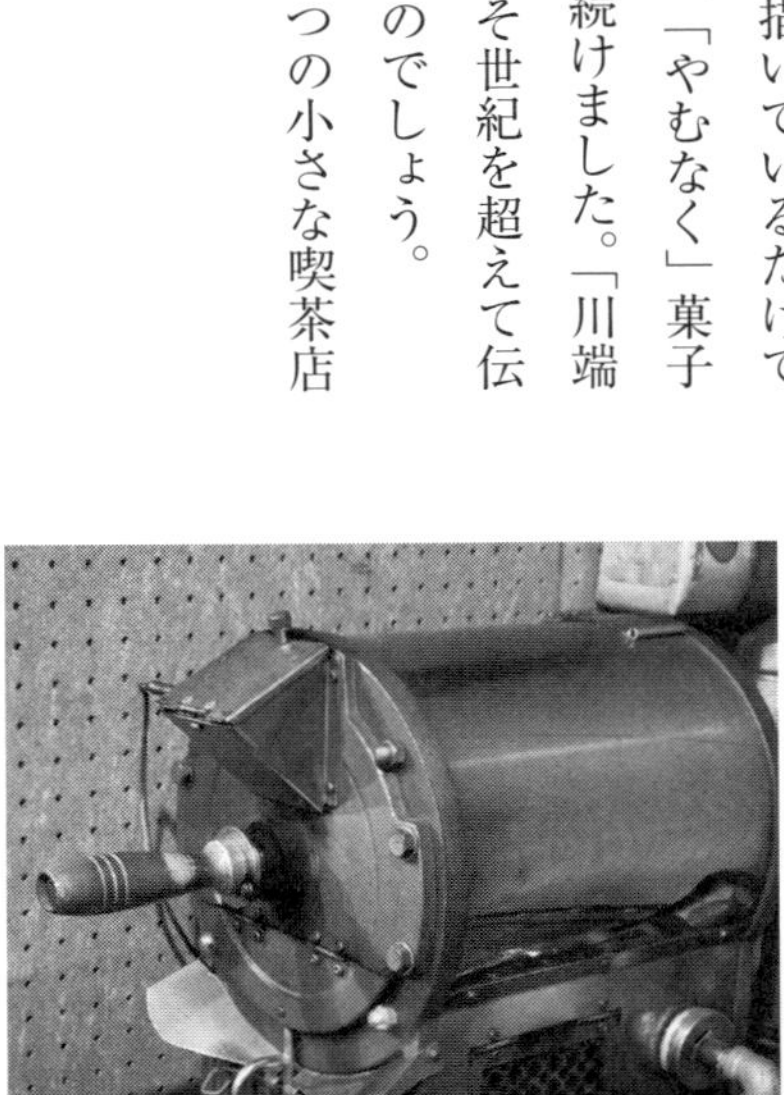

使い込まれた焙煎機。たしかドイツ製。

京の洋食

地下鉄の北大路駅から北大路通を東に進むと、賀茂川にかかる北大路橋の手前に「グリルはせがわ」という洋食店があります。一九六〇年代初頭の開業ということなので創業約六〇年の老舗になります。おすすめはハンバーグ定食。とはいえ、フライものも定評で、かつそれらを組み合わせた品数は相当の数に上ります。洗練された味はさすがです。洋食屋さんらしいオーソドックスなソースがとくにうまい。定食を頼むと皿のご飯と味噌汁がつきます。それなので、ナイフ、フォークに加えて箸が出されます。味噌汁も出汁の効いた、たぶん麦味噌仕立て。主菜の量の多さにも驚嘆。コロナ禍以前からテイクアウトにも力を入れていますが、こちらもまたボリュームがあって定評があります。

洋食のはじまりは言うまでもなく、明治時代に入ってすぐの欧州料理の渡来にあります。肉中心のメニューはさすがにストレートには受け入れられず、和風にアレンジされた「洋食」が社会に広まっていきました。今も全国展開している定食屋「やよい軒」が東京・茅《かや》場町《ばちょう》に「彌生軒」として出店したのは一八八六年。それはいわば「一汁三菜」の菜を揚げ物、肉にしたもの、という位置づけでした。その意味では、洋食は和食の隣人です。あるいは和食のジャンルにいれてもよいのかもしれません。なぜなら、洋食とうりふたつの「とんかつ定食」や「かきフライ定食」が多くの人に和食と認識されているからです。

「グリルはせがわ」の定食

新しもの好きの京都人は、洋食を早くから受け入れました。これからよく調べてみるつもりですが、古いところでは例えば「キャピタル東洋亭」（一八九七年創業）。他にも河原町丸太町の北東角にある「丸太町東洋亭」（一九一七年創業）は別経営で、こちらは「欧風料理」。価格帯もだいぶ上でディナーをターゲットにしているらしい。昔はビルの一階に店がありましたが、今は同じ場所に建つビルの五階に転居。上七軒といえば最古の花街といわれますが、そこにあるのが「グリル彌兵衛」です。上七軒通の和の空間に溶け込んだ構えのお店ですが、中だけポッカリ洋の空間になっていました。

これら洋食店に共通するのが、京の人びとに受け入れられてきたところです。観光客やビジネス客のものではありませんでした。いくつもの老舗洋食店が、彼らが立ち寄りそうもないような路地裏にあるのです。その一つが、おしくも二年前に閉店した「のらくろ」（一九三四年創業）。下鴨中通に面するその店は土地の人ではないと探し当てることは難しかったでしょう。

卵のサンドイッチ

先日、ある雑誌の取材を受けました。「京の食あれこれ」というテーマで、例えば「京都のだし巻きサンドはパンを軽く焼いてからだし巻き卵を挟むというのは本当ですか？」と

上七軒の「グリル彌兵衛」のハンバーグ定食。花街にも洋食店があるのが京都の一つの特徴かも。共通項は、汁（スープ）がご飯の奥におかれるところ。「一汁三菜」のスタイルとは違っていますが、これは偶然？

か「おきまり、って何でしょうか?」などというもの。でも、「○○は本当」と答えるのは至難のことです。ひとつでも違うケースが見つかれば仮説は崩れるのですから。「悪魔の証明」と言われる論理学の考え方です。

そこで卵サンドについて、面白そうなので早速調べてみることにしました。直観的に「そんなことはない」と思ったので、過去の写真やら何やらをひっくり返してみました。仮説の補強をするのはフィールドワークです。

ありました! パンを焼かずにサンドした店が! それも一軒や二軒ではありません。たしかに、古い店では薄めのパンを軽くトーストし、厚焼きのだし巻きを挟むところが多いようです。例えば、祇園切通し（東山区）の老舗「進々堂」です。それと、サンドイッチ

三木鶏卵のサンドイッチ

「百春」のサンドイッチ

「華ぜる」のサンドイッチ

「百春」の店内から寺町通を望む。

用の食パンは、どちらかといえばぱさぱさで味がないことが大切。最近はやりの食パン専門店の食パンはしっとりとしていて、かつ甘い。でもそれではパンが出しゃばりすぎていて、サンドにはもうひとつ合わないように思います。皆さんは、どう思われるでしょう。

前頁の写真は、上が三木鶏卵が富小路《とみのこうじ》通錦上るに新たに開いたパンショップのサンドイッチ、中が寺町二条上るの「百春《ももはる》」のそれです。下は二〇一九年に下鴨中通北大路下るにできた「華《が》ぜる」のそれ。どれもパンは焼いてありません。百春のサンドは、ソースを薄く塗ってありました。華ぜるの卵焼きはほのかに甘い。パンはどれも、甘くはないがしっとり。新しい文化はこのように、伝統を下敷きにしつつも常に新しいものを吸収しながら生まれてゆくのですね。

なお、卵焼きは東西で大きく異なります。東京の卵焼きは出汁は加えず、代わって砂糖を加えた甘い卵焼き。山本有三の『路傍の石』に出てくる卵焼きも、甘い卵焼きでした。

京都の豚肉文化

「『とんかつ清水』、知ってますか?」。このような問い合わせを最近相次いでいただきました。京都の仮寓からすぐのところにあり前々から気になっていたので、早速行ってみました。河原町通に面しているのですが、店の看板はなくドアは木戸。よほど注意しないと

三つに切ってテイクアウト用にしてもらった「とんかつ清水」のカツサンド。まん中の白っぽく見えるのが豚肉（フィレ）。これだけ分厚い肉を中まで火を通すのは大変でしょうに。

見落としてしまいます。それほどに目立たない店なのです。「テレビ取材はお断り」もうなずけます。

河原町通の、御池から今出川までの二キロほどの間にはすくなくとも三軒のとんかつ専門店があります。南から「とんかつ処やまなか」「とんかつ清水」「かつかつとんとん」で、それぞれ特徴がありますが、この「清水」は二つの意味で「尖って」います。一つ目はごはんを出さない、つまり「定食」がない。カツサンドはありますが、これがびっくり！（前頁下）。二番目のびっくりがこの分厚さ。もはやサンドイッチというより「とんかつの食パン添え」ですね。カツの厚さは優に三センチはあります。一食で食べきれませんでした。

聞いてみました。オーナーが後輩の学生たちに腹いっぱい食べさせようと始めたお店なのだとか。夜が本業で、昼は二年ほど前から始めたばかり。いっぽう夜はインスタで人気となり、今は女性客が多いとか。「みなさん、写真を撮りに来られます」——昼担当のお兄さんは苦笑いです。

京都の食文化の中に豚肉はなかなか定着しませんでした。鶏肉は江戸時代からあったし、牛肉も明治以降速やかに定着したのです。だのに豚肉は……。理由はいろいろでしょう。とんかつの発祥は東京。もともとフランス料理の「カットレット」だったと岡田哲氏は書きます（『とんかつの誕生』、講談社　二〇〇〇年）。豚肉と牛肉の消費には今でも明瞭な地域差があり、豚肉ははっきりと東高西低。その「西低」の京都で豚肉を最初に受け入れたのが洋食屋さんでした。

店員さんと出来立てのソースたっぷりのカツサンド。分厚さに注目！

店構え。入るのは木戸を開けて。ちょっと勇気が要りそう。

弌之船入

「弌之船入《いちのふないり》」とは中華料理屋さんの名前です。「弌」と書いて「一」。ちなみに「二」は「弐」と書きます。場所はその名の通り「一之船入」、つまり高瀬川の船着き場の一番北にあるもので、日本銀行京都支店の南側を通る通り（押小路通）に面しています。旧知の編集者の方に連れて行ってもらいました。中華というと濃厚な味わいと強いスパイスを連想しますが、京都の中華には二系統あるように思われます。その一つが、「京の中華」とでもよぶべき、うまみは強いものの香辛料などは使わないあっさりした系統です。

「弌之船入」は、二つの系統を併せ持ったような店でした。出された料理の多くはその「あっさり」のほうの味わいで、昆布と鶏肉でとった出汁を使っているのではないかと思います。そもそも中華は「出汁」をあまり使わない料理だと思いますが、店主は出汁をはっきりと意識しておられるようです。

「昆布と鶏ガラでとった出汁」というのは知る人ぞ知る京都の中華の特徴です。そして、ニンニクや香辛料はあまり使いません。京都は、祇園という花街があるため、強いにおいを嫌う傾向が中華料理の世界でも強いようです。香辛料の代わりが出汁だったのです。

いっぽう二品目のふかひれスープのスープはとても濃厚！　訊けば、豚、鶏や各種の野菜のほか鴨、魚介など、これでもかというくらい多種類の食材を長い時間煮詰めて作るそ

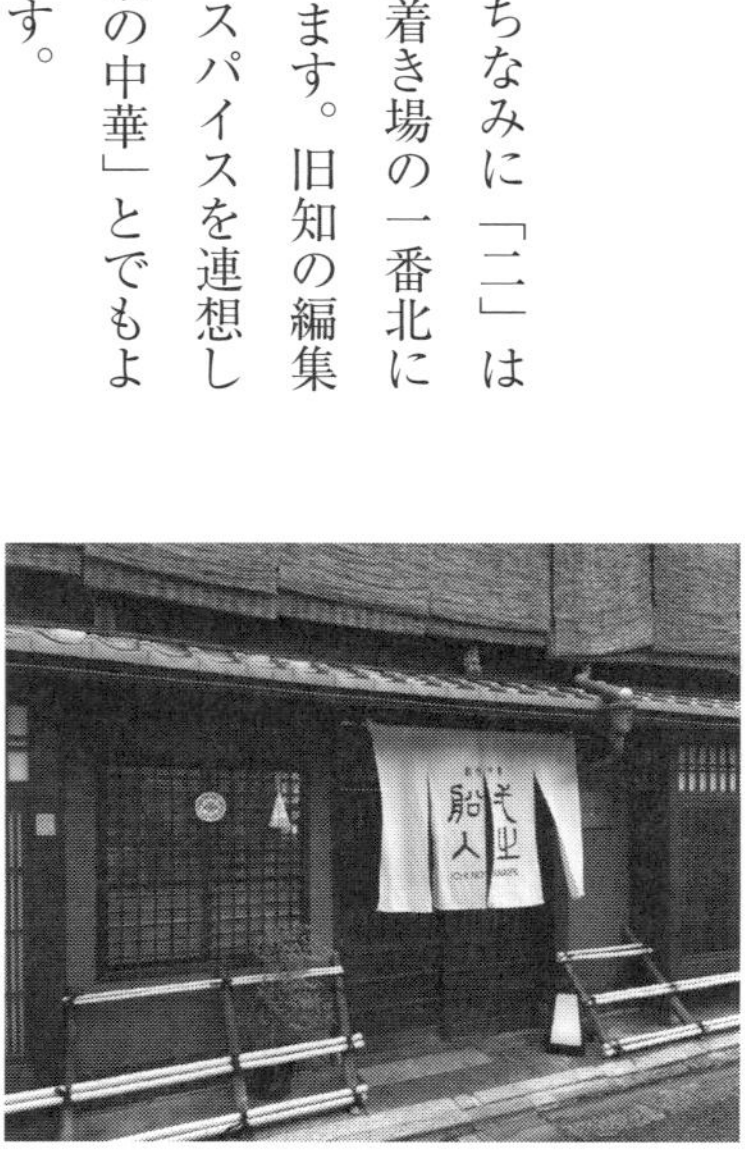

「弌之船入」の玄関。

「弌之船入」のふかひれの濃厚なスープ。いかにも中華、という感じでした。

うです。ふかひれもとても柔らかく、満足でした。ふかひれというと京都では、京料理屋さんの「木乃婦《きのぶ》」の看板メニューのひとつである「ふかひれと胡麻豆腐」のスープが有名です。

弌之船入のもうひとつの「売り」が有機野菜を使っているところでしょう。これも京都ならではの特徴だと思われます。京都は、野菜の質が、全国でもトップクラスだからです。それも市場で買うのではなくて契約栽培。京都ではよく聞くスタイルです。三品めは、レタスの葉一枚を皿に見立ててそこに春野菜の油いためをのせたものでした。炒めた野菜を、レタスの葉でくるりと巻いて食べる趣向です。

さくらの東坡バーガー

中京区丸太町《まるたまち》通河原町《かわらまち》西入るに「マダム紅蘭《こうらん》」という〈京風中華〉の店があります。小さな店ですが、脂っこさを感じさせない料理で女性にも人気の中華料理屋さんです。それで「京風」なのかな。個人的なことで恐縮ですが、十五年ほど前、店のすぐ裏手にある「御所東小学校」の敷地（当時は春日小学校といった）に仮住まいしていた総合地球環境学研究所にいたので、この店はよく利用したものです。京都市内の中華ではもう一軒、ＪＲ二条駅前近くの「大鵬」も、知る人ぞ知る名店。強い臭みを持つ発酵食品である鮒寿司《ふなずし》のご飯部

東坡（マダム紅蘭）。ラフテーを思い出しました。八角（大ウイキョウ）の香りがかすかにしました。なお、大ウイキョウとウイキョウは別ものなので注意。

分を中華の隠し味に使うというこだわり方がすごい。「強いものには強いものを合わせる」というセオリーの通りです。

マダム紅蘭の看板メニューの一つが「さくらの東坡バーガー」。季節限定だそうです。サクラの葉で巻いたマントウに、東坡《トウハ》と呼ばれる豚の三枚肉を甘辛く煮詰めたものを挟んだ、いわば中華風バーガーです。マントウはサクラの香りがしました。色はごく薄いピンク色。サクラの花の塩漬けが刻み込まれているのかも。これをテイクアウトにしてもらい、マントウと東坡を別々に包んでくれました。

マントウは漢字では饅頭。日本の饅頭《まんじゅう》と同じく小麦粉の蒸しパンですが、日本のそれとは違って中に何も入れないものが多い。むろん「豚まん」のような肉入りのものや、刻んだタカナ（高菜）の油いためを入れたものなどのバリエーションがあり、北京を中心とする華北から黄河上流の地域では、朝ごはんの定番です。

東坡の名にはなじみのない人も多いでしょうが、豚の三枚肉を甘辛煮にした中国料理。豚肉料理は、中国では南方（長江の南）のもの。なお、中国語の発音は「トンポー」。味は沖縄のラフテーと瓜二つ。そう、沖縄料理（琉球料理）は豚肉を食べる文化です。ちなみにソーキそばは沖縄そばの上に茹でたスペアリブをのせたものです。ラフテーは、沖縄の米焼酎である「泡盛《あわもり》」で肉を柔らかくし、黒糖と醤油で甘辛煮にしたもの。国内の「豚の角煮」とは違って皮つきが多い。那覇の市場などでは冷凍品がキロ単位で売られています。

なお、泡盛は沖縄固有の米焼酎ですが、大正時代から原料にタイ米を使うことが義務付

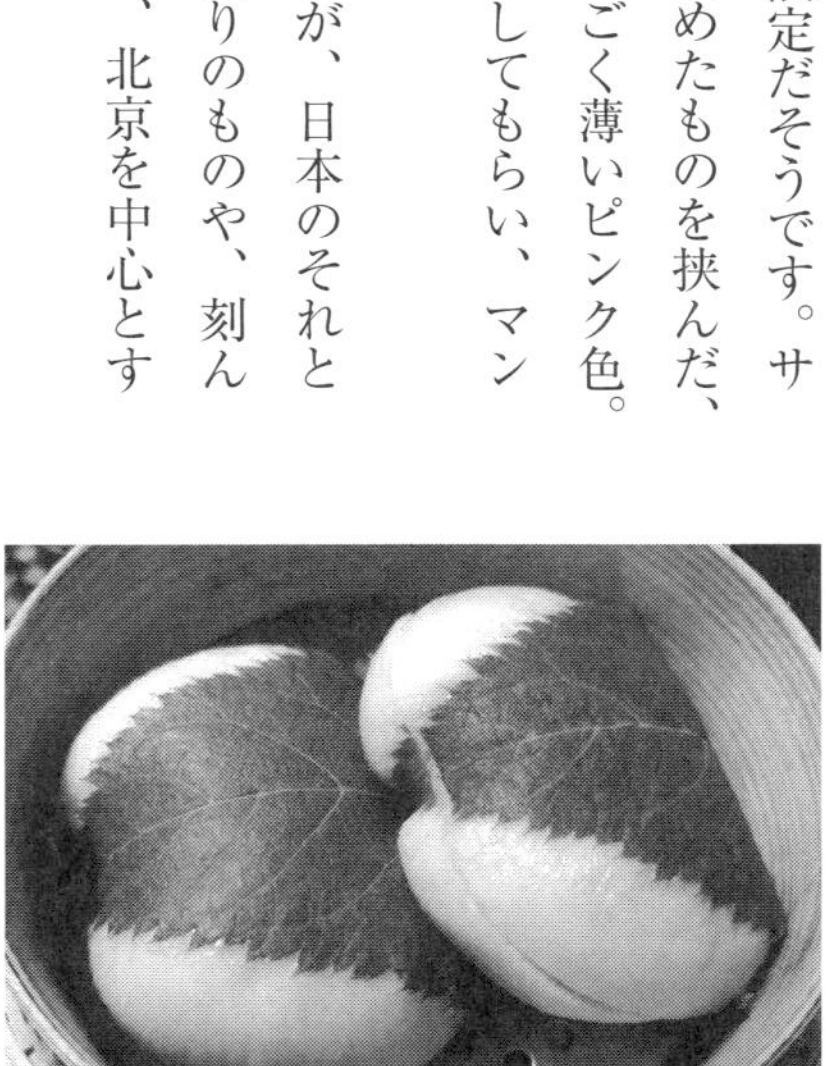

さくらの饅頭（マントウ）。大きな桜葉だった。おそらくはオオシマザクラの葉の塩漬け。

けられた蒸留酒です。組合によると県内には一〇〇を超える蔵があるそう。それにしても、いつからタイ米なのでしょうか？　暇になったら泡盛のルーツを詳しく調べてみたいと思っています。泡盛は清酒や米・焼酎ともども麹を使った日本の酒造りの技法として二〇二四年、ユネスコの無形文化遺産に登録されました。

京の卵

京都は卵料理の多い街だと思います。その代表が「だし巻卵《まきたまご》」でしょうか。「なんだ、玉子焼きか」というなかれ。出汁《だし》を加えた卵焼きで、東京のそれと違って甘くありません。液体を加えるので、焼くには技術が要ります。玉子焼き器を上手に返しながら、遠火の強火で、決して焦がさぬよう、半熟にならぬよう、箸だけを使って均一に焼きます。これを挟んだ「たまごサンド」も有名。祇園・切通《きりとお》しの喫茶店が半世紀ほど前に始めたものだそうです。今やあちこちのパン屋さんがさまざまな種類のたまごサンドを作っていますが、特徴はずばり、分厚い出汁巻卵を使うこと。ゆで玉子をつぶしてマヨネーズであえたものとはまったく違います。

卵料理は丼にも。京都や大阪には「衣笠丼《きぬがさどん》」や「木の葉丼」と呼ばれる丼物があります。蒲鉾や油揚げ、ねぎなどを入れただけのあっさりした卵丼で、なぜかこれに粉山椒をかけ

北大路駅近くの定食屋さんの「衣笠丼」。同名のうどんもある。店によってはこれを「クズあん」でとじることも。

て食べる人が多いようです。親子丼もあちこちの店でよく見かけます。『京都の中華』（二〇一五年）の著者・姜尚美さんによると、新京極の中華料理店「龍鳳」の鳳凰蛋《ほうおうたん》は親子丼にも似た中華丼であり、ニンニクなどを使わないため、一時期は近くのデパートの店員たちの昼の定番になっていたのだそうです。

もう一つ「京の卵料理」で思い出すのが老舗「瓢亭《ひょうてい》」の朝がゆ。ものは試しと、食べてきました。朝がゆとはいえ、料亭の朝ごはんですからなかなかのごちそう。そしてその名物となっているのが半熟のゆで卵を半分に切ったもの。たったそれだけですが、半熟の加減がいのち。シンプルなだけに卵の品質そのものが問われる、いかにも京都の料理屋さんの一品です。

こうしてみると、京は卵料理の多い街だといえるでしょう。海から遠く動物性の食材に乏しい土地で、卵は比較的長時間の保存がききます。また鶏は身体が小さく、山がちの土地でも多くの個体を飼育しやすい。それに、なにより、京は精進料理の街。鶏は動物ではないかと言われるかもしれませんが、幸か不幸か二本足。「四つ足」といわれる動物とは違う、という「言い訳」をして、鶏は食べられてきたのです。

「瓢亭」の朝がゆの膳につけられた半熟のゆで卵。

京の牛肉

京都といえば「精進」のイメージがありますが、じつは京都市民は牛肉の消費量日本一でもあります（二〇一六年調査）。年間一人一〇キログラムの牛肉を消費するのは京都市だけ。なお、二位、三位は奈良県と和歌山県。上位一五位まではすべて西日本の府県が占めます。

市内にはすき焼きの専門店が何軒もあり人気を博しています。京都のすき焼きは関西風。熱した鉄鍋にザラメを撒き、薄切りの牛肉を載せて片面をさっと焼きます。裏表返したところに醬油をさして、溶き卵にくぐらせて食べます。東京のすき焼きは「わりした」というつけ汁をあらかじめ用意し、それで煮ます。「牛なべ」の系譜でしょうか。また、京都では、すき焼きにタマネギを入れるのが普通。関東では白ネギを入れますが、これはたぶん甘いから。京都には甘い白ネギがなく、代わりに甘いタマネギを入れたのかもしれません。

すき焼き専門店のひとつが、中京区寺町三条にある「三嶋亭《みしまてい》」。牛肉の販売もやっています。毎年年末になると店の前には長蛇の列ができます。二〇二一年末も、コロナ禍にもかかわらず大勢の人が並んでいてびっくりしました。外食で食べられるだけでなく、家庭でも牛肉が食べられていることのひとつの証《あかし》でしょうか。おそらくは正月の間にすき焼きにでもするのでしょう。

三嶋亭に並んだ牛肉を買い求める人びとの列（二〇二一年十二月三十日）。

牛肉の食べ方はいろいろ。まずはしゃぶしゃぶ。元祖は祇園の「十二段屋《じゅうにだんや》」だそうです。寺町商店街には「ビフカツ」の店もあります。京都でも「カツ」といえばさすがに豚ですが、ビフカツの店が何軒もあるところが京都。麩屋町《ふやちょう》通夷川《えびすかわ》上るの「はふう」の看板メニューは「ビフカツサンド」。ミディアム・レアのビフカツをサンドイッチにしたもので、これはうまい！

それにしても、なぜ京都は牛肉消費量が多いのか。その理由は必ずしもはっきりしませんが、ひとつには京都人が新しいもの好きだからではないかというのがネットなどでのもっぱらの説明です。

「はふう」のビフカツサンド

第十章

京都と地域

鰻養殖も地下水が鍵

京の食を支える大事な要素が地下水であることは本書でも幾度も取り上げてきましたが、じつは地下水に支えられた食文化は京都以外にもいくつもあります。例えば静岡のウナギがそうだということに、最近気がつきました。

よく知られるように、ウナギは海で生まれ、太平洋側に多い汽水域《きすいいき》を持つ潟湖《せきこ》に達し、成長につれ淡水域に上がってゆきます。浜名湖もそのような汽水湖の一つ。そこはかつて古代には淡水湖でしたが、十五世紀末の大地震や津波などによって遠州灘とつながったのです。海水が浜名湖に流れ込み、南部は塩水が混じる汽水湖となり、天然ウナギの産地になったのです。地震は大災害に違いはなかったが、浜名湖がウナギの特産地になったその契機は大地震にありました。「塞翁が馬」といったところでしょうか。

浜名湖でウナギの養殖が始まったのは一二〇年ほど前のこと。稚魚を入手し、数ヵ月を経て養鰻池で育ててゆきます。成長につれウナギは淡水を好むようになるので、その成魚の養育には大量の淡水を必要とします。そしてそれには地下水が使われているのです。浜名湖では現在、養鰻は湖西《こさい》地方が主ですが、水は愛知県境の湖西連峰から来ているのではないかとのことでした。養殖場はかつて湖東地方にもみられましたが、ここの地下水は天龍川の伏流水だといいます。

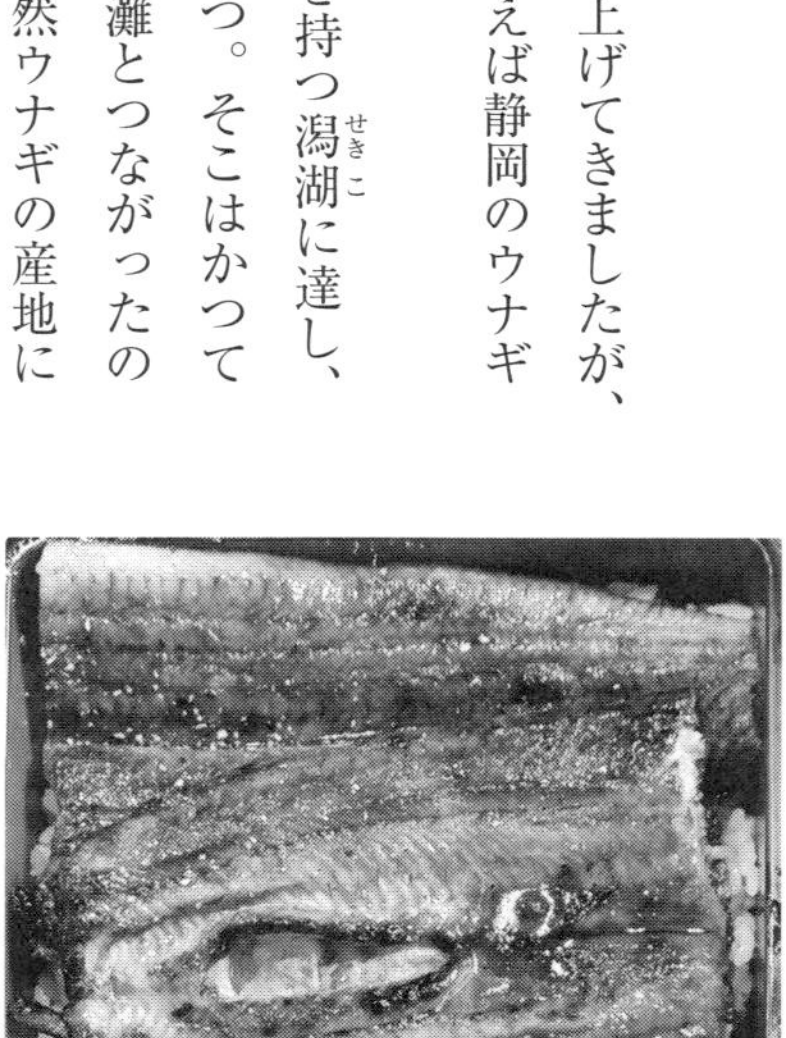

静岡のウナギは背開き。それなので蒲焼の両端が厚く中央が薄い。

浜名湖。東名高速三ヶ日サービスエリアから。湖の南側（太平洋側）は海水が混ざった汽水、北側は淡水湖である。

現在の養鰻の中心地・吉田町でも、大井川の伏流水が大量に使われています。結局のところ、静岡を全国有数のウナギの産地にしたのは、様々な経緯を経て汽水湖になった浜名湖や天龍川、大井川などの豊かな水の存在でした。かつて静岡県ではリニア新幹線の建設をめぐる混乱が続いていましたが、このように考えてみると、リニアの建設工事が大井川の伏流水に影響を及ぼし、様々な産業に影響を及ぼさない保証はないと思われます。京都の地下鉄工事が地下水脈を切ってしまったその轍を踏んではならないと思います。

どこまでもオーソドックスに

和食の伝統を守る——いうのはたやすいことですが、実際にはたいへん難しいことです。同じ材料がいつまで採れるかわからない。客の好みも変わってゆく。料理人も新しいこと（もの）に挑戦したい……。こうしたさまざまな要因から同じものを同じように提供するのは至難の技だと言います。京料理のお店も例外ではありません。変わることが避けがたいものはやむを得ないとして、「ここは譲れない」というところもあるはずです。そしてお店の中には、悩みつつも時流に流されず、譲れない部分は譲らず、伝統をしっかりと守ろうとしている店もあります。先日、そうした数少ないお店の一つ「たん熊北店」（四条河原町上ル三筋目東入）に連れて行っていただきました。本当に久しぶりだったのでとても楽しみ

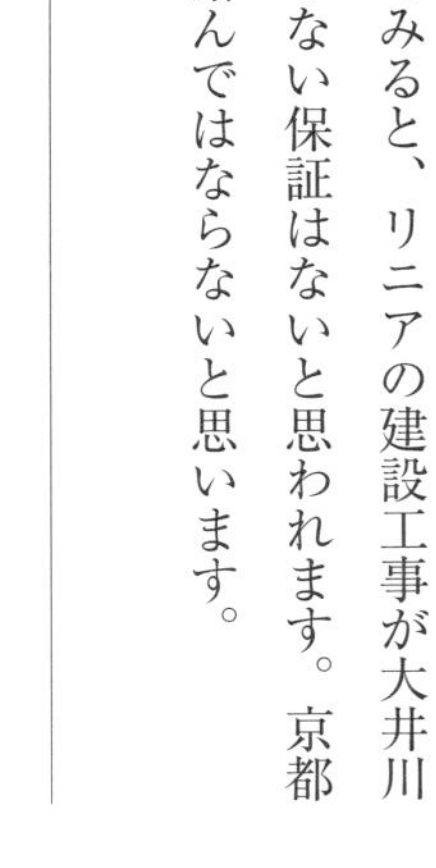

養鰻場（湖西市）。今は陸上養殖が主になりつつあるようだ。地下水は写真背面の湖西連峰からくる。

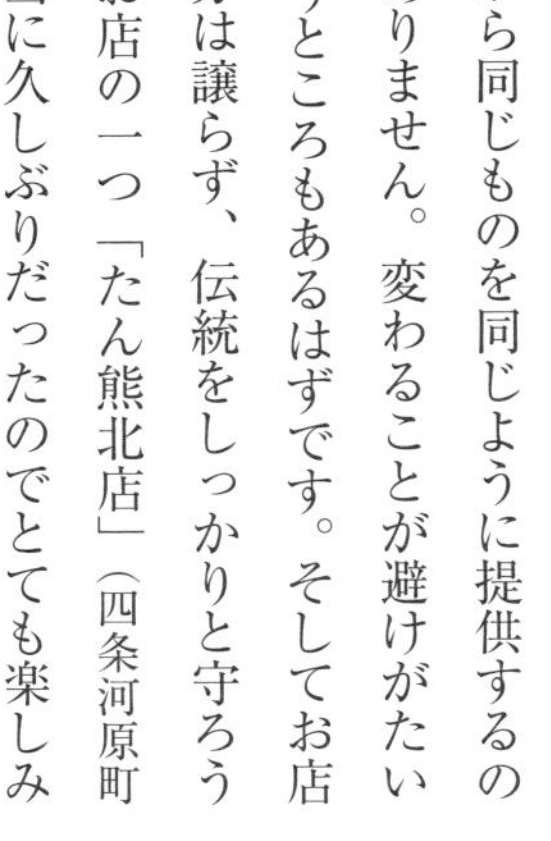

たん熊北店の外観

でした。

カウンターの席だったので、目の前で店主の栗栖正博さんが庖丁をふるっているのが見えます。「シャキッ、シャキッ」という鱧《はも》の骨切りのリズミカルな音を久しぶりに聞くことができました。こればかりは、やはり京都の職人さんの技です。昆布と鰹節の出汁もほっとする味。この瞬間が、京都に帰ってきたな、と実感する瞬間です。栗栖さんといろいろな会話を交わしながら食事を楽しみます。さすがは名店の味です。カウンター割烹の利点が最大限生かされています。仕事はさすがに丁寧。生きた若鮎を扱うところは圧巻。一匹一匹に鉄串を打ってゆきます。泳いでいるような形に仕上がるように、そして焼いたとき反り返ってしまわないように。

じつは、店主が若いころ「たん熊北店」で修業をしたというお店を、静岡市内で一軒みつけました。たまたま見つけたのですが、料理は奇をてらわず、落ち着いたほっとする感じのお店で、とても気に入っています。店主も若いのに穏やかな人で、料理に人柄が現れていると感じます。栗栖さんによると市内にはもう一軒、栗栖さんのもとで修業した方のお店があるそうで、近いうちに行ってこようと思います。

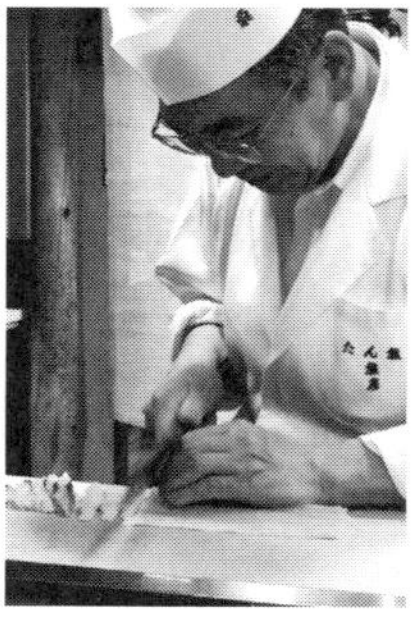
鱧の骨切り

若鮎に串を打つ

静岡の京料理（1）

静岡料理はなぜ生まれなかった？

京都の食文化の特徴を言い表す語の一つに「であいもん」という語があります。「出会う」＋「もの」で、遠くから運ばれてきたものが出会ってできたもの、くらいの意味でしょうか。京都はもともと食材に乏しい街です。ただ、古くからの都であったことから、各地の食材が京都には運ばれてきました。そして、それらの中から、動物性の食材と植物性のそれを合わせて料理にしたのです。それらのうちのベストマッチが「であいもん」だったのです。その代表が、「かつおと昆布のあわせ出汁」でした。

日本各地には、京都と対極のような地域があります。たとえば静岡。県の特産として認証されている食品である「農芸品」の数が、なんと四三九点。海の魚、陸の野菜など、そしてワサビなどの山のものなど、多岐に及びます。しかし静岡には残念なことに「であいもん」の文化がありません。料理屋で聞いても、「あまり手をかけないのが料理」「素材で勝負」などの声がしばしば聞かれます。それはそれでよいのですが、だから「静岡料理」という料理が育たなかったのです。素材のうまさが、人びとをしてそれで満足させてきたのでしょう。静岡料理が育たなかった理由がもうひとつあると思われます。静岡が武家の歴史を持つこと。県は「伊豆」「駿河」「遠江」の三つの国だったところ。伊豆は北条氏、駿河と遠江は徳川氏や今川氏に長く支配された土地です。そして武家の文化は「質実剛健」

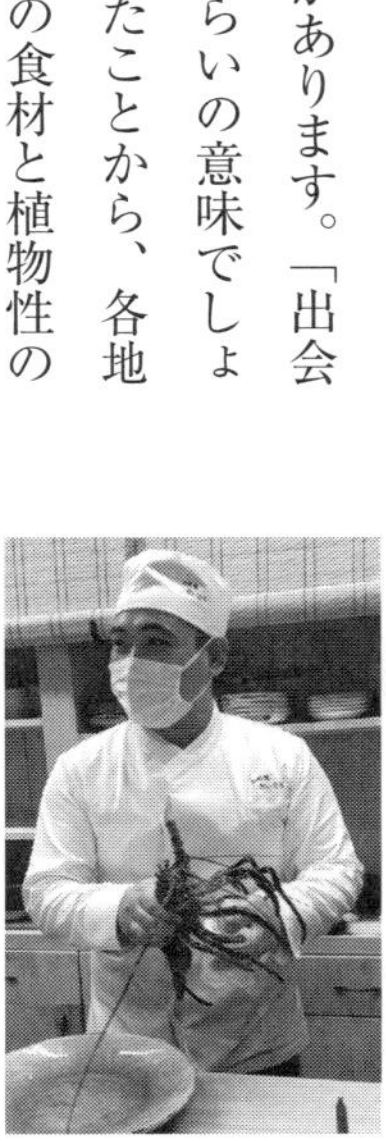

今朝獲れたばかりのイセエビを手にする「さいとう」店主の斎藤啓さん。まだ若い方ですが、静岡の食材を熱く語ってくれました。

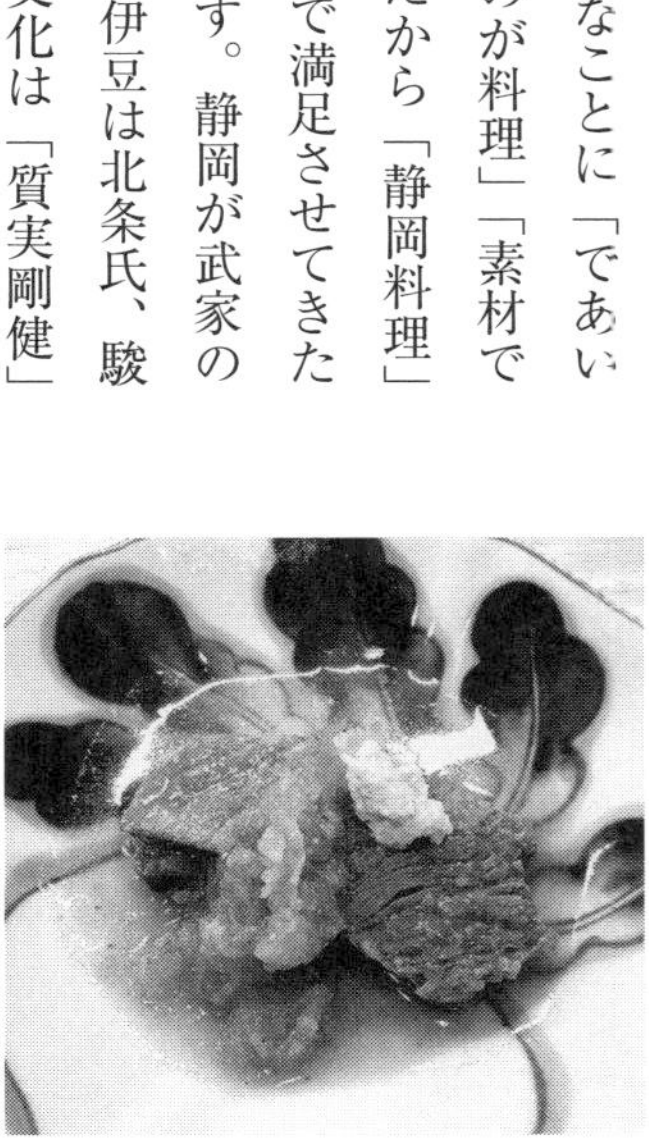

牛肉のローストにみぞれとワサビを合わせたもの。牛肉は富士山西麓の朝霧高原で生産される。ワサビは静岡が原産地とされ、今は静岡市の安倍川上流の安倍奥地域と伊豆半島、御殿場などで盛んに作られている。

です。無駄や瀟洒なものは省いてきました。「食べるものに文句を言わない」のが徳川家のやり方であったといいます。

そのような土地柄ですが、最近ちょっと毛色の違うお店が出てきました。マグロなどの食品を扱う「フジ物産」の山崎伊佐子社長に教えてもらったお店「さいとう」です。静岡市清水区、「清水の次郎長」の街にあります。店主の斎藤啓さんは京都の「萬重《まんしげ》」で修業した人。斎藤さんは静岡のとびきりの食材を「であいもん」のこころで料理することを考えておられます。こういう料理人が出てくると、京都にとっては強力なライバルになり得ます。次郎長の街・清水からの発信でした。

静岡の京料理（2）　茶の「出汁」への試み

静岡県浜松市内、遠州鉄道という地方鉄道で浜松駅から一駅北の「第一通り」駅のすぐそばに「いっ木」という小さな日本料理店があります。カウンター席六席の小さなお店です。菊乃井の村田吉弘さんが静岡に来られた折、「浜松にいっ木という小さな店があるので、一度行ってやってください」と言っておられたのでチャンスを狙っていたところ、念願かなって「旬の会」の岩澤敏幸会長さんに連れて行ってもらうことができました。ちなみに、「いっ木」という店名は、一木さんの本名からきているそうです。

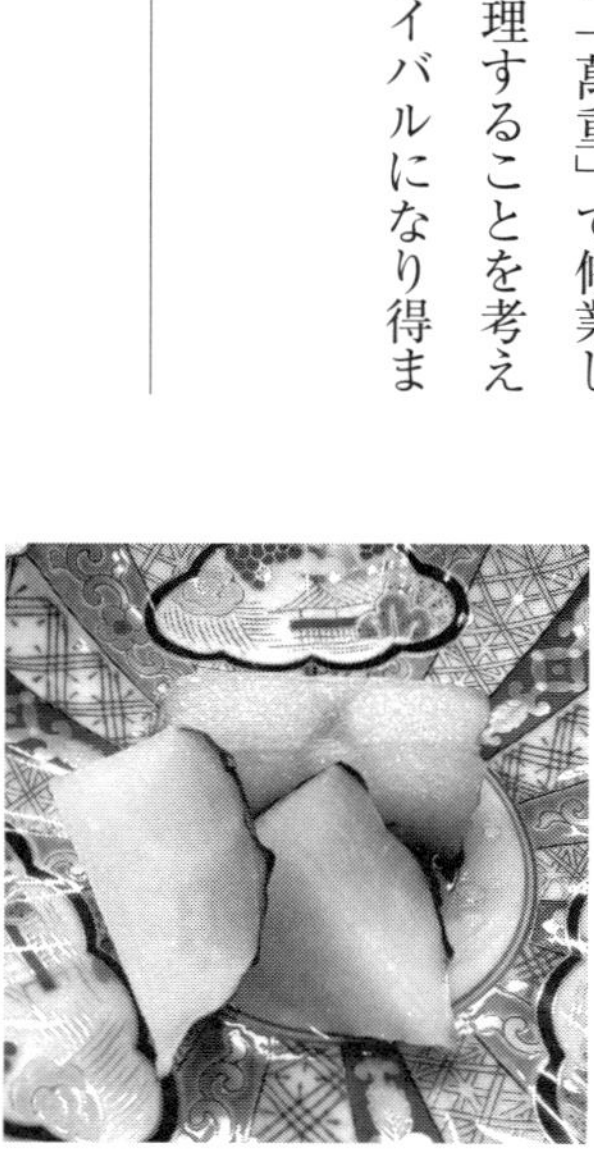

静岡県産ナスとカブの焼き物。なお、京都の賀茂なすは静岡原産の「折戸（おりど）なす」に由来するといわれている（写真のナスは折戸なすではない）。カブもナスも本来の甘さがとても素敵だった。前頁左の写真とともに「さいとう」で。

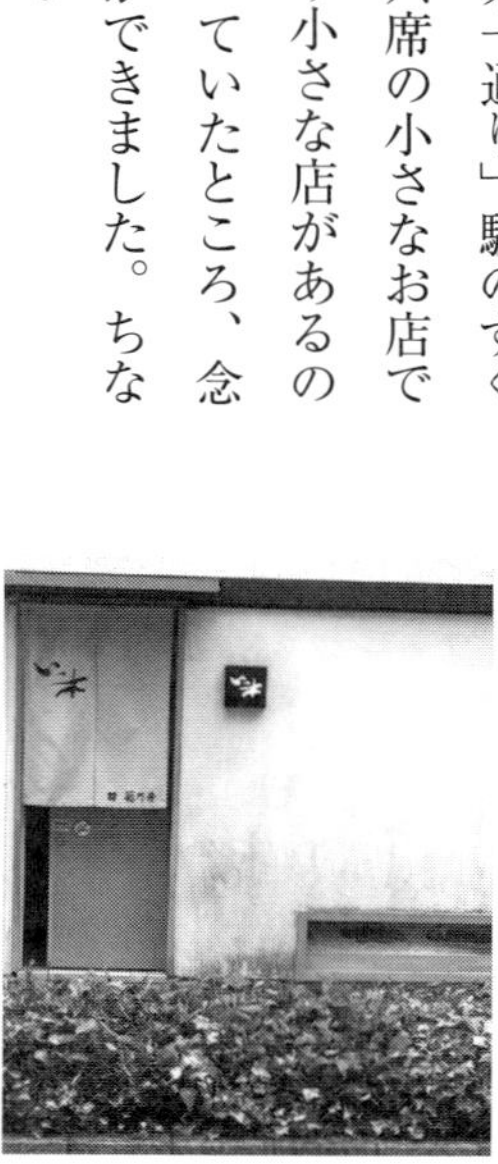

「いっ木」の玄関。小さな店なので場所がわからず幾度も通り過ぎた。

村田さんのお弟子さんだけあって、仕事は丁寧。特に「八寸」は見事なものでした。彩りも見事！　プロの仕事とは、ああいうのを言うのでしょう。もうひとつ驚いたのが、「出汁の昆布にかわって玉露を使っている」というお話でした。おいしいお茶は強いうまみを持つことは多くの人が知っていると思いますが、このうまみも昆布と同じグルタミン酸。つまり、玉露と昆布には共通のうまみ成分があるのです。

なぜそのようなことをするのか、聞いてみました。「今、昆布がとれなくなっているでしょ？　なくなってしまってから慌てても遅いので、今あれこれ研究しています」とのこと。なるほど！　そういえば、山形県鶴岡のシェフ・奥田政行さんの銀座の寿司屋「織音《おりおん》」では、醤油の代わりにトマトに一四％の塩分を加えた調味料を使っていました。トマトも、醤油の原料のダイズも、グルタミン酸に富む植物性の食材です。優れた料理人になるということは、芸術的なセンスを磨くことだけでなく、こうした「原理」に通じる深い知識を持つことも必要なのですね。料理人を志す方は、そういう修養も積んでください。

八寸。銘々に出される前にこのように並べて披露される。豪華絢爛。これで三名分。

昆布＋玉露＋鰹節の合わせだしで炊き合わせた煮物。くせになる味だった。

もう二軒、静岡の京料理

前節に続いて、静岡の京料理の店を二軒紹介します。二軒とも静岡市内の店、そしてどちらも213頁で取り上げた「たん熊北店」で修業された店主がやっておられる店です。

一軒目は「くりた」。栗栖さんに紹介してもらいました。静岡駅から西南の方角に一キロメートルほどのところにあります。〈奇を衒《てら》わず〉の路線は、たん熊北店のものです。思わずうなったのが「賀茂なすの煮びたし」。青ねぎ、刻み海苔、鰹節などをのせた逸品で、京料理そのもの。賀茂なすの祖先とされたのが折戸なす。これは静岡市清水区の折戸地区発祥とされる丸ナスで、徳川家康の初夢に出たという「一富士・二鷹・三茄子《なすび》」のナスとされたことも。真偽のほどはわからないのですが、面白い説ではあります。オーソドックスとはいえそこは若い料理人さ

「くりた」の賀茂なすの煮びたし。かつおぶしはさすがにおいしい。これが一番伝統的な京料理風だった。

とうもろこしのすりながしと「ひげ」の天ぷら（くりた）。すりながしにはヤングコーンの天ぷらが添えられた。トウモロコシのひげは中国では薬用になる。トウモロコシは中米原産で日本には十七〜十八世紀に渡来。新しい作物だが料理の幅は広い。

ん、ときどき面白いことを考えます。この日、トウモロコシのひげの天ぷらが出ました。ひげはめしべの一部の「花柱」のこと。先端が柱頭。花粉はそこから二〇センチ近くも花粉管を伸ばし、胚珠に達して受精するのです。

二軒目は「治作《じさく》」。駅近くに、浮月楼《ふげつろう》という徳川慶喜の屋敷跡にできた料亭があります。「治作」はそのすぐそばにあります。初めて「治作」に行ったのは「フィールドワーク」のたまもの。飛び込みで入ってみて気に入り、通ううちご主人の父上が「たん熊北店」で修行されたと知りました。こちらもたいへんにオーソドックスな店。おすましの出汁は昆布の味が上品な、京料理そのものです。二店の周囲は居酒屋やバールなどが乱立するいわゆる「飲み屋街」。そこでたん熊流の和食を追求するのは大変だと思いますが、ぜひ続けてほしいもの。なにしろ静岡のような会席料理の文化のない街では貴重な二店ですから。

「治作」の先付。ご主人はお酢料理が得意らしく酢のものがよく出る。特に夏の料理にはその傾向が強い。

「治作」の冷素麺。夏を感じさせる。東日本では素麺の消費は多くない。

海老芋の産地

海老芋《えびいも》はいわゆる京野菜のひとつです。東山区の青《しょう》蓮院《れんいん》の僧が人を頼んで栽培を始めたのが最初だそうですが、今の主産地は静岡県の磐田《いわた》市付近と大阪府の富《とん》田林《だばやし》市付近になっています。その産地の一つ、磐田市に行ってきました。行ってきたのは市の北部の豊岡というところ。ちょうど中央構造線に沿って南下した天竜川が浜松平野に出たところ、磐田原と呼ばれる段丘の西側にあたります。暴れ川であった天竜川の氾濫原の一部で砂質土壌に覆われています。この土がサトイモに合うのです。一九三〇年代から栽培されているそうです。サトイモ栽培には多量の水を必要としますが、かといって水はけが悪いとよくできません。砂質土壌はうってつけなのです。

海老芋はとがっている方が下。親芋についているところです。太っている部分が上で、そこに葉がつくの

村松多加次さん（次ページ）の海老芋畑

天竜川の氾濫原とその自然堤防になった磐田原（森の部分）。天竜川の堤防の上から撮影（青く見えるのは刈り取り後の水田）。

です。芋茎と書いて「ずいき」と呼びますが茎ではなく葉の一部、葉柄《ようへい》と呼ばれる部分です。磐田での生産量は一ヘクタール当たり一・七トン。お米の三倍にもなります。値段もなかなかですが、にもかかわらず生産農家はここ二〇年で半減しました。総面積も四〇ヘクタールから二〇ヘクタールに減少。生産物の多くは東京と京都に送られます。特に京都は高級品が集まります。その京都でも消費は漸減。和食離れがここにも及びつつあります。

ところで、海老芋といえば京都では「芋棒《いもぼう》」が有名です。海老芋と棒鱈《ぼうだら》の炊き合わせです。なにしろ、同名の店（いもぼう平野屋）があるほどの銘品ですが、海老芋のとがっている方はすじっぽく、おいしくありません。そこで料理屋さんなどでは蒸した海老芋をすり鉢ですりつぶし、質を均一にしたところで饅頭《まんじゅう》にして油で揚げるなどの工夫を凝らします。なるほどと思っていたら、磐田市内には海老芋コロッケなる料理を出す店もありました。

上右：海老芋（磐田産）。錦市場の川政で購入（二〇二一年十二月）。先（下側。写真では右側）がとがっているのが特徴。上左：海老芋を手にもつ村松さん。「今年のイモは大きくてよいのだが、形がもう一つ」。下方のとがった部分も太っていて、エビの形をしていないのが気に入らないのだそう。下：磐田市南部の大原地区にある「ぶんぶく」の海老芋コロッケ定食。コロッケというよりはグラタンの感じだった。

堀川ごぼうと「オデオ」ごぼう

いわゆる京野菜の一つに「堀川ごぼう」があるのはご存知でしょうか。直径は太いものでは数センチ、中心には「す」が入って、輪切りにするとドーナツ状になります。独特の香りがある、野菜の名品ですが、問題はその価格。高いものは一本約三、〇〇〇円はします。「たかがごぼうに三、〇〇〇円?!」――そう思いますよね。でも、それでちゃんと流通しているのです。堀川ごぼうのおこりは聚楽第がなくなったころ、つまり豊臣秀吉のころ（桃山時代）、というのが京都府の公式見解です。もちろんはっきりした根拠があるわけではありませんが、京野菜の中では最古参です。堀川ごぼうという品種があるわけではなく、特殊な栽培をすることであのような形態になるようです。

先日、静岡でいつも案内役をつとめてくださる岩澤敏幸さんと静岡県富士宮市で野菜つくりをしている渡邉親《わたなべいたる》さんを訪ねました。富士山が間近に見える黒ボク土の畑に植わっていたのは、なんとゴボウでした。有機栽培にこだわり、七カ月もの時間をかけて栽培してできたごぼうは堀川ごぼうとそっくり！　ところが値段はおそらく三分の一程度かそれ以下です。その名を「オデオゴボウ」。「オデオ」って何？　と聞くと、はにかみながら教えてくれましたが、語尾が聞き取れず。「オデ」の部分がall dayだということはわかりました。渡邉さんは言葉遊びが好きらしく、農場の名前もNo blueと書いて「ノーブル」です。

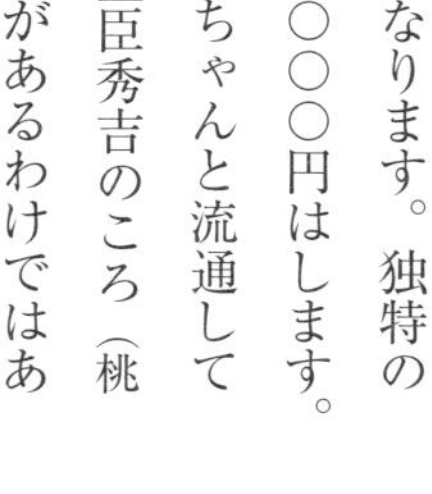

富士山の見えるゴボウ畑の前に立つ渡邉さん。ちょうど初冠雪の直後。とてもはにかみ屋さんでした。

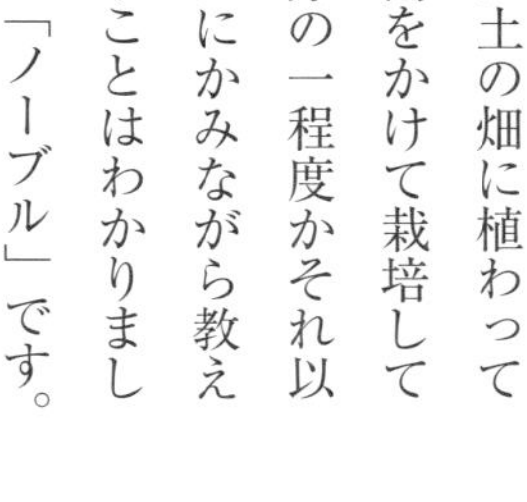

成生の「オデオごぼう」の天ぷら。成生は、焼津で天才的な魚の処理をする「さすえ前田」の前田さんとコラボして他にはない品質のてんぷらを出す。

このゴボウを静岡市内の天ぷら店「成生《なるせ》」で食べさせてもらいました。全国的にも有名で予約がまったく取れないお店ですが、とある人に頼んでようやく一席確保！　輪切りにするのではなく、数センチ長のゴボウを縦に八つに割り、中心部分をこそげとり除いたものに薄く粉をつけて低温のごま油でじっくり揚げる、というもの。店の人が、揚げたてを和紙に巻いて手渡してくれました。ほのかに甘く、ほくほくしてサツマイモのような食感でした！

たかがごぼうですが栽培、流通、食べ方に、確実に変化が起こり始めています。日本の食文化の未来にも、まだまだ期待が持てそうです。

富士酢と善徳寺酢

酢はむかしから腐敗を防ぐ、体調を整えることに優れた食品で、さまざまな風土に育った多くの文化が多様な食品を作ってきました。柑橘《かんきつ》類を始めとするいわゆる「果物」は、季節性を持ちながらも簡単に手に入る食品でした。ミルク文化の人びとは早くから乳酸菌の働きによる酸乳（ヨーグルト）を知っていました。乳酸菌はまた、漬物の素材でもあります。少し変わったところではアリ（蟻）の卵も知られています。タイ・バンコクのレストランにはアリの卵のスープを提供するところもあるくらいです。そういえば、デンマークの有名レストラン「Noma」が東京に期間限定の店を出した時、酸味にアリが使われたのは有名な話です。そして第四の存在がアルコール飲料を発酵させてつくる「酢」です。ワインから作る酢がワイン・ビネガー。穀物の酒から作るのが穀物酢や醸造酢と呼ばれるもの。その中で、とくに米を原料とするのが「米酢」です。なお、安い商品の中には、酢酸を水で溶いたものもあるので要注意。

米酢は清酒に酢酸菌を加えて発酵させて作ります。ちゃんと作ると二年以上の時間を要するといいます。時間と手間を要するばかりか、保存のためのスペースも要るので、米酢はむかしから高価なものでした。京都府宮津市の飯尾醸造が造る「富士酢」は今に残る数少ない貴重な米酢です。米酢はこのように貴重なものでしたので、特別の人しか使うことができませんでしたが、江戸時代の中ごろに、三河の職人が酒粕を使って造る「粕酢《かすず》」の大量生産を始めたことで一気に大衆化します。この酢が江戸に伝わり江戸前の握り寿司を支えたのも有名な話です。

粕酢の出回る前、江戸の街では有名な酢の産地は三カ所あったといいます。その一つが、静岡県富士市にあった東泉院（真言宗）の「善徳寺酢」という酢です。一時は徳川将軍家に献上されていた名酢でしたが、江戸の中ごろには善徳寺酢は製造をやめてしまいます。おそらくは安価な粕酢の普及で、伝統的な米酢は立ち行かなくなっていたのでしょう。以前、富士宮浅間《せんげん》神社で開かれた静岡県ガストロノミーツーリズム研究会で、善徳寺酢の研究をしている大高康正さん（静岡県富士山世界遺産センター教授）のお話を聞いてきました。その

バルサミコ酢。ワインを煮詰めた後数年以上熟成させて作る酢で、酢酸菌を添加しない。写真はアサヤ食品製。ワインビネガーを少し添加しているようだ。

製法は一子相伝の秘伝とされ長く不明でしたが、かろうじて残された記録によりその復刻が計画されているとのこと。楽しみです！

東泉院は、富士山の溶岩流の先端付近の崖の上にあります。すぐそばには富士の湧水もあり、よい水に恵まれていた土地なのでしょう。また、近くには今も操業を続ける酒蔵もあって、あたりが醸造の拠点であったことがうかがい知れます。東泉院から北にちょうど一〇キロメートルのところにある富士宮市村山は村山修験《しゅげん》という富士山にまつわる修験道の拠点であった土地です。富士修験の本拠地の酒と酢。長いかかわりの歴史を感じます。研究会の帰り、見事な赤富士に思わず足を止めて写真を撮りました。富士山は、人の心をひきつける不思議な力を持っています。まさに「信仰の対象と芸術の源泉」です。

赤富士。富士宮浅間大社境内から（二〇二四年一月二十六日）

お茶とお菓子——京と静岡の比較食文化

茶の湯の世界ではお菓子はつきもの。教科書的には、薄茶には干菓子、濃茶には主菓子《おも》（生菓子）ですね。静岡県は、お茶の生産量は日本一。抹茶になる碾茶《てんちゃ》の生産も全国三位。当然にして市内にはお菓子屋さんもいっぱいあるはず……と思っていましたが、実際はさにあらず。京都にあるような和菓子屋さんが少ないのです。中心市街地には松坂屋・伊勢丹の二つのデパートがあって、「虎屋」はじめ何軒かの和菓子店が入っていますが、焼き菓子が中心で生菓子はほとんどありません。いったいみんなどこでお菓子を手に入れるのでしょうか。

そこで、早速FW（フィールドワーク）を開始。しかしFWといっても、相手がいないのでは聞き取りも何もあったものではありません。「知り合いにお茶の先生がいる」という県庁の職員に調べてもらいました。

「静岡は煎茶中心だよ。お茶はご飯のお供だからねえ」

なるほど。では、抹茶はどこへ行ったのだろう……。

旧市街の浅間《せんげん》神社近くにある創業五五年の河内屋。どら焼きが有名です。

「昔は市内にも和菓子の専門店がいくつかあったけど、次々廃業しちまって」

なるほど、衰退の一途というところか。

別の菓子屋さんで聞いてみました。ここでは焼き菓子などを含めていろいろな菓子が売られています。

「レディメイドはしないけど、注文があれば作りますよ」

別の菓子屋さんも言います。

「夏にはやらないけど、十一月になったら、言ってくれたら作るよ」

「あの店、昔はお菓子屋だったけど、最近おでんも売るようになった」

これは衝撃！　店構えからおでん屋だとばかり思っていた店だったのだけれども……。

どうやら、京都以上に、和菓子だけで店をやってゆくことは簡単ではなくなったようです。

名物のどら焼きを焼く河内屋さんとそのご主人。奥に、「菓子司河内屋」と書かれた古い看板がみえる。

浅間神社からみた「浅間通り商店街」。神社の門前（赤鳥居：目前に見える鳥居）から一の鳥居まで南東方に伸びる六〇〇メートルほどの商店街。一〇〇軒ほどの店があるが、随分さびれている。

静岡市の菓子事情や、オーダーメイドの和菓子はどんなものか。「茶町」という、茶問屋が並ぶ街を中心にもう少し調べてみたいと思います。

和菓子と寒天（1）

寒天といえば和菓子の素材です。主成分は炭水化物ですが、多糖類で、しかもヒトにはこれを分解する酵素がないのか消化ができず、それなので食物繊維になります。つまり極低カロリーということ。テングサという海藻をよく煮て溶かし、型に入れて固めて作ったものが心太《ところてん》です。このままでも食べられるのですが、これを凍らせて溶かし、また凍らせる……、ということを繰り返すと、脱水して無色のひも状の物体になります。つまりフリーズドライです。これが糸寒天です。冬の食品なのですね。これを再び煮溶かして固めたものが食品としての寒天になります。よく、粉末状の寒天が使われますが、これは糸寒天とは原料が違っていて、食感も、テングサでできたものとは違います。

寒天を使った和菓子はいろいろありますが、やはり夏の「寒天ゼリー」や水羊羹が代表的なものでしょうか。六角《ろっかく》通堺町西入ルの「大極殿本舗」の「栖園《せいえん》」には、月替わりの「琥珀流し」という和菓子があって、特に夏のそれは涼しげで人気があります。冷房のなかった昔の京の街で、少しでも涼を感じられる工夫であったのでしょう。冬の食品が夏に食べ

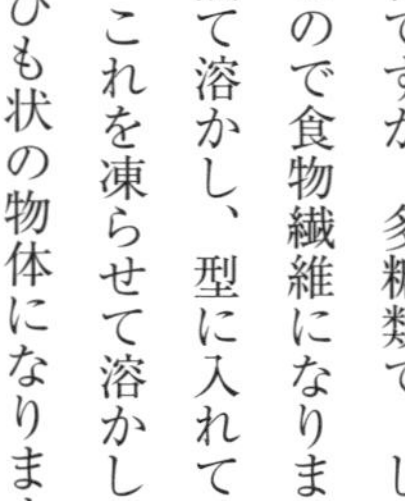
水羊羹と羊羹との違いは主には寒天の量。

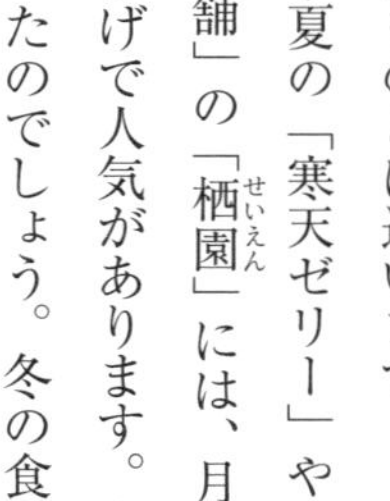

糸寒天（岐阜県山岡産）。発祥は江戸時代前期で、当初は摂津国で作られていた。

られるなんて不思議な感じがします。

フリーズドライなので、寒天の産地は寒いところです。岐阜県や長野県に生産者がおられます。テングサは海藻なので、海のない岐阜や長野が産地というのは不思議な気もしますが、やはり寒い土地がよいのだと思います。

高品質の心太を生産する土地のひとつが伊豆です。伊豆半島の海で採れたテングサは静岡県三島市と沼津市の間にある清水町にある心太製造者のもとに運ばれますが、清水町は、富士山の湧水である「柿田川湧水」があることで有名です。この湧水を使って心太が作られ、それが長野や岐阜に送られて寒天となり、その寒天が京都のお菓子屋さんに届けられるわけです。寒天は、よい水があって初めてできる、究極の食品ということができるでしょう。

和菓子と寒天（2）

前節で、寒天はフリーズドライの原理で作られると書きました。だとすれば、昼には晴れ、夜には水が凍る寒さが得られる環境が必要です。現在の寒天の主産地が岐阜県や長野県にあるのもうなずけるところです。ところが、江戸時代には寒天の主産地は何と摂津国（現大阪府）だったらしいのです。偶然に寒天が発見されたのは京・伏見。大規模生産が始

駿河屋の煉羊羹（ホームページより）

まったのは大阪府高槻市塚脇あたり。芥川《あくたがわ》の上流、「摂津峡」とよばれる渓流が流れる山のふもと付近です。

伊豆（静岡県）で採られたテングサは、そこで真水でよく洗って乾燥させて束ねたものが大坂に運ばれていました。伊豆の海岸は火山が作ったリアス式の海岸で、磯が広がる環境が広がります。海藻の繁茂にはもってこいです。材料となるテングサも多く生えています。採ったテングサを真水で洗うのはごみや塩分を取り除くために必要な操作です。これには大量の、きれいな水が要ります。急峻な崖を流れ下る川や湧水の存在がこの作業を支えました。だから、伊豆だったわけです。

摂津国で寒いところといえば、現在の大阪府茨木市や高槻市の北方、老ノ坂《おいのさか》山地です。この山を北に越えたところにあるのが京都府亀岡市。この亀岡に寒天を製造する「寒天場」ができたのが一八三八年。それから二〇一四年までの一七〇年間、寒天が作られたそうです。おそらくは温暖化によって製造が難しくなったのだろうと想像されます。

製品は、再び山を越え大消費地・大坂へ運ばれました。それと同時に京に運ばれて和菓子作りに使われました。特筆すべきは煉《ねり》羊羹の登場。前節にも少し書きましたが、羊羹はまず寒天を溶かし、そこに多

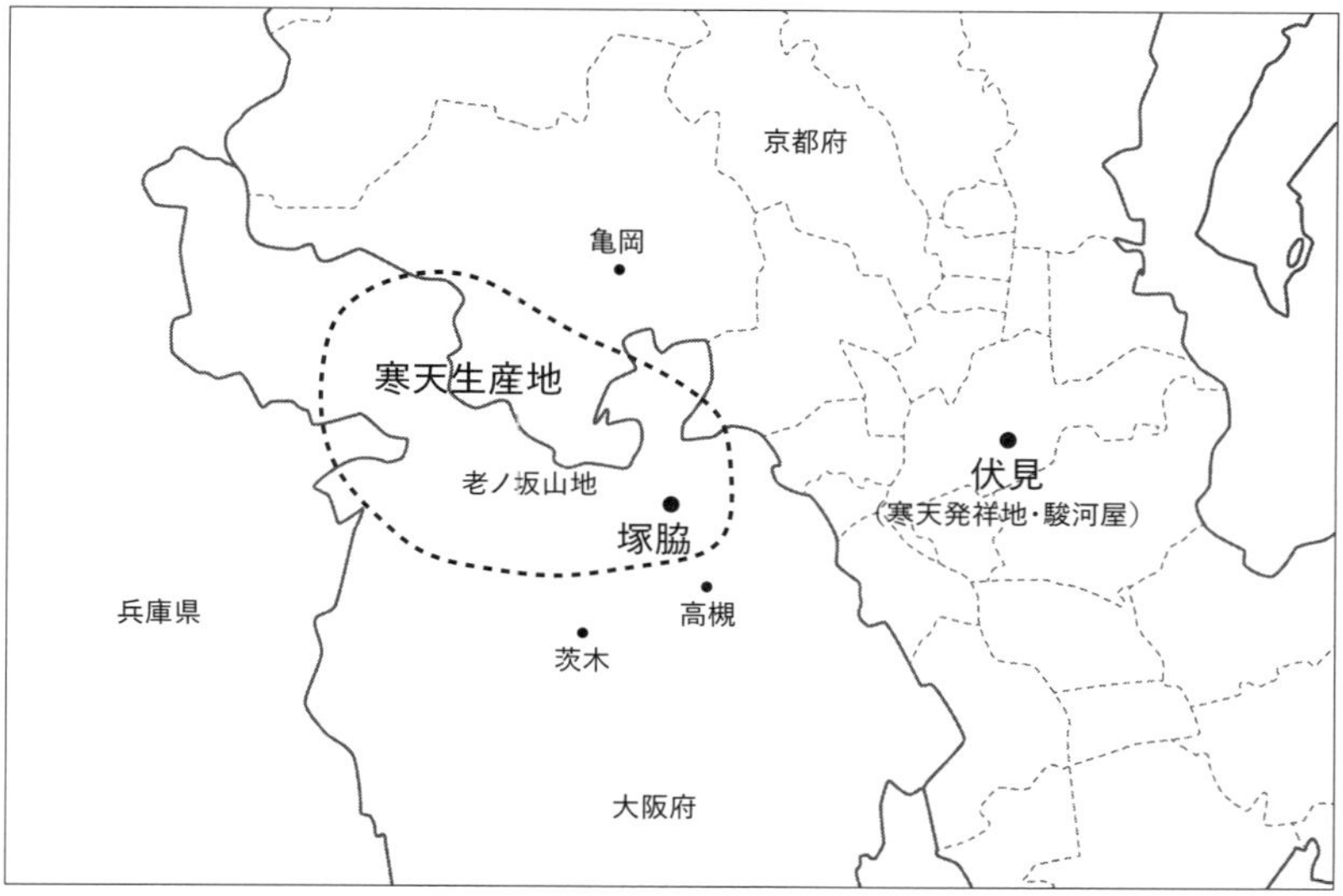

寒天の生産地と京都

量の砂糖と漉し餡を溶かし込み、よく煉ったのちに型に流して冷まして作ります。糖分濃度が高いので、日持ちがします。それまでの羊羹は蒸し羊羹でしたから、寒天が登場したことで初めて、今の、あの煉羊羹になったわけです。発明したのは、駿河屋（当時は鶴屋）の五代目岡本善右衛門。一六五八年のことでした（京都通百科事典、駿河屋HPなどによる）。

桜葉

二〇二一年三月十四日、東京でソメイヨシノの開花宣言が出ました。いよいよサクラの季節！　なんとなく心ざわつきます。若いころはそうでもなかったけれど、年齢とともに桜の季節に敏感になる自分がいます。

塩漬けのサクラの葉が和食材によく使われることはご存知でしょう。桜餅を巻くのに、鯛の桜葉蒸しや桜葉〆にと、春を代表するメニューの脇役に欠かせません。花もまた塩漬けにされ、桜茶になります。

桜葉になるのは多くがオオシマザクラ。白い花をつけ、また、花と同時に葉が出るのも特徴。サクラの代表品種であるソメイヨシノの片親（おそらく父親＝花粉を提供した親）になった品種で、葉は薄く、裏面の産毛がなく、また香り成分でもあるクマリンの産量が多いので桜葉の塩漬けに適しているそうです。原産地は伊豆半島あたりらしい。その影響で

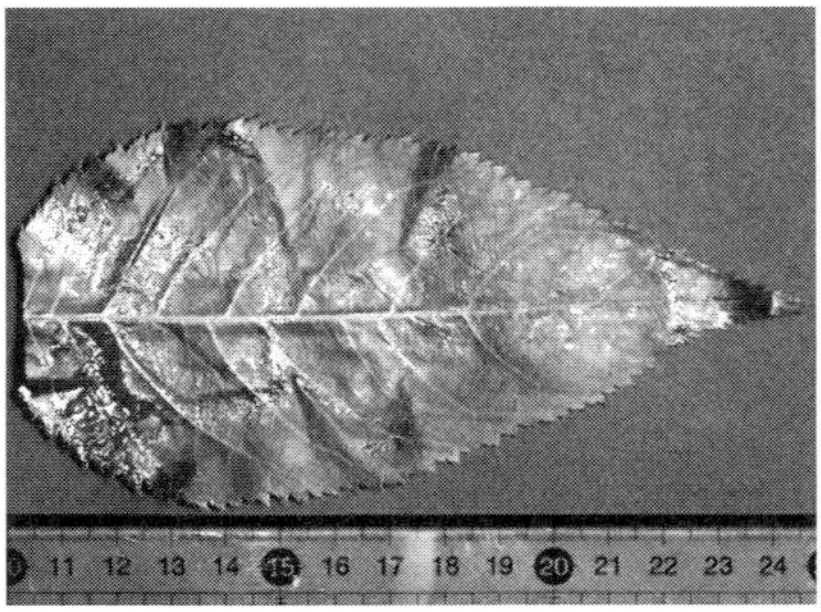

笹屋伊織の桜葉。いつもこれだけ大きな葉が使われているかは調べてみないといけない。

しょうか、桜葉の塩漬けの七割は伊豆半島の西海岸の松崎町産です。松崎では、このオオシマザクラを畑で栽培しているのです。

一般に樹木は栽培の方法により、葉のサイズは大きく変わります。サクラもまた同じ。桜餅を作る和菓子店は市内にもたくさんありますが、大きな葉一枚を使って巻く店、小さな葉を二枚（または三枚）使う店など、そのスタイルはいろいろ。前頁の写真は笹屋伊織の桜葉で、長さは少なくとも一五センチありました。桜葉のサイズと枚数で市内の菓子店の桜餅を類型化してみるのも、おもしろい研究テーマになりそうです。

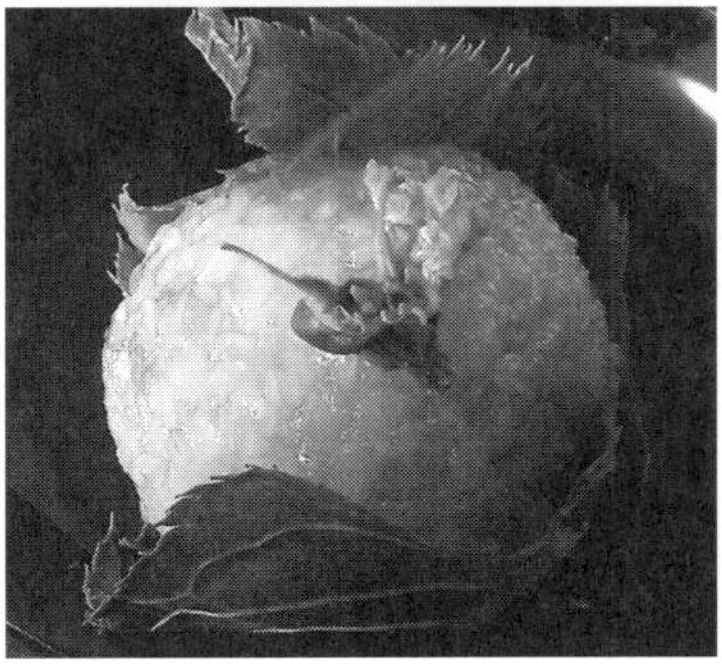

上：桜葉を敷いた鯛の寿司（春のお寿司）。「畑善」（上京区）。中：東京の桜餅（クレープ）。購入は東京・銀座の三越。もとは隅田川沿いの長命寺で作られたものといわれる。関西の道明寺粉の桜餅よりもこちらが古い。下：一枚葉の桜餅。店舗不明。

二枚の桜葉を使った桜餅。「緑庵」（左京区）。

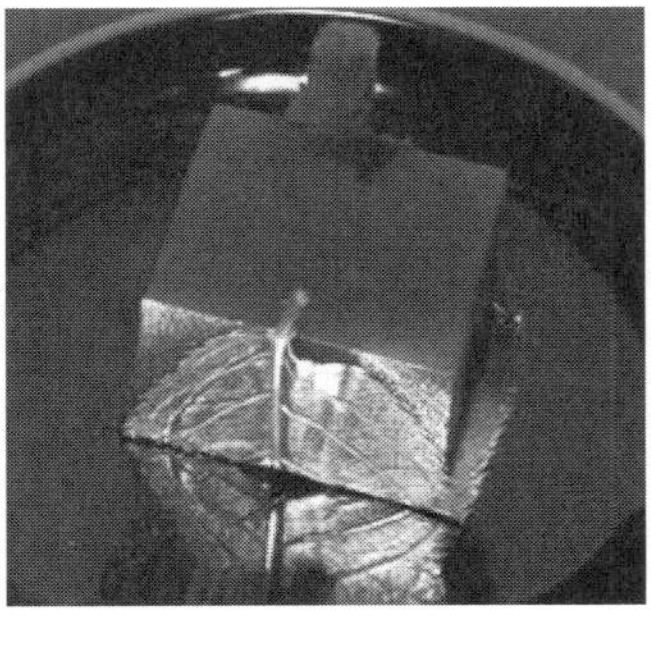

水羊羹の桜葉巻。

柏餅を包む葉

端午の節句（五月五日）は年に五つある節句の一つで、粽《ちまき》や柏餅を食べる習慣が今も残っています。柏餅は全国的に食べられる生菓子ですが、下の地図に示すように、東北地方から北陸にかけて、巨大な空白地帯があることが分かります。日本海側に点々と残るのはおそらくは北前船の影響でしょう。柏餅と呼ばれるものにはカシワ（*Quercus dentata*）で巻くもの（●）のほか、サルトリイバラ（*Smilax china*）で巻くもの（○、94頁参照）の二つがあります。○は、呼び名は地域によっていろいろで、主に近畿地方から西に多くみられます。

カシワで巻く柏餅は一九三〇年ころ以降関東から全国に広まったものらしく、それまではコナラ、サルトリイバラなどさまざまな葉で巻いたものの総称だったようです。関東のカシワの柏餅は「五月人形」などとセットになった武家の文化として生まれたものだったのでしょう。

ところで、ご近所の柏餅の餡はどんな餡ですか？　関東では、

柏餅に利用する植物の分布
兵庫県立人と自然の博物館研究紀要『人と自然』服部保・南山典子・澤田佳宏・黒田有寿茂（二〇〇七）「かしわもちとちまきを包む植物に関する植生学的研究」の凡例表記を一部改変して転載。

漉し餡、粒餡、それに味噌餡の三種。京都もそうです。そして、漉し餡は白い団子、粒餡は草餅、味噌餡はピンク色に着色した団子で包む、というセットが多いように思います。京都でも多くの店がそうです。東京の葛飾できいてみたところ、やはりこのセットが基本のようです。しかし、味噌餡のものはないという地域も多い。京都の柏餅の文化は、東京から直接やってきたもののようです。なお、94頁にも紹介した錦市場・畑野軒の味噌餡は白味噌に白餡を加えて煮詰めたものでしたが、閉店してしまわれました。

塩瀬の饅頭

中京区烏丸通三条下ル、六角堂の西側に饅頭屋町という地名があります。記録によると応仁の乱のあと、そこにあった饅頭屋が繁盛したことに因むものらしく、十五世紀末の記録にその名がみえると言います。饅頭は、元々は一三四九年（貞和五年）中国から来た林浄《りんじょう》因《いん》という人が中国の饅頭（中国では「マントウ」と読む）をもとに考案したもので、最初は奈良で店を開き、その子孫が後に京でも店を開くようになったともいわれます。

中国のマントウは小麦粉の団子を蒸したもの。中には何も入れないのが原型。高菜の塩漬けや油いため、角煮風の豚肉などを入れたものはあとになって出現したものです。林浄因が中に入れたものは甘い甘葛煎《あまづらせん》を加えた小豆餡で、和菓子の饅頭です。外の皮の部分は、

仙太郎（下京区）の柏餅三種。左から草餅（粒餡）、白い団子（漉し餡）、白い団子（味噌餡）。

東京・明石町の「塩瀬総本家」。築地から隅田川を渡る佃大橋のたもとにある。

主原料は小麦粉、これにヤマノイモを加える薯蕷《じょうよ》饅頭や、米麹《こめこうじ》を加えて柔らかくした酒饅頭などのバリエーションがあります。

饅頭屋町の饅頭屋さんは、室町幕府八代将軍の足利義政から「日本第一番本饅頭所林氏鹽瀬」の看板をもらったほどの人気店だったそう。小豆はその赤い色から魔除けの力があるといわれてきました。その甘い餡は、人びとの心をつかんで離さなかったことでしょう。そしてその饅頭が、以下に書く今の「塩瀬饅頭」（商品名は「志ほせ饅頭」）の元祖なのだそうです。

「塩瀬」ですが、江戸開幕に際し京から江戸に移り、今は東京都中央区、隅田川沿いの明石町というところに「塩瀬総本家」のお店を構えています。場所は築地《つきじ》の聖路加病院のすぐそば。東京に住んでいた時、家が近かったのでときどき買いものに行っていました。最近、築地に用事があったので、足を伸ばして名物「志ほせ饅頭」を買ってきました。上述の看板の写真はその際に撮ったものです。ちなみに明石町は芥川龍之介の生誕地です。

白小豆

二〇二二年十一月に講演を頼まれて佐賀市に行ってきました。講演会の主催者の中に佐賀県小城《おぎ》市の「小城羊羹」の老舗「村岡総本舗」の社長さんがおられるのを知り、お目に

本店内にある看板。これは複製で本物は別に保存されている。

志ほせ饅頭。皮は、ヤマイモを混ぜた薯蕷饅頭（店のホームページより）

小城羊羹（村岡総本舗）。やや透明がかった上品な色合いと味の羊羹でした。

かかるのも楽しみのひとつでした。小豆は和菓子の素材に欠かせませんが、和食文化は白を好みます。小豆の赤は魔除けの色とされますが、白はその赤に勝る色なのでしょう。一般に植物の「白」は色素を作る遺伝子が壊れる突然変異によるもので、多くは栽培化の過程で生じてきました。人間が、白色を選択したと考えられます。米も同じで、野生イネは赤い種子を持ち、白（つまり、わたしたちが普通にみている米）は栽培化の過程で生じたたったひとつの突然変異に起因することがわかっています。いくつかの作物では、白色の植物は生産性が劣ることが多く、そうすると作物の場合、値段も高くなります。白小豆もとても高価なので、代用品として白小豆に代わり「手亡豆《てぼうまめ》」と呼ばれる白インゲンが使われています。

さて、白小豆の主産地は北海道ですが一部は丹波（兵庫県・京都府）でも作られています。そして和菓子屋さんに売り渡されます。主に白餡になりますが、白小豆で作った餡に色素を合わせた羊羹の原料にもなります。赤色の羊羹は、この白小豆を使ったものが多いようです（むろん、とても高級な羊羹になりますが）。

その白小豆を使った羊羹を、村岡総本舗の村岡社長さんが送ってくださいました。小城羊羹は、製造過程で完全に固まる寸前の羊羹の表面を刷毛《はけ》で掃いて細かな傷をつけ、砂糖を表面に析出させて作ります。それで、あたかも砂糖でコーティングしたかのようなとても甘い羊羹になるのです。でもこの羊羹は、丹波の白小豆を使い、あとは砂糖・寒天と赤色のコチニール色素だけで作られたもの。表面は刷毛で掃かれてはおらず、鮮やかなあか

小城羊羹の包装。届いたときはずっしりと重く何が入っているのだろうと思ったほど。

白小豆

ね色をしていました。

お話を聞いていると村岡社長はとても博識な方で、また大変な京都通であることもわかりました。上京区の出町桝形商店街のスーパーや「出町ふたば」のこともよくご存知でした。そうしたことが関係して、丹波の白小豆を入手しておられるようです。丹波産の小豆が九州に送られ、そこで羊羹になり、京都に「里帰り」してきたのですね。

ういろう、いろいろ

外郎と書いて「ういろう」と読みます。外郎家、つまり家の名前に由来する蒸し菓子です。さらに元をたどると、外郎の名称は中国の官職の名称であったようです。日本の外郎家は、もとは京都の家でした。その意味ではういろうは京都発祥の菓子であるともいえます。米粉などデンプンに砂糖を加えて型に流し込んだものを蒸して作ります。全国的には名古屋のういろうがもっともよく知られているでしょうか。糯米《もち》の粉を使って作ります。

では京都のういろうはその後どうなったのでしょう？　じつは市内にもういろう（外郎）屋さんがあります。五条通の「五建《ごけん》ういろ」がひとつ。創業は一八五五年だそうです。「ひとつ」と書いたのは、実はういろうは「水無月《みなづき》」（39〜40頁）のベースに使われているからです。その意味では、京都には外郎屋さんがたくさんあります。ただ、直角二等辺三角形

京のういろうは実は「水無月」のベース。白、抹茶（緑）、黒糖（黒）などのバリエーションがある。

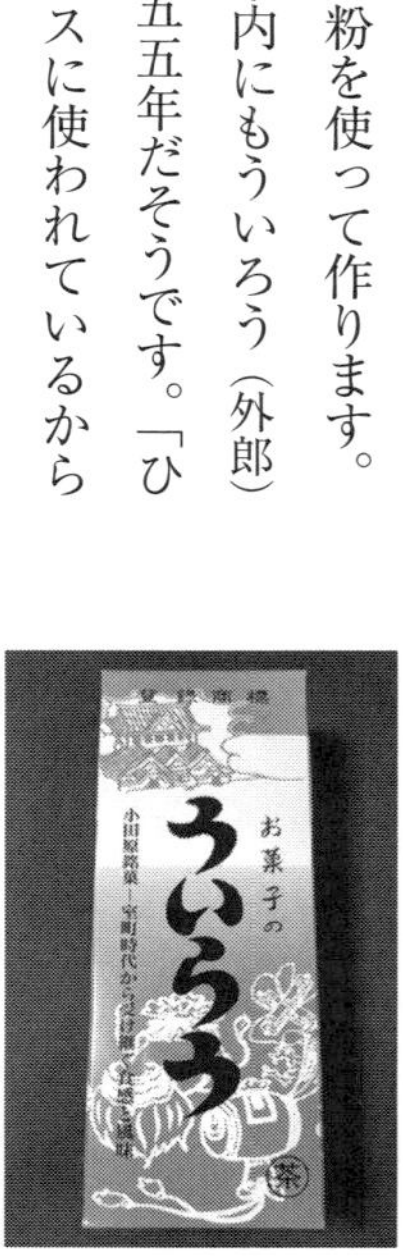

小田原のういろう

の今の形になったのは一九一八年のことだそうです。それ以前は違う格好をしていたようです。つまり今の水無月は、お菓子屋さんの創作品だったのです。もっとも、水無月の晦日（六月三十日）の「夏越《なごし》の祓《はらえ》」に菓子を食べる習慣は室町時代ごろからの習慣であったようです。

さて、ういろうですが、名古屋以外にも全国各地にさまざまなものがあります。前頁左の写真は神奈川県小田原のもの。小田原には外郎家のゆかりの方がういろうを作っています。創業五〇〇年、「室町時代から受け継ぐ食感と風味」が売りなのだそうです。

山口県のういろうは、デンプンに「わらび粉」を使っているところが特徴。小麦粉を少し加えてもちもち感を出しているようです。米粉とは異なる、あっさりした食感で、わたしはこれが一番のお気に入りです。下の写真は御堀堂《みほりどう》（山口市）のもので、この店は福田屋という店の製法を受け継いで今に至りますが、明治初年の当主（白外郎商・山口御堀・福田文吉郎）が十二代目といいますから、一世代二五年で換算すれば五〇〇年近い歴史を持っていることになります。どうやらういろうは室町末期に京都で起源し、その後各地に伝わり、そこでさまざまな形に進化したもののようです。五〇〇年前というと砂糖のなかった時代。さて、甘みは何から得ていたのでしょうか。これまた謎。

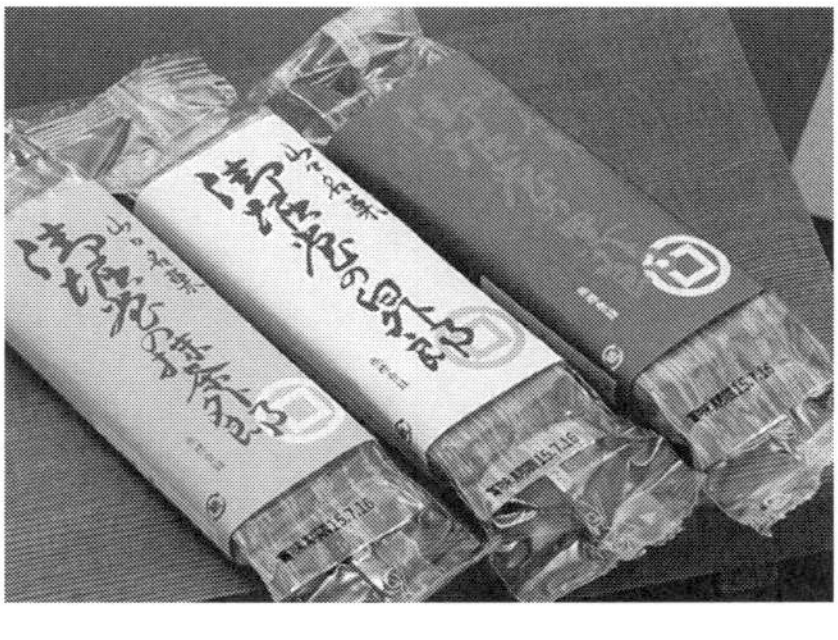
山口のういろう（御堀堂）

西の蒲鉾と東の蒲鉾、どっちが好き？

お正月に蒲鉾《かまぼこ》を食べた人はどれくらいいるでしょう？　私が子どものころにはお節《せち》料理の一の重には決まって紅白の蒲鉾が入っていました。母に心の余裕があるときは、紅白蒲鉾が市松の模様に入れられていたものです。

蒲鉾は、魚肉などをすりつぶしてすり身にし、塩・卵白や場合によってはデンプンなどを加えて練り、杉板の上に文字通りの「蒲鉾型」に盛り、蒸して作ります。蒲鉾独特の粘りは、塩によって魚肉のタンパク質が変性することで生じます。

京都市内にも何軒か、蒲鉾屋さんがあります。「京蒲鉾」といわれるゆえん。中京区寺町通御池下るの茨木屋《いばらきや》さんに行ってみました。創業は一八六九年（あるいは一八七〇年）。ただし二〇二三年にお店を閉じています。「新鮮な魚介の代わりに多少日持ちがする食品として作られた」のだそうですが、もっとも、保存食というほどには日持ちしません。食感はしっとり。使われる魚種には特に決まりはないようですが、京都らしく「鱧《はも》」の身を使った製品などもありました。

いっぽう、東京で食べる蒲鉾はこりこり、しこしことした歯ごたえのあるものが多いようです。それが好みの人には、京都の蒲鉾はぐにゃぐにゃした食感だと敬遠されることも。これぱかりは人好き好き。次頁の写真は左が茨木屋、右が神奈川県・小田原の鈴廣。大き

茨木屋の外観

さもだいぶ違います。

蒲鉾と同じく魚肉をすり身にして蒸す、焼く、揚げるなどした食品は全国にあります。ちくわ、はんぺん、しんじょうなどなど。ちくわは芯（本来は竹。だから竹輪）にタネを巻きつけて焼いたもの。郷土料理も、仙台の笹かま、鹿児島の薩摩揚げなどいろいろ。薩摩揚げは鹿児島では「つけ揚げ」「天ぷら」などと呼ばれ、「薩摩揚げ」と呼ばれることはありません。静岡にはイワシの「黒はんぺん」が。その名の通り黒っぽい。「静岡おでん」や「黒はんぺんフライ」には欠かせません。どの場合も京蒲鉾と同じく生産者は地域に複数あって相互に協力しあいながら競いあい、産地を形成する原動力になっています。

本節では、ぐにゃぐにゃ、こりこり、しこしこなど食感をあらわす語がいくつか出てきました。食感を含む触覚は、嗅覚同様、言葉で表現するのが難しいのです。そこで、このような、音や感覚を擬して作られた語——オノマトペが使われてきました。日本語は他言語に比べてオノマトペが多いのだそうです。

「家康の食」再現プロジェクト（1）

東山区の建仁寺《けんにんじ》といえば臨済宗建仁寺派の大本山。栄西が一二〇二年に開いたとされる禅宗寺院です。その塔頭《たっちゅう》のひとつ霊源院のご住職から「家康の日常食」について問い合わ

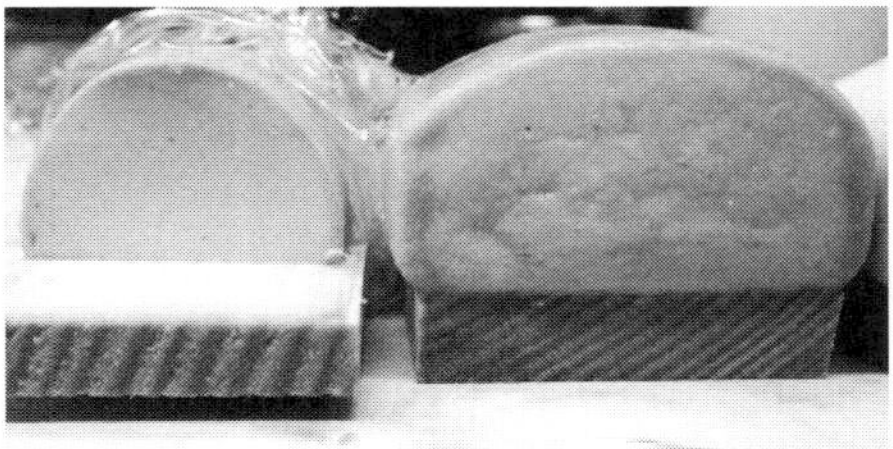
茨木屋の蒲鉾（左）と鈴廣のそれ（右）

せをいただきました。それを再現してみたいのだとか。家康といえば粗食、健康オタクとして有名です。また、戦場に持ってゆく「兵糧丸《ひょうろうがん》」（丸薬状の携帯保存食）の研究もしていたともいわれます。けれど、詳細はよくわかっていないようです。

彼の好物のひとつだったといわれるのが浜納豆《はまなっとう》。浜名納豆とも呼ばれます。普通の納豆とは違ってよく煮るか、蒸すかしたダイズに麴菌《こうじきん》をつけて発酵させてから塩水に漬けて保存した保存食です。これももとは旅の食、戦の食であったと考えられます。高タンパクで保存が効く、実に稀有な食材でもあります。

浜納豆は、北区・大徳寺の「大徳寺納豆」、京田辺市の一休寺（酬恩庵）の一休寺納豆などと製法は同じです。糸は引きません。家康の本拠地であった遠江（静岡県の大井川から西の地域）から、三河（愛知県東部）、南信（長野県南部）は食文化の面などで共通項が多く、「三《さん》遠南信《えんなんしん》」と呼ばれますが、この三遠南信には豆味噌（ほぼ大豆と塩だけで作られた味噌）のほか、柚餅子《ゆべし》と呼ばれる、これまた大豆の保存食が多くみられます。「三遠南信は発酵ダイズ文化圏」なのだと思われます。ひょっとすると、大徳寺納豆などは京に持ち込まれた武家文化の影響とみることができるかもしれません。

さて、霊源院はかつて今川義元（一五一九～六〇）や一休宗純（一三九四～一四八一）が修行した由緒ある寺でもあります。一休の肖像画、織田信長からの書状なども持っておられます。臨済宗や曹洞宗など禅宗の宗派は他派に比べて精進料理との親和性が高いように思われますが、興味深いことに、今川義元の本拠地・駿河（静岡県中部）や家康の本拠地・遠江には禅宗寺院がとても多いのです。いずれにせよ、食文化の歴史を考えるとき、宗教の影響を無視することはできない、というのが最近の私の考えです。このあたりの事情を考えることが家康の日常の食を考えるヒントになるかもしれないな、と思っているところです。

「家康の食」再現プロジェクト（2）

前節で取り上げた「家康の食」再現プロジェクトの続編です。食の再現を担当するのは精進料理専門店・矢尾治《やおじ》の上田壱成さんです。武家の食でも、例えば饗応膳の記録は克明に残されていますが、日常の食については記録がほとんどありません。ここでは、小和田哲男さん（静岡大学名誉教授）が、今川家を訪問した公家・山科言継《やましなときつぐ》の日記「言継卿記」（一五五六年九月～一五五七年二月）に登場する食材をもとに、ある秋の日の朝ご飯を再現することになりました。記録がないので、仮定を含むことはご了解ください。

ご飯は麦飯。当時は白米も玄米もない時代で、杵と臼でついた米（舂米《しょうまい》）が食べられていたようです。矢尾治さんには木臼がないので「五分搗《ごぶづき》」の米にしました。これに大麦の押し麦を加えて炊いたもの。お汁は赤味噌と芋茎《ずいき》（サトイモの芋がら）の味噌汁。おかずは漬物を入れて三品。一品目は鯛の天ぷら。家康の好物であったそうです。天ぷらといって

再現したある日の家康の朝ご飯。わからないことは、例えば田楽豆腐の大きさや分量などなど。これからも改良を加えます。まだまだ未知の点も多いのです（建仁寺霊源院）。

も当時はすり身の天ぷらだったとのことなので、鯛のすり身に少しつなぎを加えたものを揚げた、一種の「つけ揚げ」にしました。油は、当時は「カヤの油」であったとのことで、カヤ（榧）の実の油で揚げるよう矢尾治さんに依頼したのですが、あまりに高価なのでナタネ油とカヤ油を混ぜたそうです。もう一品は豆腐の田楽《でんがく》。味噌は、赤味噌に水飴を加えたもの。砂糖がない時代なのでこのようにしました。漬物はなすの粕漬けと塩漬け。

ご飯の最後の方で、浜納豆《はまなっとう》が出てきました。京では大徳寺納豆が有名ですが、それとよく似た食品で、これも家康の好物であったらしい。これを数粒飯に混ぜ、上からお茶をかけて食べてみました。「湯漬け」というのは、こういうものであったかと思われます。

昆布の生物学

京の和食に欠かせない食材に昆布がありますが、昆布って植物でしょうか？　答えは「ノー」。正解は藻類です。より細かくは褐藻類《かっそう》に属します。植物ではないので、花も葉も茎もありません。葉のような形をした可食部は「胞子体」と呼ばれます。これまで昆布の仲間は形態に基づく分類が主でしたが、最近はＤＮＡ分析による分子系統の研究も盛んにおこなわれるようになってきました。ただし、これら生物学的な分類は食文化からみた分類とは必ずしも一致しません。

京都で最高級とされる利尻《りしり》昆布は、文字通り北海道の利尻島、礼文《れぶん》島付近から日本海側、オホーツク海岸に分布します。ただこれは下図中に点線の四角で囲んだように、マコンブのグループに属します。同じくマコンブ・グループに属するオニコンブは羅臼昆布として流通しています。濃い出汁がとれます。

一方、マコンブとはやや縁の遠いコンブに、ミツイシコンブとナガコンブがあります。ミツイシコンブは日高昆布として流通しています。やや薄く、熱を加えるとすぐ柔らかくなります。昆布巻き用、でしょうね。ナガコンブはもっとも生産量の多いコンブで、東京のコンブは主にこれだと思われます。こちらも、おでんや昆布巻きなど料理用に使います。

昆布は長らく天然資源でしたが、最近は養殖物も出回るようになってきました。陸での栽培化に遅れること一万年、人類は海でも栽培化を始めたのです。温暖化が関係してか、昆布の生産量は年々落ちてきています。和食は「絶滅が心配される」から無形文化「遺産」に登録されたわけですが、危機は、昆布という基幹的な食材にも及んできていることがわかります。さて、京の食文化に携わるものとして、この危機にどう立ち向かうべきでしょうか。

北海道沿岸のコンブ属各種の分布
利尻町立博物館年報『利尻研究』川井唯史・四ツ倉典滋「北海道産コンブ属植物の系統分類の現状」(二〇〇五)より転載

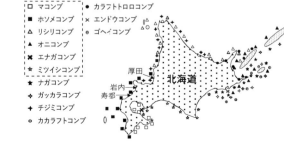

カブ——赤かぶから千枚漬まで

カブ（蕪）はダイコンと並んで日本を代表する野菜の仲間。いずれもアブラナ科に属します。カブは、球根部分の色や形態も、調理の方法も多様です。京都を代表する漬物である「千枚漬」「すぐき」もカブです。煮物にもするし、「かぶら寿司」のように生でも食べられる、漬物のような食品も石川県や富山県にはあります。「かぶら蒸し」という、すりおろしたカブを使う冬の一品もあります。カブの仲間は、ときにはチンゲンサイや白菜などと遺伝子を交換して新種を生み出してきました。一〇〇年前には、今とは違った品種があったのかもしれません。

その分品種も多様です。興味が持たれるのは、品種の中に、洋種系・和種系という二つの異なるタイプがあること。亜種レベルの違いのようです。洋種系は、例えば山形県庄内地方の温海《あつみ》カブなど、東日本から西日本の日本海側に広がります。一方和種系は西日本が中心です。そしてさらに興味深いのは京都やその付近では両方のタイプの在来品種があることです。聖護院カブや滋賀のヒノナ（日野菜）、大阪の天王寺カブなどは和種系ですが、丹後の佐波賀《さばが》カブは洋種系、舞鶴のカブの品種は和種系と洋種系のハイブリッドのようです。そう、京都は和種系・洋種系双方のタイプが併存します。双方間で交雑も起こってきたのかも知れません。京都は、カブについての二つの品種群の分布の境界線近くにある、

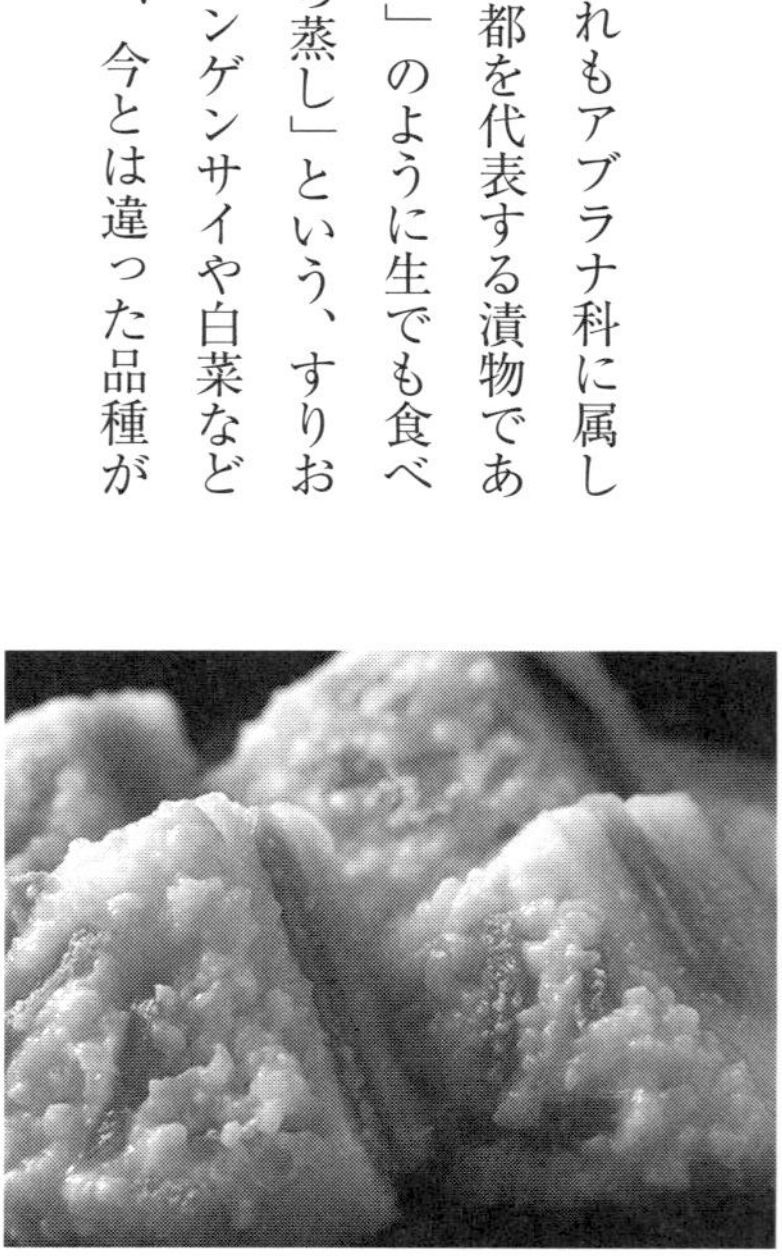

かぶら寿司。ブリやサバをカブで挟んで麹でつけた保存食。

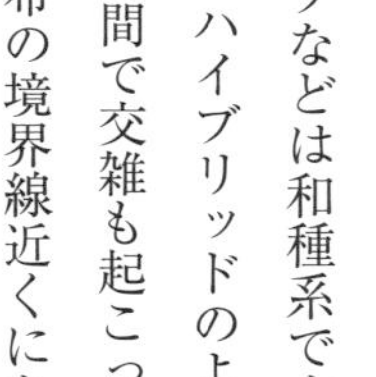

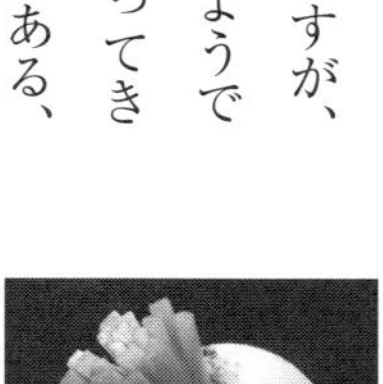

上：白カブ。和種系の代表品種。下：ヒノナカブ（左端、滋賀県、和種系）と赤カブ（右、山形県、洋種系）。右端は金時ニンジン。

ということができるのです。

遺伝的な多様性は、相互の交配で更なる多様化をもたらしますし、長い歴史は、調理法や加工法など文化の多様性を生むのです。このことはカブに限らずいえることです。京野菜の多様性の秘密は、こういうところにも原因があるのかもしれません。

キッチンカー

本節はキッチンカーの話です。コロナ禍で、外食産業が大きな痛手を受けたことはご存知と思います。そこで多くの外食店が始めたのがお弁当の販売、配達（デリバリー）、仕出しなど。いわば「中食化」の現象です。京都市内ではまだあまり見かけませんが、先週東京に行ったときにキッチンカーが増えたのに驚きました。下左写真は、霞が関ビル前の広場に出たキッチンカー。こんなところにまで！　私が東京に住んでいたとき（二〇一五〜一八年ごろ）には、この広場はだだっ広いだけの広場だったのですが……。加えて、数年前のそれはいかにも改造車だったのに、今回見たのはキッチンカーとして設計されたもの。おしゃれで機能的です。中食でも外食でもない、新たな食のジャンルが生まれるかも。とにかく、東京は何でも早い！　早ければよいというものでもないけれど、あの元気さは学ぶ必要があります。

焼畑で作られる山形県鶴岡市の温海カブ。代表的な洋種系品種

東京の虎ノ門の「霞が関ビル」前の広場に並んだ三台のキッチンカー。広場の周りには、霞が関ビルのほか、文科省・金融庁・会計検査院のビルがあるが、12時40分過ぎで客は少ない。暖かな日だったので、広場内のベンチにはここで買ったと思われる弁当を広げる人びとの姿が多くみられた。

そういえば東京の食文化は屋台文化。一六五七年の江戸明暦大火の後に作られた火除《よ》け地（防火帯）にも、屋台や露店の出店が許されたそうです。大学のプロムナードにも《毎月五のつく日はキッチンカー&屋台・露店の日》などとして場所を開放すれば、困っている外食店の支援にもなるのに、と思いますが、府や市はどう考えているのでしょう。

ただ残念なことに、今のキッチンカーでは食事はプラ容器での提供です。京都の仕出し店の中には昔通り陶器の食器で提供して、使い済みの食器を回収している店もあります。手間はかかりますがこちらの方がはるかにエコ。こういう時だからこそ、環境に配慮したいものです。

第十一章

食の哲学

料理はアートか？

二〇二三年四月末に、立命館大学の食マネジメント学部で「食はアートか？」と題するシンポジウムがひらかれました。イタリアの食科学大学の先生と食マネの先生たちが討議して作ったシンポでした。わたしも誘ってもらっていたのですが時間が取れず、あとでYouTubeの録画で中身をみせてもらいました。印象に残った語は、イタリア料理の父とも言われるP・アルトゥージ（一八二〇～一九一一）の「料理はシンデレラのような現実」という語でした。また、N・ペルッロさんの、料理には「技術的な伝承」と「クリエイティヴ」二つの方向があるという話も心に残りました。

ペルッロさんの話を聞いていてふと思いだしたのが福岡伸一さんの「動的平衡」の語でした。例えば私たちの身体はそれを構成する細胞の単位では常に置き換わり日々更新されているのに、見かけは一日やそこらではまず変わらないのです。料理も同じで、素材は今日のものと昨日のものは違うのだけれど、出来上がりは違わないようにみえるのです。料理人の腕の見せ所の一つはまさにここにあります。

一方で、料理人たちは常に新しい料理をめざしています。これが「クリエイティヴ」な方向でしょう。このモチベーションがないと、料理は面白くない単純な作業になってしまうのだと思います。両者をどう融合させるか。それが料理人たちがずっと考え続けてきた

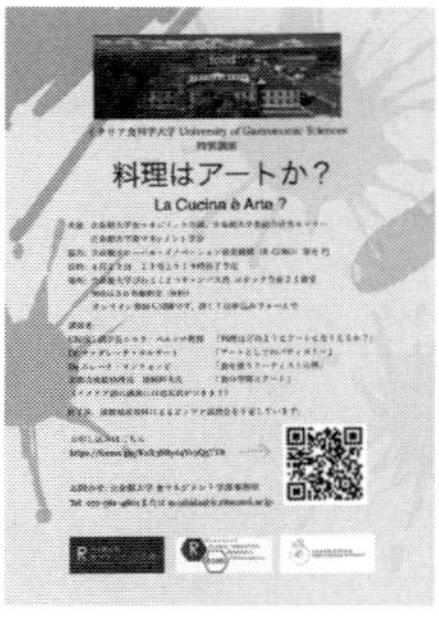

「料理はアートか？」のポスター

テーマの一つだ、ということが、今回のシンポで示されていたことだったようです。

無形文化遺産としての食文化は前者の「技術的伝承」にあたると思います。無形のものは、有形のものと違って目に見える手本がありません。ミケランジェロや運慶との大きな違いがここにあります。材料も時代とともにどんどん変化してゆきます。それでも料理人たちは工夫に工夫を重ねて以前の姿を守ろうとします。手本は、彼らの頭の中にあるのですね。人並外れた豊かな感性とそれを支える鋭い五感。一朝一夕に行かないのが料理の世界だといえるでしょう。今後は、世界各地の料理人たちによる「アート」の話を聞きたいものです。そして何より、料理人の努力に気づき、クリエイティブにそれを評する客の存在がなければ、無形の文化遺産としての食の価値は未来に継承されないのです。

文理融合による食文化研究

二〇二三年五月九日に京都府立大学で「最終講義」をしました。ふつうは退職直前にするものなのですが、コロナ禍のこともあってわたしの場合、この時期になりました。オンラインを合わせると一五〇名ほどの方に聞いていただくことができました。ありがとうございます。

テーマは、「和食文化学」という学問を、文系の分野と理系の分野を融合した分野としてどう作るか、でした。文理融合の試みは一九五〇年代からある考え方で、極度に細分化し、自分の立ち位置さえわからなくなっている専門分野の研究成果を組み合わせて生命を与えよう（統合する、という言い方をします）というわけです。

和食・和食文化には、今、いろいろな学問分野から熱い視線が注がれています。どの分野の研究者も自分の専門分野からみた和食文化を語りますが、——むろんそれでわかることもあるとは思いますが——、出てくる成果は既存の学問分野の成果であって、それをあたらしい「和食文化学」と呼ぶのは適当ではないと私は考えています。

「和食文化学」は、既存のどの学問分野にも属さない、新たな学問分野です。それは、現実の社会が抱える問題の解決のための学問であるべき、とわたしは考えます。とすれば、和食文化学の一丁目一番地は、「問題を知る」ことからスタートせねばなりません。その方法としてわたしが考えるのが臨地巡検、いわゆるフィールドワーク（ＦＷ）です。ＦＷはさまざまな現場で、そこでその仕事に携わる人とのコミュニケーションで成り立ちます。ＦＷのスキルを身につけることこそ食文化学の入り口になると思われるのです。まずは、いろいろな現場に向かうこと、食の仕事に従事する人びとと知り合って、対等な立場で話ができる関係をつくり上げること。「〇〇学」と呼ばれる個別の分野の研究は、それからでもよいと思われます。自然科学の先生たちの中には、若いうちから技術を身につけることが必要だからと、それを優先する人がいますが、その方法はその分野の専門家を育成するプログラムです。あくまで和食文化学の方法ではないのです。

最終講義の終わりにみなさんから記念品を頂戴しました。授業にもいろいろ協力してくださった佐々木酒造の佐々木晃社長（右）も駆けつけてくださいましたので、一緒に記念写真に納まってもらいました。背景のスライドは最後のスライド。文理融合の学問の成り立ちを「フライパン」にたとえた故日高敏隆さんのアイデアにそったもの。

もちろんFWがすべてではありません。他にもいろいろ積み上げるべきことはありますので、今回のお話はほんの入り口のお話でした。これから先は、若い世代の人たちに考えてもらえたらと思います。何十年か後に形になりつつある和食文化学の姿が見れるようになれば素敵ですね。

水田の営みが和食を作ってきた

コロナ禍に明け暮れた二〇二〇年でしたが、お米の世界も実は大変なことになっています。ひどい米余りだったのです。ステイホーム、おうちごはんなどと言われて「内食」が盛んになり、いっときは米の消費も増えたのですが、夏ごろから米の消費がガタンと減ったようです。

じつは米は和食のかなめです。一汁三菜というけれど、どんな一汁三菜にも必ずついてくるのが米の飯です。出汁が和食と言いますが、出汁のもとになる魚の生育は、陸域からのミネラルの供給があればこそ。回遊魚のカツオも同じことです。米を食べないことは魚を大事にしないことにつながり、ひいては和食を細らせます。

米を食べなければ水田の風土が枯れてしまいます。下の写真は嵯峨野

嵯峨野の水田風景
右上：春、左上：夏、右下：秋、左下：冬

のとある水田の一年を追ったものです。春の写真では大沢池の堰堤の桜が見事。夏の写真は田植え直後のもの。秋の写真では銀杏などの紅葉（黄葉）がみえています。冬の写真は大みそかの朝の雪景色。皆さんはこの中に季語になる植物や農作業、情景、自然現象をいくつ見いだすことが出来ますか?……　米をなくせばイネがなくなり、水田がなくなり、国土も、風土も、情景も、そして文学や芸術もなくす危険性があるのです。水田の自然、日本の自然は、手つかずの自然と違って、人が作った自然、稲作が作った自然なのです。それなので、人の手が入らなくなると水田の自然は途端に荒れてゆきます。いわゆる放棄水田、耕作放棄地が増えてゆきます。最近特に問題になりつつある獣害の下地を作ったのも、耕作放棄の広がりです。それは、人を受けつけない原始の森への回帰の道です。

そして、水田の荒廃は海の荒廃につながります。水田など陸域からのミネラルの供給が細ると沿岸部の干潟や磯の生態系が痩せてゆきます。それはやがて近海の魚たちの資源を細らせ、そしてやがては日本近海を回遊するマグロやブリ、カツオなどの回遊魚の資源を痩せさせてゆくのです。かつて日本近海が魚資源の宝庫であったのは、こうした、海と陸の間での循環の豊かさによるものだったのです。二〇二〇年はそんなことを考えながら定点観察を続けた一年でした。

田植え

二〇二二年六月五日、京都大学農学研究科付属農場（木津川市）の水田をお借りして田植えの実習をおこないました。「田植えなどみたことがない」「どんなふうにやるの？」という声が学生の間から聞かれたので、これはいかん、ということで授業の一環としておこなったものです。農場の中崎鉄也先生、西村和紗先生（いずれも当時）はじめ、一切合切のお膳だてをしてくださった水田班のみなさまに厚くお礼申し上げます。

どろんこの田の中は思いのほか歩きにくいもの。専用の長靴を履き、腰をかがめ、自分の足跡の大きな穴を泥で埋めつつ、バランスをとりながら苗を植えつけ、一歩ずつあとずさりする作業が続きます。翌日はきっと足腰の筋肉痛！

田植えなど、みたこともやったこともないという人が多い反面、日本では稲作＝水田という観念が強いのですが、田植えによる稲作地域は世界でもせいぜい八％程度。まず、必要量の水が必要な時に手に入ること（多すぎても少なすぎても駄目）、「田」の表面をセンチメートルの単位で水平にできる技術があること、そして何より、この面倒な作業をやり遂げようというメンタリティのあること。これらが揃わないと、こんな面倒な作業はとてもできません。東南アジアや南米の山の斜面での焼畑地、秋には深いところでは数メートルもの水が溜まる浮稲地帯、それに欧州やアメリカの大規模稲作地帯などでは、籾《もみ》（種子のこ

田植えが終わって。右側の大きな田んぼの手前半分くらいを植えた（写真：京都大学農学研究科・西村和紗〈当時〉）。

と）は、田に直播きされます。欧米では種子播きの作業にヘリコプターを使うところもあります。

田植え法のよいところは草取りがしやすい、稲が行儀よく並ぶので群落の中を風が通りやすく病気にかかりにくい、などさまざま。しかし、農家の高齢化、人手不足などのために田植え法は続けにくくなってきています。ならば日本でも直播きするか……。田んぼの景観が大きく変わるかもしれない。それとともに、直播きにあうような技術の開発、品種の開発なども必要。何か一つを変えようと思えば、周囲にあるさまざまなものやことがらを同時に変えねばなりません。でも、米作りは和食文化の基礎。そして日本列島の風土や環境の守り手。なんとかうまく米作りを続けられるよう、考えなければなりませんね。

著者略歴

佐藤洋一郎（さとう　よういちろう）

ふじのくに地球環境史ミュージアム館長、京都府立大学和食文化研究センター客員教授、京都市文化功労者。農学博士。1952年、和歌山県生まれ。1977年京都大学農学部農学科卒業、79年同大学院農学研究科農学専攻修士課程修了。1981年高知大学農学部助手、1983年国立遺伝学研究所研究員、1994年静岡大学農学部助教授。2003年総合地球環境学研究所教授、2008年副所長、2013年名誉教授、京都産業大学教授、大学共同利用機関法人人間文化研究機構理事、京都府立大学文学部和食文化学科特別専任教授を経て、現職。第9回松下幸之助花と緑の博覧会記念奨励賞（2001）、第7回NHK静岡放送局「あけぼの賞」（2001）、第17回濱田青陵賞（2004）受賞。著書は『米の日本史』（中公新書）、『食の多様性』ほか多数。

歩いてわかる
京の食文化

２０２５年４月18日　初版発行

著　者　佐藤洋一郎
発行者　伊住公一朗
発行所　株式会社 淡交社
〔本社〕〒６０３-８５８８京都市北区堀川通鞍馬口上ル
営業０７５-４３２-５１５６
編集０７５-４３２-５１６１
〔支社〕〒１６２-００６１東京都新宿区市谷柳町 ３９-１
営業０３-５２６９-７９４１
編集０３-５２６９-１６９１
www.tankosha.co.jp

装幀・組版　瀧澤デザイン室
印刷・製本　亜細亜印刷株式会社

ISBN978-4-473-04668-0